制度环境、审计行为与上市公司会计信息质量研究

Research on Institutional Environment, Audit Behavior and Accounting Information Quality of Listed Companies

叶陈云　著

对外经济贸易大学出版社

中国·北京

图书在版编目（CIP）数据

制度环境、审计行为与上市公司会计信息质量研究 / 叶陈云著．—北京：对外经济贸易大学出版社，2014
ISBN 978-7-5663-1044-6

Ⅰ．①制… Ⅱ．①叶… Ⅲ．①上市公司-审计-研究-中国 Ⅳ．①F239.22

中国版本图书馆 CIP 数据核字（2014）第 107332 号

制度环境、审计行为与上市公司会计信息质量研究

Research on Institutional Environment, Audit Behavior and Accounting Information Quality of Listed Companies

叶陈云　著
责任编辑：郭华良　史伟明　徐　莉

对外经济贸易大学出版社
北京市朝阳区惠新东街 10 号　　邮政编码：100029
邮购电话：010-64492338　　发行部电话：010-64492342
网址：http://www.uibep.com　　E-mail：uibep@126.com

大恒数码印刷（北京）有限公司印装　　新华书店北京发行所发行
成品尺寸：170mm×230mm　　14.5 印张　　206 千字
2014 年 8 月北京第 1 版　　2014 年 8 月第 1 次印刷

ISBN 978-7-5663-1044-6
定价：43.00 元

前　言

近十余年来，在我国兴起与推广的公司治理结构理论本质上强调的是如何才能真正保护公司所有者——股东的权益。社会公众之所以关心上市公司的业绩是因为他们关心利益相关者与股东之间或者与大股东及小股东之间的利益是如何冲突、调和及求得相对平衡的。可是由于公司中人数很多的中小投资者持股比例却往往很低，几乎不能对公司的经营决策产生根本性影响，原因在于他们差不多一直处于被控制、被管理的状态，其利益往往被分割、被剥夺，其在公司股东会中的地位也常常处于被弱化、被支配的局面，因而如何有效保护中小投资者的利益一直是各国证券监管与维护资本市场保持稳定健康发展的一个重要课题。在美英法德等西方市场经济发达国家，历经上百年发展，无论是从国家法律的确立还是中介机构的规范等方面，基本上制定了比较详细的中小投资者保护法规，建设了相当完备的中小投资者保护法律体系和政府管理、公司治理和证券审计市场行业监管制度等完善的制度环境。相比较而言，在处于向新兴资本市场转型阶段的中国，无论是法律体制、政府管制、公司治理与还是对中介机构的行业监管制度与环境方面都存在着缺陷和不足，诱发了注册会计师（Certified Public Accountant，以下简称 CPA）审计行为不当，导致了上市公司会计信息质量与水平难以有效提升。如频繁出现上市公司高管违规损害中小股东的事件，如银广厦、琼民源、ST 科健、天津磁卡、银河科技和东方锅炉等上市公司财务报告信息被企业高管层严重扭曲，济南轻骑的控股股东“掏空”行为、三九药业的大股东侵占挪用巨额现金流等实务案例也很充分地进一步说明，我国资本市场对中小投资者保护力度的明显不足，也说明我国资本市场上的许多上市公司虽然具备了许多企业制度的雏形，但其公司治理的水平确实还处于比较低的水平。毋庸置疑，证券市场管理层侵害中小投资者利益的行为屡屡发生，已经打击和动摇着他们对资本市场的信心，也使得投资者对上市公司会计信息质量的现状非常不满，如不能高度重视和认真加以解决，势必危及中国证券市场乃至社会主义市场经济的可持续发展进程。因此，作者以为探讨保护投资者权益的有效途径离不开研究投资者所处的时代背景、离不开相关制度环境状况，基于投资者权益保护的制度环境也就成为了本书研究的起点。

其次，导致上市公司会计信息质量不高的另一个主要原因与证券审计市场上 CPA 的不当审计行为或审计失败也有一定关系，因为审计监督尤其是证券市场的参与者——公司制企业必须接受独立审计的制度规定正是保护中小投资者的重要制度安排。审慎的独立性审计行为不但检查与鉴证了投资者进行投资决策所必需的会计信息质量，而且能够为投资者传递出企业运营情况是好或是差的信号并最终会为投资者承担一定的投资风险。为了提高我国上市公司会计信息质量，我们需要借助法律和社会监督等方式对投资者保护和公司会计信息披露的水平与状况进行公正地评价与鉴证，增强广大利益相关者对上市公司和资本市场的信心。CPA 的审计行为因其不偏不倚的性质和第三方评介功能而具有超然独立的地位、因其具有社会中介鉴证组织特征而具备强大的职业权威性、因其为公司投资者权益维护提供高度专业化的审计行为约束与高质量咨询服务等原因而具有极为重要的社会价值，理应在促进我国证券市场有效运行的过程中发挥着其他社会因素无法替代的积极作用。因此，非常有必要通过研究在既定的制度环境下不同特征的审计行为或执业水平对投资者保护的影响程度，进而探讨 CPA 如何才能通过公正、客观、审慎的审计行为方式，提供真正规范与高质量的审计服务来有助于公司提高会计信息披露质量，实现投资者保护的最终目标。

本书主要是通过系统分析基于投资者权益保护的我国证券市场制度建设与法治环境特征及其实现形式对审计行为质量的影响内容与方式，进一步地从理论与实证两个方面阐述与检验当前的法律环境、政府管制、外部审计制度、公司治理结构、信用建设等制度环境下 CPA 审计行为机制和上市公司会计信息披露质量等监督治理机制能否对我国中小投资者的权益保护水平产生实质性影响；并借助我国沪深两市上市公司公开发布的经验数据来研究和证实法律、政府、行业监管等制度环境对 CPA 的审计行为与对上市公司会计信息质量的改善能够产生何种影响，以及探讨 CPA 的审计行为质量与上市公司会计信息质量之间的内在关联性，以期能够找到有助于完善我国上市公司会计信息披露质量的制度安排与治理对策，提高会计信息对于证券市场定价功能的有效性，从而有利于我国上市企业公司治理结构的真正优化和市场竞争能力的有效提升。

在本书的研究中，作者运用了经济学的基本理论与规范的研究方法并运用了图形、表格、公式、文字等多元化的研究形式，来全面、系统地分析基于投资者权益保护目标的我国资本证券市场制度建设、法治环境、中介服务、信用改善等制度环境特征及其对基于投资者保护目的的实现形式之一——审计行为与质量的影响内容与方式，进一步从理论与实证两个方面阐述与检验当前的投资者保护法律、政府管制、资本市场秩序、外部审计制度、公司内部治理结构等制度环境下 CPA 审计行为和上市公司会计信息披露质量等内外部治理机制能否对狭义的中小投资者权益保护水平产生实质性影响，能否在一定程度上约束内部人，降低代理成本，提高公司价值，力图总结和归纳出一些规律性的认识与启示，以期为未来我国上市公司会计信息质量整体水平的改善与资本市场制度的健康与可持续发展做出理论贡献。

本书内容共分七章，各章主要内容概述如下：

第一章介绍本选题的研究动机与结构，从多个视角介绍我国资本市场的现有制度背景，并讨论了本书的研究背景与研究动因、研究目的与研究需解决的问题、研究思路与研究方法等前言内容，确定了本书写作的核心、线路与方向。因此，本章内容是全书写作的起点与基础。

第二章对我国现有的证券市场制度环境、审计行为和会计信息质量等方面的已有研究成果与相关国内外文献进行回顾，并对研究现状存在的问题与不足，进行了全面、客观地评价，为本书理论与实证部分研究内容做好铺垫。

第三章对制度环境、审计行为与会计信息质量研究的理论基础与问题进行分析，主要包括全面地介绍基于投资者保护视角的我国资本市场与上市公司面临的不同制度环境的特征和当前社会经济背景下我国证券市场审计制度的演进过程，并介绍上市公司会计信息披露的投资者保护的现状与问题成因；还概述了基于投资者保护视角的CPA审计行为的存在与上市公司会计信息披露质量的委托代理、交易成本、保险、信号传递、信息不对称和成本与效益权衡等基础理论。

第四章对制度环境、审计行为与公司会计信息质量三因素内生结构与引致效应机理进行了深入分析与探讨。作者提出与分析了我国现有宏观经济环境下法律、行政、监管等制度环境，审计行为与会计信息质量的投资者保护的影响因素和引致效应的传导机理。本章研究认为我国投资者保护制度环境的确能够对CPA的审计行为质量与上市公司会计信息质量产生实质性的影响，三者间存在明显联动与引致关系。

第五章采用我国公司公开数据从定量化的角度来研究了制度环境、审计行为与上市公司会计信息质量等变量间的内在关联与规律，主要是阐明数据来源与模型设计，包括样本选取、变量确定、提出研究假设、描述性统计、回归分析与研究结论等。本章回归统计所得出的最后研究结论与研究假设相符，也与理论研究部分结果保持了一致。

第六章针对于如何实现提高公司会计信息质量保护投资者的权益这一目标，作者研究与提出了有助于我国证券市场制度环境的不断改善与审计行为的逐步调整的若干策略与建议。首先概括了欧美国家基于投资者保护的会计与审计行为约束制度环境变化的基本经验及其制度约束环境变化对于我国改善证券市场制度环境的主要启示。其次作者提出了全面改善我国资本证券市场上市公司与审计执业制度环境的若干可行策略。

第七章主要介绍研究结论及需要进一步进行研究与探索的领域与课题。主要概括与描述了本书选题的基本研究结论、研究启示、写作中呈现的创新与存在的不足以及未来可能继续深入研究的探索方向等内容。

目　录

第1章　导论：研究动机与结构

1.1　研究的背景和意义

1.1.1　研究背景

在我国社会经济的改革与发展正处在由不完善的市场经济模式向全面市场经济体制模式转变的时代背景下，我国资本市场与其最重要的参与主体——股份有限公司所面临的政府管制、法律约束、外部审计和公司内部治理结构等制度环境也发生着巨大的变化，近20年来资本市场的历史经验告诉人们，为了维护我国资本市场健康稳定发展，所有的市场参与者都必须坚持维护一个重要的核心行动原则——有效保护投资者的合法权益，因为它是我国资本市场稳定的基石。而作为我国资本证券市场健康运行与持久繁荣的主要因素与重要参与力量，股份有限公司在促进投资者个人财产和全社会财富不断增长、实现资本要素市场充分有序竞争、优化稀缺资源的配置和调整经济结构发挥着不可或缺的巨大作用。众所周知，现代股份制公司产生的最初起源是两权分立即企业资源的所有权和经营权发生分离，由此衍生出了若干值得人们研究与探讨的委托代理关系、效率与成本等理论与实践问题，其中最核心的是如何应用代理理论完善投资者权益保护机制的建立与落实问题。由于经济资源的稀缺性，上市公司日常经营运转依赖于以投资者为代表的利益相关者向上市公司提供各种资源要素的规模，利益相关者为了维护身利益，一方面需要通过外部制度环境如法律体制、政府管制和公司治理结构等方面的创新与变革来影响上市公司的经营决策，另一方面在受到上市公司经营决策影响的同时，也希望能够通过改进公司治理结构所产生的内生激励约束机制和外生控制监督机制——即公正、优质、高效的审计行为保护自身的合法权益。因此，上市公司运作及健康成长与其利益相关者有着密切关系，只有他们的积极支持上市公司才能高效地经营，当然那些利益相关者也需要通过公司规范运作实现自身资本的保值与增值。在我国资本证券市场中中小投资者确实是弱势群体，他们可以为上市公司输入资本资源，有些中小投资者因所持公司股权比例较小而在公司经营决策中影响有限，往往选取“搭便车”办法或是转让投票。作为外部投资者公司的中小投资者是本书投资者保护的特指对象。

由于外部投资者是所有资本市场进行投资行为的主体，也是上市公司最重要的利益相关者之一，因此，实质上他们既是公司契约框架的重要参与者和控制权的实际拥有者，也是企业剩余权益的主要分享者与要素扩张的贡献者。上市公司数量从 1990 年最初时 10 家到 2010 年底迅速上升到 2 063 家（A 股+B 股），股票市场规模大幅增长。近几年来，随着中央政府应对国际金融危机、促进经济平稳较快发展的政策措施的有效落实，我国股票市场在全球主要市场中率先企稳，市场功能得到较好恢复。截至 2009 年底，发行总股本为 26 162. 85 股，沪深两市总市值为 24. 39 万亿元，其中中小企业板总市值 16 872. 55 亿元，创业板总市值 1 610. 08 亿元，流通市值 15. 13 万亿元，分别比 2008 年年底增加 100. 99% 和 234. 54%。2009 年年底的沪深两市总市值为当年 GDP 的 72. 7%[①]。说明我国的证券市场已经发展到了相当的规模，为我国国民经济的快速发展和社会财富总量的不断增长作出了积极而且巨大的贡献。我国证券市场概况如表 1-1 所示。

① 中国证券监督管理委员会．中国证券监督管理委员会年报．北京：中国财政经济出版社．2010（5）：89-90.

表 1-1 我国近十余年来证券市场的发展概况（1999.12.31-2010.12.31）

年份	A+B股筹资（亿元）	境内上市公司数	投资者开户数（万户）	股票总市值（亿元）	股票流通市值（亿元）	股票成交金额（亿元）
1999	665.8	949	4 810.6	26 471.2	16 087.5	31 319.60
2000	995.3	1 088	6 154.5	48 090.9	8 213.9	60 826.65
2001	1 182.1	1 160	6 965.9	43 522.2	14 163.2	38 305.2
2002	777.9	1 224	7 202.2	38 329.1	12 484.6	27 990.5
2003	823.1	1 287	7 344.4	42 457.7	13 178.5	32 115.3
2004	862.9	1 377	7 588.3	37 055.6	11 688.6	42 334.0
2005	338.1	1 381	7 712.3	32 430.3	10 630.5	31 664.8
2006	2 463.7	1 434	8 249.3	89 403.9	25 003.6	90 469.0
2007	7 728.2	1 550	13 887.0	327 140.9	93 064.4	460 554.9
2008	4 632.1	1 625	15 198.0	121 366.4	45 213.9	267 112.6
2009	3 894.5	1 718	17 149.7	243 939.1	151 258.7	535 986.7
2010	10 283.2	2 063	15 761.68	265 420.2	193 125.2	545 634.2

资料来源：表中数据来自于中国统计出版社《中国证券期货统计年鉴（2010）》、《中国统计年鉴（2010）》和2010年中国证监会《中国证券监督管理委员会年报》和证监会网站2011.3.28，经个人整理而成。开户数包含：A股、B股和基金等证券类型的开户数。如2004年AB股筹资=835.7+27.2=862.9亿元。2010年底A股上市公司2 041家。

表1-1中相关数据的变化情况都充分说明了我国证券投资市场总体规模呈现出稳步增长的发展趋势，而且投资者的投资行为呈现积极向上的基本态势，即我国资本市场发展规模与投资者参与度之间存在着基本同步的正相关关系，其中中小投资者数量占有全部投资者的绝对比重，如其他国家一样，中小投资者是资本市场稳定的基石，在促进上市公司治理结构改善、保障证券市场的有序发展上具有不可或缺的作用。

因为广大中小股东的投资是公司资金的最重要和最直接的来源，如果投资者合法权益没有得到保障，就不会获得公司投资者的主体——中小股东的投资信任，而没有投资者信心支持的资本市场就不可能得到健康和可持续地发展，最终会导致整个社会的经济资源无法实现有效配置和有序发展。比如在投资者权益缺乏足够保护的亚非发展中国家的资本市场中，由于中小投资者的投资权益无法获得有效保护，因此，这些国家公司的股权市场价值常常发生贬值，自然这样的企业必然无法以合理的、有利的条件在资本市场顺利地获得融资，企业的未来发展无疑会面临着资金约束并在惨烈的市场竞争中处于处于下风。由于无法获得预期的投资报酬，只拥有有限资本的中小投资者们自然会因无利可图或损失惨重而黯然逃离资本市场，从而使得资本市场的资源——资本逐渐枯竭，最终动摇了资本市场赖以生存和发展的基石。相应地，在对中小投资者权益提供有力法律规制和审计监督约束制度保护的国家或地区，其资本市场就会得到快速且平稳的发展。在资本市场上全体投资者的充分参与下，一方面可以通过提供充足的“血液”来扩大资本市场的流动性与高效率，通过降低资本成本率和提高资源的优化配置，促进国民经济增长；另一方面还可以提升公司的市场价值，使企业降低融资成本、提高融资效率，从而有效规避企业发展中面临的市场融资风险，提高企业经济的核心竞争能力，促进自身的经济健康与可持续发展。因此，投资者权益有效保护是企业主体和证券市场稳步发展所赖以生存和发展的坚实基础。有研究者认为上市公司治理结构强调保护公司所有者——股东价值和股东权益的重要性，社会公众之所以关心上市公司的业绩是因为他们关心利益相关者与股东之间或者与大股东及小股东之间的利益是如何冲突、调和及求得相对平衡的。可是由于公司中人数很多的中小投资者持股比例却往往很低，几乎不能对公司的经营决策产生根本性影响，原因在于他们差不多一直处于被控制、被管理的现实状态，其利益往往被分割、被剥夺，其在公司股东会中的地位也常常处于被弱化、被支配的局面，因而如何有效保护中小投资者的利益一直是各国证券监管与维护资本市场保持稳定健康发展的一个重要课题（梅丹，2006）。张烨（2004）以为部分研究结论表明对投资者特别是对中小投资者权益的保护才是建立发达资本市场的关键所在。比如在美英法德等西方市场经济发达国家，历经上百年变革，无论是从国家法律的确立还是中介机构的规范等方面，基本上制定了比较详细的中小投资者保护法规，建设了相当完备的中小投资者保护法律体系和政府管理、公司治理和证券审计市场行业监管制度等完善的制度环境。相比较而言，在处于向新兴资本市场转型阶段的中国，无论是法律体制、政府管制、公司治理与还是对中介机构的行业监管制度与环境方面都存在着缺陷和不足，诱发了CPA审计行为不当和导致公司会计信息质量难以提高，因而，在对中小投资者权益保护力度或水平上都存在着相当差距，自然严重挫伤和影响了中小投资者对我国资本证券市场的信任与信心，可从如下几方面来说明：

第一，从西方发达市场经济国家的证券市场发展的经验来看，在现实的资本市场证券投资行为中，投资者尤其是中小投资者，由于其对公司相关的信息处于不对称状态（较经理层而言）、持有的股权比例通常较小、缺乏实际决策权力，因此，相对于控股股东和管理层来说，中小投资者始终处于公司内部权力博弈的弱势地位，特别需要重点保护，以维护公司利益相关方权利与义务的平衡。

第二，从我国证券市场的公司发展实践情况来看，频繁出现上市公司高管违规损害中小股东的行为，如银广厦、琼民源、蓝田股份、ST科健、银河科技和东方锅炉等上市公司财务报告信息被企业高管层严重扭曲事件，济南轻骑的控股股东“掏空”行为、三九药业的大股东侵占挪用巨额现金流等的实务案例也很充分地进一步说明，我国资本市场对中小投资者保护力度的不够，也说明我国资本证券市场上的许多上市公司虽然具备了许多企业制度的雏形，但其公司治理的水平确实还处于比较低的水平。[①] 毫无疑问，我国侵害中小投资者权益案例仍在屡次发生，沉重打击和动摇了投资者对资本市场的预期，致使我国中小投资者对上市公司会计信息质量评价很低。而另一方面上市公司会计信息质量不高与证券审计市场上CPA不当的审计行为与审计失败也有一定关系，这当然不能不引起我们资本市场的利益相关方去认真地探讨与反思，也使得究竟该如何客观冷静地研究与加强审计行为的约束和会计

① 王力军．上市公司代理问题、投资者保护与公司价值．北京：经济科学出版社，2007（5）：3-5.

信息披露的规范，以持续地、更好地保护中小投资者权益的社会需求已成为我们财务会计理论界面临的刻不容缓的重要课题之一。

第三，从我国资本市场投资者行为的相关数据来看，来自中国证券登记结算公司的最新统计数据资料显示，截止 2011 年 03 月 25 日，沪深两市共有 A 股账户 15 510.94 万户，B 股账户 250.74 万户；有效账户 13 235.76 万户。经证券公司核实、申报的休眠账户数为 2 024.36 万户。如果按照实际有效账户计算，两市持仓 A 股有效账户比重约 80%，空仓的户数近 20%，实际账户空置率更高。显然目前相当多的投资者对中国证券市场的投资预期是缺乏信心的。2007 年年底至 2009 年年底，中国近八成中小投资者的收益处于亏损状态，重创了投资者的热情。从 2007 年 11 月份，沪市上市公司股票指数达到并突破创纪录的 6 000 点大关以来，我国证券市场开始长达 2 年多的漫长下跌和震荡调整时期，从最高超过 6 000 点暴跌到 2010 年度始终在 2 500 ~ 3 000 点上下波动。据中国证监会不完全统计，中小投资者在又一轮股市震荡的周期中超过 80% 的股民个人资产缩水 2/3 以上，而这种股市大起大落、股价的起伏频繁，无疑会阻碍证券市场的有序发展。①

第四，从世界各国证券市场发展与演化的总体历史进程来看，关于上市企业的中小投资者权益难以得到充分保护的问题无疑是全球资本市场上市公司健康、有序、可持续发展中所面临的一个普遍、重要的难题，尤其是对于中国这样一个尚处在经济转型阶段发展中国家的证券市场而言，中小投资者保护在涉及我国金融与资本市场中主要理论问题的探索和研究上具有很强的现实性和紧迫性。只有依靠法律制度的完善及公司治理结构优化、审计行为规范、审计监督力度日渐加强等方面不断努力才能有客观、完整、公开、及时的高质量的企业经营与发展方面的信息披露，才能促使上市公司实现保值和增值的根本目的。

因此，本书的研究背景是在我国社会经济处于转型的关键时期，资本市场发展问题与机会并存的阶段，有关投资者保护的理论研究不断深入与倾向不同

① 陈辉．上市公司审计与中小投资者保护［D］．对外经贸大学硕士论文，2007（4）：3-9.

的观点并存、交锋与融合的现状下，以切实加强投资者权益保护、提高上市公司投融资水平与社会资源的配置效率以及促进我国资本市场健康发展的角度出发，着重对于在目前的经济转型和需要持续推动基于投资者保护的我国资本市场健康发展的多元制度背景下CPA的审计行为特征及其受到的影响程度，CPA的审计行为性质与上市公司会计信息披露质量的关联性与互效应等方面的情况进行深入理论探索、提出命题假设与实证研究，以便能够为进一步丰富和完善我国证券市场投资者权益保护、外部审计制度以及上市公司会计信息披露质量与机制等方面理论和研究方法体系而尽到自己的一份力量。

1.1.2　研究意义

为有效保护中小投资者的权利，促进我国资本市场有序运转和整个社会经济的健康发展，不少财务会计专家学者已经且正在从完善法制体系与信用环境、优化公司治理结构、强化中介机构监管等多视角出发积极探索和研究了我国上市公司中小投资者权益屡屡受到破坏的课题及其如何解决此问题的办法与途径。正如王艳艳（2005）认为的那样审计监督尤其是证券市场的参与者（公司制企业）必须接受CPA审计的强制性制度规定正是我国证券市场保护中小投资者的重要制度安排。CPA审慎的审计行为不仅审查与评价了投资者进行投资理财所必备的会计信息含量，还能够向社会投资者传递出企业真实营运状况良好与否的信息及为投资者的可能损失提供额外补偿。

国外已有一些学者的研究表明，在对投资者权益能够提供较高程度法律保护的国家中，为了更好地缓解代理冲突问题，更好地保护投资者的权益，外部独立审计监督行为可以作为法律的补充手段；反之，在对投资者权益只能提供较低程度法律保护的国家里，优质规范的审计行为则被视为法律制度的替代方式，可在降低企业内部的代理成本、提高投资者效率与保护投资者的权益方面发挥更重要作用；而且T. J. Wong（2005）的研究认为在东南亚国家由家族控制且公司治理结构不够健全的企业中，由外部审计履行监督行为的系列制度安排作为公司治理的替代机制，可部分弥补公司治理机制的局限性。因此，无论是在法制环境良好还是较差的国家，规范审计行为约束制度都会积极地发挥投资者权益保护的功能。同时，我国的部分学者也从不同角度研究了包括审计市场集中度、审计执业收费、CPA 专业背景、行业制裁力度等影响 CPA 审计行为的关键因素及审计监督行为在证券市场中的信息传递形式与效果。此外，在对不断完善、逐渐成熟的资本市场研究的过程中，我国证券市场独立审计行为到底是否有效地保护中小投资者的利益？各位学者们对此有着不同的看法，其中一些国内学者如陈辉（2007）研究最近几年审计失败的案例发现在企业首次公开发行（Initial Public Offering，以下简称 IPO）时，一些 CPA 涉嫌与管理层合谋骗取上市资格的行为，使得 CPA 的审计意见信息大打折扣。说明我国 CPA 的执业审计行为需继续加以调整与规范。因此，探索并加强针对审计行为的投资者保护功能与影响的研究，对于改进投资者权益保护形式、提高投资者保护水平措施与效果、提高企业内部治理效率等方面有着极为重要的现实意义与应用价值。因此，本书写作动因与意义如下：

首先，基于投资者保护的制度环境变迁是影响我国证券市场健康发展的重要原因。由于我国证券市场中广大中小投资者利益被大量侵占或损害的现象时有发生，影响资本市场有序竞争的一些消极的影响也在逐步蔓延，如不加以高度重视与认真加以解决，必将危及中国证券市场乃至市场经济体制的健康发展。

其次，作为我国资本市场发展的必然产物与公司对外公布财务信息及其他非财务信息的主要影响因素，合法、合规、专业、良性的 CPA 审计行为因其超然独立性、公正性、客观性和职业的谨慎性等特点无疑成为影响广大中小投资者保护水平与程度的主要手段与方式，而其审计行为与投资者保护之间到底有何联系与影响无疑是值得我们理论研究者们高度关注的课题，因此，通过研究不同特征审计行为或执业水平对投资者保护的影响程度，进一步分析 CPA 应该如何通过公正、客观、审慎的审计行为方式，提供真正规范与高质量的审计服务来有助于公司提高会计信息披露质量，实现投资者保护的最终目标。

最后，基于投资者权益受保护的公司会计信息质量与透明程度对于上市公司市场价值的提升和证券市场稳定与发展具有重要现实意义。主要理由包括：

（1）就社会资源的经济配置效率的视角而言，投资者保护有利于企业实体经济的经济价值增值和规模扩张。Morck&Beck（2000）认为借助于金融体系的稳定和商业环境的改善，良好的投资者保护制度可帮助企业提高资产周转效率、提升竞争能力和优化配置资源。

（2）就宏观运营环境的视角而言，健全的投资者保护机制是一国金融市场及系统稳定与健全的制度基础，投资者良好心理预期有利于为证券市场提供充分的资金来源，自然会促进金融系统的稳定与可持续地发展。公司这一微观主体的抵御与防控的风险能力无疑就越强（Johnson，2000）。

（3）就微观主体的效益视角而言，由于优越的投资者保护制度环境可以增大公司内部人的代理成本，约束管理者的舞弊行为，提高投资者的获利能力，间接地提升公司市场价值。由于我国资本市场上中小投资者与上市公司管理者间客观上而言是一种信息不对称状态，而这种信息不对称性现实状况直接导致了我国中小投资者常常因此遭受投资者损失而沦为会计信息质量低下的牺牲品，这说明会计信息质量与投资者权益保护密切相关。因而，投资者能否得到保护最重要的方面就是相关制度安排是否能够保护投资者得到对公司信息的了解权。而解决信息不对称问题的根本途径就是充分有效的会计信息披露制度规定。因此，通过基于投资者保护的制度环境、审计行为与会计信息质量之间关联性问题的研究，不仅可以有助于完善上市公司信息披露制度，提升其会计信息质量，还有利于同时通过优化 CPA 面临的审计制度环境来约束其审计执业行为，从而有效地降低因信息不对称导致的投资双方的资源浪费行为，更好地实现保护中小投资者权益与维护我国资本市场稳定及可持续发展的目标。

1.2 研究目的与研究问题

1.2.1 研究目的

回顾我国资本市场近二十来年的波澜起伏的发展历程，可以看出在我国过去与当前的证券市场上，除企业控股股东以外的广大中小投资者是事实上的绝对“弱势群体”，无论是从降低交易成本还是从促进资本市场资源有效配置的角度而言，其合法权益的保护应当受到市场秩序的维护者的高度重视。虽然我国的相关政府部门、证券监管机构和自律监管组织事实上已经采取了种种措施和手段来保护中小投资者的合法权益，但实际上上市公司的资产被“掏空”现象屡见不鲜，严重损害中小投资者权益的行为常常发生。因此，如果不能建立有效的公司治理机制从根本上对大股东的权力加以制约，那么这种利益冲突势必会损害公司的价值，甚至危及到我国证券市场的长期健康持续发展。同时在资本市场发展过程中的审计制度的缺陷，来自我国过度、无序的竞争环境的影响和来自跨国会计公司的专业化、规模化的压力，来自审计客户委托合约的利益约束，使得我国证券市场的 CPA 审计行为质量与效果较差，毫无疑问，证券市场上公司披露的会计信息质量越低，就有越多投资者的权益受到损害；但 CPA 审计行为在提升会计信息质量方面的影响或效应方面是否符合人们直观认识或预期？事实上国内外学者们由于采用了不同的研究方法和选取了不同期间的、不同数量的研究样本，得出了并不太一致甚至是矛盾的结论与判断，因此，该研究选题仍是一个未达成一致意见并充满争议的话题，值得我们这些理论与实践工作者们继续深入研究与探索。

总之，本书主要的研究目的是：通过运用经济学的基本理论与规范的研究方法来系统分析基于投资者权益保护的资本市场制度建设与法治环境特征及其实现形式之一——审计行为质量的影响内容与方式，进一步从理论与实证两个方面阐述与检验当前的投资者保护法律、政府管制、资本市场秩序、外部审计制度、公司内部治理结构等制度环境下，CPA审计行为机制和上市公司会计信息披露质量等内外部治理机制能否对狭义的投资者（中小投资者）权益保护水平产生实质性影响，能否在一定程度上约束内部人，降低代理成本，提高公司价值；并借助我国沪深两市上市公司的2009年经验数据来研究和证实法律、行业监管等制度环境对CPA独立审计行为与对上市公司会计信息质量的改善能够产生何种影响，探讨CPA审计行为质量与上市公司会计信息质量之间的内在关联性，以期能够找到有助于完善我国上市公司会计信息质量的制度安排与治理对策，提高会计信息对证券市场定价功能的有效性，切实保护中小投资者公平交易参与权、企业经营信息知情权和权益损害索赔权，为我国上市公司可持续发展能力、市场竞争能力有效提升和促进资本市场发展壮大做出积极贡献。

1.2.2 研究问题

本书拟研究如下几个方面的问题：

（1）以主流经济学理论、观点和财务会计学的研究方法来解释以保护投资者权益和维护资本市场秩序与效率为目标的我国公司法制、政府管制、公司治理制度、证券审计市场和行业监管等制度环境与CPA审计行为及上市公司会计信息质量之间内在关系这一选题的研究背景和相关理论基础，并概括和描述出这些问题在我国的发展现状，力求提出一些具有规律性的创新观点与认识。

（2）分析经济转型期中国证券市场产生与发展的不同层面的制度背景，研究证券市场的CPA审计及其行为的供给与需求状态，阐述与归纳审计行为是如何通过约束会计信息披露质量来实现对投资者保护的作用，以及审计行为存在的局限性。

（3）深入探讨与分析近年来我国证券市场制度环境是如何影响审计行为与会计信息质量的？它们之间存在何种内在关系？上市公司会计信息的质量是否能够满足了投资者的决策需求？存在哪些问题及其成因。

（4）以量化的方式检验和描述中国证券市场制度环境下投资者保护的程度及审计行为的状况对上市公司会计信息质量的影响作用，分析其中的问题与不足，概括出相关启示或者可行的政策建议。在实证研究中，应考虑如何对相关研究模型进行适当确定和对有效数据的广泛收集、筛选和运用，最终对相关研究结论及其政策含义进行客观综述。

（5）试图为中国企业在未来发展中寻找改善基于投资者保护的制度环境下注册会计师的审计行为监管机制及提升公司会计信息质量的有效方法，使得中国证券市场上的上市公司中小投资者的合法权益得到真正地维护与伸张，并提出一些有针对性的政策建议以便能够健全上市公司会计信息披露机制，提高公司对外发布的财务会计数据的信息含量与可信度，不断加强风险管理机制和优化我国上市公司的治理结构。

1.3 研究思路与研究方法

1.3.1 研究思路

有效提高上市公司会计信息质量，我们必然需要借助法律和社会监督等方式对投资者保护和公司会计信息披露的水平与状况进行公正地评价与鉴证，增强广大社会利益相关者对上市公司和资本市场的信心。CPA 的审计行为因其第三方评价功能而具有超然独立的地位、因其具有社会中介鉴证组织特征而具备强大的职业权威性、因其为公司投资者权益维护提供高度专业化的约束与高质量咨询服务等原因而具有极为重要社会价值，理应在促进我国证券市场有效运行的过程中发挥着其他社会因素无法替代的积极作用。因此，为了更加全面、客观地探索转型经济背景下的制度环境、独立审计行为和上市公司会计信息质量之间的内在联系，更好地寻找到能够协调三者间关系的规律性认识，需要对本书研究思路进行梳理与归纳。

概括而言，本书主要研究思路如下：第一，通过归纳历史文献资料，熟悉已有的研究与进展，得出一些规律性的认识，以此作为本选题的研究起点。第二，以相关的经济学理论为基础，围绕本选题的主要视角——投资者权益来系统阐述与分析有关投资者保护的政治、法律、公司治理和行业监管等制度环境及其实现形式之一——审计行为效果与质量，投资者得到保护的重要形式——会计信息披露质量的基本发展状况与存在的问题成因。第三，进一步从基础理论与运行理论方面，深入阐述与分析我国证券市场现存制度环境、审计行为和上市公司会计信息质量之间发生引致作用与影响的过程中利益相关方受到的影响与制约因素，继而探讨法律体系、行政制度环境、行业监管制度等环境能否对公司会计信息质量产生重要影响，探讨制度环境、审计行为与会计信息质量之间是否存在这样一种内生联动机制或机理能够在一定程度上约束内部人行为，降低代理成本，提高公司价值。第四，借助我国沪深两市上市公司相关年份经验数据来检验和证实在基于保护投资者权益的我国制度环境下法律、政府行政管理、行业监管水平等对公司会计信息质量的影响程度，以及探讨独立审计行为机制对上市公司会计信息披露质量或透明度的约束与影响，以期能够找到有助于完善公司会计信息披露质量的制度安排与治理对策，从而能够真正实现对公司的主体利益群体——中小投资者权益进行有效保护。第五，在上述研究基础上，针对我国国情和上市公司现实情况，提出进一步改善和提高公司会计信息披露质量的制度安排和审计行为调整等具体措施，以期对于我国上市企业实现投资者保护和建立高质量会计信息披露机制的目标而能够有所裨益。第六，对本书的主要研究创新观点与不足之处进行概述，并就未来进一步研究的方向等问题进行概况与总结，力求对本选题的个人观点进行清晰表述与归纳，以此作为本书的结束章节内容。

1.3.2 研究方法

1. 本书总体上拟采用以规范研究和实证研究相结合的研究方法。

第一，本书拟采用规范的方法来归纳、综述与分析国内外学者和专家对本课题的已有研究成果或文献，并总结了对本课题的若干启示。

第二，本书拟采用规范的方法总结既有的产权理论、代理理论、信号理论、保险理论、伦理经济学和公共选择理论等经济理论与方法以此作为对中国上市企业的投资者保护制度环境、审计行为和公司会计信息质量之间的关系进行规范性的归纳与探究。

第三，本书拟分别以中国目前的制度环境下 CPA 审计行为的力度与中小投资者保护和上市公司会计信息质量与中小投资者保护之间的关联关系和关键影响因素作为本课题研究的制度背景和进一步理论分析的基础内容。

第四，本书拟采用规范的方法从中国资本市场经济与法律等制度变迁的时代背景出发，深入剖析与探讨近些年来基于投资者保护的制度环境、审计行为质量与上市公司会计信息质量这三个不同制度层面的变量之间的互动关系与内在运作机理，以此研究对本课题进行深入的理论分析，并作为本书主要研究内容。

第五，采用我国资本市场中的 2009 年的数据资料来进行经验研究，即采用实证研究的方法来验证和描述在目前的制度环境下投资者保护、审计行为与中国上市公司会计信息披露质量之间的相关性与引致效应，并得出相关研究结论，作为本书核心研究内容。

第六，运用规范的研究方法探索完善我国现有的制度环境和调整不良审计行为策略，推动上市公司会计信息披露机制的创新，从而真正提升上市公司核心竞争能力。

2. 本书部分具体内容还拟采用图表分析法，利用图形和表格等形象化的方式阐述和研究相关的理论与实践问题与方法，如我国近年来的资本市场的发展状况、投资者受保护的基本状况等内容。

3. 本书部分内容还拟采用比较分析法，以便更全面、更客观地分析相关的研究理论内容与方法，使得本书的内容阐述与探讨更有说服力。

1.4　研究框架与内容

1.4.1　研究框架

根据上文的内容安排，本书计划中的研究框架与流程安排如下图1-1所示：

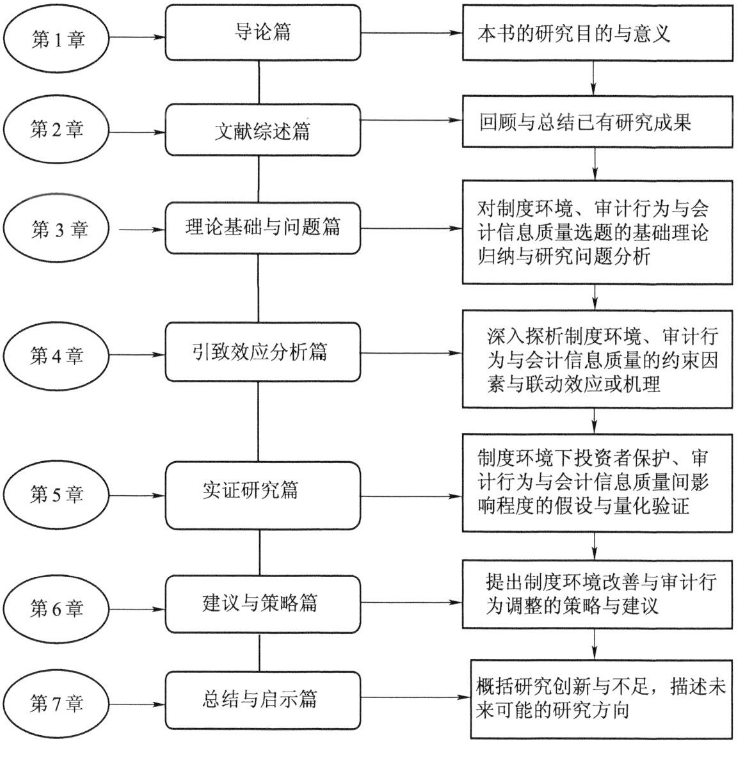

图1-1　本文研究框架与分析流程

1.4.2　研究内容

本书共分七章，具体的研究内容安排如下：

1. 第一章导论：研究动机与方向

本章的主要内容是结合我国宏观经济环境下资本市场的现有制度背景，首先提出基于投资者保护视角的制度环境、审计行为与上市公司会计信息质量之间的关系这一论题作为本书研究的起点，接着讨论了本书的研究背景与研究动因、研究目的与研究需解决的问题、研究思路与研究方法等内容，最后对本书的研究框架与研究内容做出了简要的归纳。

2. 第二章文献综述：国内外研究现状与评价

本章的主要内容是通过归纳和总结与本研究命题相关的已有历史研究文献资料，充分熟悉目前该领域学者们已取得的研究成果与进展，并系统阐述与分析基于投资者保护的制度环境下公司治理、审计行为和会计信息质量等方面的已有研究成果存在的问题与不足，为后续章节理论阐述奠定研究基础。

3. 第三章制度环境、审计行为与会计信息质量研究的理论基础与问题分析

本章比较全面地概括了基于投资者保护视角的我国资本市场制度环境的主要特征，并介绍了上市公司会计信息披露的投资者保护的现状与问题成因；此外最后一节，还阐述了若干基于投资者保护视角的CPA审计行为的存在与上市公司会计信息披露质量的基础理论；以便为后续章节进一步地深入研究做好理论准备。

4. 第四章制度环境、审计行为与公司会计信息质量等三因素内生结构与引致效应机理探析

本章内容是基于事物都具有关联性和相互依存性的观点，首先分析我国宏观经济环境下法律、行政、监管等制度环境、审计行为与会计信息质量的投资者保护影响因素；并阐述与探讨我国现有制度环境、审计行为与会计信息质量引致效应的传导机理和传递路径；目的是说明制度环境及审计行为通过何种机制影响到会计信息质量，试图归纳制度环境、审计行为与会计信息质量相关因素的联动影响途径与运行程序。

5. 第五章制度环境、审计行为与公司会计信息质量关系的实证研究

本章的主要内容是采用了实证研究的基本范式，建立了以下用于检验制度环境、审计行为与上市公司会计信息质量之间相互关系的模型。通过实证检验试图解释并用于分析制度环境与审计行为如何分别对上市公司会计信息质量水平造成影响，制度环境如何通过审计行为来进一步影响上市公司会计信息质量等问题。

6. 第六章提升公司会计信息质量的制度环境改善与审计行为调整策略与建议

本章的主要内容是在前面章节进行的相关研究的基础上，通过对英美等国法律制度、审计制度安排的变革对会计信息披露体系改革影响的差异比较得出对我国证券审计市场中若干制度环境改善与审计行为调整的若干启示，并提出了若干有针对性的、可行的发展途径与策略构想。

7. 第七章结语：研究结论与展望

本章的主要内容是先总结本书前面章节相关研究可以得出的若干主要结论与研究启示；其次，概述了本书研究的创新点与存在的缺陷或不足，并且描述了与本书相关命题的未来研究趋势与延伸研究的方向。

第2章 文献综述：研究回顾与启示

2.1 制度环境、审计行为与公司会计信息质量的文献回顾

2.1.1 制度环境与CPA审计行为关系的文献回顾

1. 法律及政治等制度环境与CPA审计行为

已有大量文献如La Porta et al（1997，1998，2000）和Johnson et al（2000）研究发现证券市场的制度环境（尤其是法律制度）变量会直接影响着公司的盈余管理行为及其信息含量，公司盈余管理程度又直接与审计行为质量相关。LLSV[①]（1998，1999，2000，2002）研究发现法律体系的差异是形成投资者保护水平差异的最重要的因素，因而一国法制体系是否健全与制度环境是否宽松是直接影响着中小投资者权益充分得到保护目标的重要前提，而LLSV以全球范围49个国家的投资者保护情况为样本进行了对比研究，结果发现：与普通法系国家相比，成文法系的行政管理和司法腐败程度都比较高，政府效率和契约执行的水平都比较低；相应地其投资者保护水平相对较低。因此，说明一国法律规则或环境的变革可显著提高投资者保护水平，提

① LLSV是LaPorta，Lopez-Silanes，Shleifer和Vishny美国四位知名教授名字的简称，分别是指哈佛大学经济系的La Porta和Shleifer教授，哈佛大学肯尼迪政府学院的Lopez-Silanes教授和芝加哥大学商学院的Vishny教授，是投资者保护研究领域的著名学者，分别在法学界、金融学界有很深的造诣共同致力于法学和金融学交叉领域的研究，尤其擅长用法律方法来分析金融问题，揭示法律和金融之间的互相作用关系。

高公司外部融资能力，增强投资者的信心，减少证券市场股价的波动。而且他们整理的研究数据支持了这样一个假设：各个国家会发展对投资者较弱保护的替代机制。一项是属于强制分红或法定储备要求的补救规则，另一项是属于投资者较弱保护的适应机制即所有权集中度。LLSV 发现全世界的所有权集中度都很高，通常在对投资者较弱保护的法律环境下，在一般国家其公开上市公司接近一半的股权掌握在三个最大股东手中。而且好的会计标准和股东保护措施（如引入独立审计监督机制、规范审计监督行为、提高对外披露会计信息质量等）是与低所有权集中度相联系的，是主要用来替代法律与政府管制机制以治理损害投资者权益行为的。Leuz et al. （2003）认为在那些对外部投资者保护程度较弱的国家里，低会计信息质量的盈余管理更为普遍，他们对 31 个国家盈余管理进行比较后发现，这些国家在盈余管理方面存在巨大差异。在控制了经济发展水平、宏观经济的稳定性、公司特征、会计制度差异等变量以后，盈余管理与少数股东权益和法律执行质量负相关，而在那些权益资本市场发达、股权结构分散、投资者保护法制设计与执行比较大力度的国家，其盈余管理动机与行为较少，对外提供的公司会计信息质量较高。Kwon （2007）研究发现注会行业监管与专业特长对 CPA 审计行为及其质量水平的影响大小实质上取决于各国法制体系与环境的健全程度，比如在法制环境较好的国家或地区，此类影响程度会不太明显。反之，影响程度则较强。不过，这些国外文献研究主要是不同国家间跨国比较研究，国外学者的研究多忽视了处在复杂经济转型期的国家或地区制度环境变迁对公众公司融资趋势与盈余管理等理财活动发生的内在影响与外在效应。

国内学者也就制度环境对审计行为与独立性的影响进行了专门的研究。比如刘峰、林斌（2000）认为相对于英美等西方国家，我国审计市场的形成主要是政府选择而非市场选择的结果，CPA 的独立审计行为自然受到政府的影响要远大于中小投资者的要求。陈小林（2007）认为制度具有关联性与相互依存性，一项制度的生效与失效与其他制度能否发生作用存在着密切联系，独立审计制度、CPA 审计执业行为路径与绩效也必然受到审计市场面临的法律及政治等外部制度环境与秩序的制约与影响，在作者提出的审计独立性水平决定模型中制度环境是最重要的约束变量。在我国的证券市场上，大多数规模较大的上市公司多为各级政府所控股，上市公司在替国有企业募集资金、解决就业、服务国家重大发展战略等关键领域发挥着重要的作用，毫无疑问，各级政府的行政管理能力会对资本市场的经济资源优化配置产生重大的影响，这些影响会随之制约着上市公司的会计信息披露内容与质量。张玲、刘启亮（2009）的研究告诉我们，尽管产权国有的公司在改制上市时，相关法制、行政管理、行业监管、社会信用等方面的制度环境均有了明显的变化，不过，基于产权性质的限制，这些企业会更多依靠政府行政管理制度来处理市场问题。受政府限制的上市公司的具体财务行动，自然会偏离市场经济行为，选择有利于高管价值取向的盈余管理政策，导致会计信息质量偏低。人们并不能确定在该背景下公正客观的独立审计监督能否提高审计行为的规范性。而且现实中上市公司产权性质与独立审计监督行业特征在对审计行为后果的影响上存在着明显差异性，因而作者认为公众公司的产权属性实质上也会约束着审计行为作用与效果的发挥。

2. 公司治理结构制度环境与 CPA 审计行为

已有部分研究已经证明了公司治理确实对审计质量有着显著的影响。第一，在公司治理环境影响审计质量方面，Cadbury（1992）& Hampel（1998）的研究都认为一方面 CPA 保持足够的独立性审计行为和较高的审计质量的确与公司治理制度环境的改善有着直接的关系。另一方面却不能够确认在公司治理环境中审计质量的高低是否能够产生正面的作用。因为公司治理是协调与制衡利益相关方权利与义务的制度安排，它凭借对介入行业收费、CPA 的聘任、进行审计意见信息的沟通等方式间接影响 CPA 独立审计决策与行为。第二，在董事会组织结构影响审计质量方面。BRC & NACD（1999）认为假设公司拥有强力型的董事会，受其委托的 CPA 就不可能顺从管理层不当的要求而失去独立性；不过，如果公司存在弱势董事会的话，即是管理层控制 CPA 聘任与薪酬等经济来源的话，CPA 自然面临巨大压力而可能丧失执业独立性。同时，Carcello & Neal（2000）研究发现，基于持续经营问题而发布非标准意见的概率与审计委员会独立性之间呈现明显正相关性。方军雄等（2004）认为客户涉嫌法律诉讼、经营亏损和财务状况恶化等的风险程度大小是影响 CPA 在出具审计意见类型的重要因素。而且，制衡权力分散的治理机制如规定董事长和总经理职责分离，其公司的 CPA 审计的独立越强；宋衍蘅（2005）接着研究发现董事会中的审计委员会独立性和专业性强弱与主审事务所被变更的频率显著负相关，由此可以解释公司主审会计师事务所变更频率低常与其是否设有审计委员会组织有关联。因为假如新会计年度更换 CPA 则很可能会影响审计收费的变化，这种经济收入变化自然约束着审计行为与审计执业质量。第三，其他因素对审计行为质量影响方面。刘亚莉等（2006）研究发现 CPA 的执业关注度与审计质量高低有直接联系，即如果 CPA 重点关注企业经营能力持续性与财务风险频发的公司，往往其审计程序会到位，执业行为会更为规范；反之，则其审计行为可能会失范。接着，学者肖作平（2006）的研究发现公司治理结构改善的确会引起审计执业行为质量的变化，治理结构优化的企业 CPA 审计质量明显高于治理结构混乱的公司。后来，余宇莹、刘启亮（2007）研究发现公司上市程度与公司治理环境优良与否有着显著的关联性，进而发现公司治理环境改善与审计质量的显著相关性。作者运用可操控性应计数指标作为审计质量的替代变量，经过实证研究发现如果公司的治理环境越好，其管理层操纵盈余会计信息的可能性自然越低，相应地，CPA 审计的执业质量也随之水涨船高。

上述研究说明，从 20 世纪 90 年代以来，已有研究从不同视角探讨了独立审计行为与执业质量等影响因素及相关内容，取得了丰富的研究成果。但仍然存在如下问题：① 在不同社会制度背景下的制度设计对独立审计行业管理和审计行为取向的影响、对财务报告信息披露质量的影响和审计行为核心因素的判断与识别依然不太全面。② 较少地考虑我国国情的复杂性与特殊性及制度环境对审计行为质量内在联系的不确定性。其原因主要是因为许多研究者对本国现实状况认识不够深入、样本公司数据本身的信息质量可信度较差、用来衡量审计质量的具体标准不同、研究样本取值存在较大的主观性，甚至按预期结论而修改实证研究数据，使得研究结论及其政策建议缺乏可靠性与指导性。

2.1.2 CPA审计行为与上市公司会计信息质量关系的文献回顾

在有关供给导向审计理论研究的基础上，国际审计理论界日益重视审计行为对基于投资者保护的会计信息质量效应研究方面，先后取得了较丰富的研究成果。首先，采用新颖的方法对于审计行为的经济成因对会计信息质量影响进行了研究。Libby & Lewisr采用几率性研究审计主体决策的稳定性和决策前行为特征等问题；而Hackenbcrk（1992），Patton（1997）& zimbelman（1999）等学者研究发现基于效应递减的原理，CPA对管理层舞弊风险的评估水平可能由于设置的评价指标太多而使审计行为效果（会计信息质量）变得更差；其次，从审计行为的的影响因素与效果方面研究而言，揭示了审计行为的会计信息改进功能。Pineus（1990）、Ponemon（1993）、Seholtz（1998）& Knapp（2000）等学者研究的发现CPA的独立审计执业经历丰富程度与职业责任意识有利于其保持较高的独立性，并能够提升其发现与评估反映管理层舞弊风险的会计信息质量的能力；Johnson等人（1991）以及Bloomfied（1995）的研究发现独立CPA提高自身公允评价会计信息的审计行为效果目标的重要实现路径是主动变更执业工作的性质；20世纪90年代Matsumura，Jamal、Berryman，Eriekson等的研究发现：行业监管部门的内部控制与风险治理能力的强弱会客观上使得独立审计成本发生变化，从而间接地规范审计监督行为力度与影响审计后果。总之，上述国外学者的研究初步探索了审计行为对会计信息质量的影响，为审计行为研究理论体系的完善做出了积极努力与贡献。

比较而言，尽管我国审计理论界对CPA的审计行为研究历程并算不长，不过随着证券审计市场竞争日益激烈，CPA审计失败事件大幅增加，其审计行为研究的条件愈加成熟，越来越多的审计理论研究者投身独立审计行为的会计信息质量影响的研究，也取得了较丰富的研究成果。如李树华博士

（2000）研究发现在我国转型经济背景下证券市场投融资需求与政府管制力度间接影响着外部审计的独立性水平、CPA执业行为偏向程度与行业结构特征演变。两年后著名会计学家葛家澍曾研究发现美国的安然财务丑闻事件及其随后萨班斯法案的出台对美国会计准则的规制、CPA监管模式创新与审计行为的规范产生了深远的影响。同年，黎仁华借助风险因素理论对审计行为的优化环境和技术策略进行了深入探索。王艳艳、陈汉文（2006）经验研究发现：由四大审计的上市公司会计信息的透明度显著高于非四大审计的上市公司，说明不同的审计行为或质量确实会对会计信息质量产生实质性影响。雷光勇、刘丹（2006）发现：独立审计服务质量高低会影响到其对投资者保护的有效程度，进而影响到社会公众投资者的信心和一国资本市场发展的成熟程度。如何有效地提高独立审计质量，历来成为政府监管部门、立法机关、公众投资者等利益相关者关注的焦点。李海燕（2008）认为可借助对信息披露行为进行独立审计鉴证的行为，提高信息质量，保障投资者的知情权，还可通过审计意见信息的报告间接保护投资者权益。因此，审计意见信息的报告具有通过约束会计信息披露质量来实现保护投资者的作用。概括而言，国内学者对审计行为的会计信息质量影响的研究方法不够先进，总体上大多为规范研究或案例研究，研究对象比较零散，缺乏系统的科学论证，审计行为理论研究还没有形成一个完整的逻辑体系，且研究隐含着“完美代理人”的假说，缺乏对不同审计行为的制度动因与后果研究，更缺乏对证券审计市场的利益主体内在属性的清醒认识。有关独立审计行为的会计信息质量改进或投资者保护功能研究则是审计行为理论的衍生研究课题，对完善我国资本市场资源配置功能具有极为重要的意义。从CPA审计以会计信息质量改进的形式体现投资者保护功能方面的研究来看，国内外主要研究成果已呈现多元化的迹象。

2.1.3 制度环境与公司会计信息质量关系的文献回顾

1. 法律和政治等制度环境与上市公司会计信息质量

从世界资本市场的发展历史经验来看，各国公司制企业通过高质量会计信息披露发挥投资者保护作用的功能通常会受到所在国家的法律规范、宏观经济政策、政治和文化等制度性因素的影响。目前，在我国的证券市场上，一些规模较大的上市公司多为各级政府所控股，上市公司扮演着替国有企业募集资金、解决就业、服务国家重大发展战略等多重角色，因而政府管制与法制建设的环境可能会对资源配置产生重要影响，进而会影响上市公司的财务行为——操纵应计利润和进行盈余管理，而这些行为无疑会极大影响到上市公司的会计信息披露质量。LaPorta，Lopez-de-silanes Shleifer & Vishny（1997—2006）等研究了不同法系和市场制度对投资者保护目的的影响，认为国家法律渊源对其投资者的保护力度（信息透明度）、私有财产保护强度以及金融市场的发展都具有显著解释作用。Morck，Yeung & Yu，Li（2000）和Myers（2005）研究认为无论是投资者产权保护机制的健全还是公司信息透明度的提高，始终都离不开一国的制度建设，说明了制度环境对会计信息质量的主要价值。齐斌（2000）从法律金融视角对信息披露质量的法律基础与规则、信息披露的民事责任和法律救济制度等方面进行了研究。尹晨（2004）从信息监管角度对中国证券市场会计信息披露与监管的现实进行了分析，同时对证券信息监管的立法、执法及其改进进行了分析。孙曙伟（2006）从中国证券市场制度的变迁和投资者结构出发，分析了个人投资者权益侵犯问题现状及制度根源，提出了完善我国个人投资者权益保护制度、上市公司治理制度、证券市场信息披露制度和证券市场监管制度的政策建议。栾天虹（2006）从经济学和法律学的视角出发，以投资者保护为研究对象，将法律问题引入经济学分析，旨在从投资者保护的内生决定和外生替代机制来探析增强投资者保护的机制和途径，并利用各国数据进行相关命题的实证。张亦春、黄宗福（2007）从公司违规行为处罚角度，对证券市场监管部门执法力度和投资者保护关系进行了实证分析，发现实证结果与理论层面上执法力度强化将提高投资者保护程度的结论明显不一致。计小青（2007）通过对中国股票市场发展及其投资者保护的分析，发现中国股票市场制度隐含着替代性投资者保护机制，即市场秩序、法律体系与政府管制制度等标准的投资者保护机制在中国证券市场并不能有效发挥作用，相反国有股权隐含的国家信用担保发挥着替代效能，通过约束公司向国家控股部门提供高质量会计信息的行为而起到了保护投资者权益的作用。

其次，作为宏观制度环境的重要组成部分，证券行业监管制度也是影响CPA审计行为的主要因素，一些学者对此方面的研究也取得了一定成果。如国外学者Watts（2003）指出资本证券市场中的监管制度、会计信息披露的规范以及用以约束中介市场的CPA的审计行为规制的日益完善，即对公司投融资行为和CPA审计执业行为的监管是保持公司会计信息稳健性及对外信息披露足够透明度（质量）的关键因素。Bushman and Piotroski（2006）认为因为准则和规定制定的不完善现状使得准则制定机构和监管机构而受到来自公众的批评和指责，因此，为了降低自己受到的指责的政治压力和更好地保护投资者的权益，它们会约束会计信息披露行为并使得会计准则与制度保持稳定与连续，而且监管机构在制度执行上也会更加严格，以降低自身的政治压力和舆论压力。在20世纪30年代经济大危机之后，美国证券交易委员会（Securities and Exchange Commission，以下简称SEC）颁布的《证券法》的基本原理表明会计是稳健的（Benston，1969），并且对不稳健的会计导致1929年纽约股票交易所股票价格高估进行了指责。Holthausen and Watts（2001）分析了SEC规则变化前后对会计稳健性的直接影响。Lobo和Zhou（2006）检验了萨班斯·奥克斯利法案（Sarbanes-Oxley Act，以下简称SOX）颁布前后会计谨慎性的差别，研究发现在SOX颁布后，谨慎性水平显著提高了。Ball和Shivakumar（2005）经验研究发现受到监管因素的影响英国公司信息披露在IPO前后更具谨慎性。而盈余会计信息一直是我国公司IPO、配股增发（Seasoned equity offering，以下简称SEO）、重组整顿和对高管人员的业绩考评的重要依据与基础，更有可能刺激上市公司管理层积极进行盈余管理。毛新述和戴德明（2008）的研究则发现作为改善公司盈余信息质量强化对投资者利益保护的财务报告机制，基于盈余监管和评价的制度已经成为我国企业管理层履行我国会计准则下稳健性原则的外在制度因素。钱春海（2009）以中国1992—2005年A股上市公司的数据为样本，发现在证券法实施背景下，1998年后我国上市公司财务报告稳健程度与信息质量在显著提升。

2. 公司治理结构制度环境与会计信息质量

现有国内外学者对公司治理结构的相关研究主要集中于产权安排、股权结构、董事会结构及管理层激励等方面，这些方面共同影响公司的代理冲突，并对管理者的信息披露策略及公司信息质量（或透明度）产生影响。在产权的制度安排与信息质量关系研究方面，Ruland等（1990）发现外部人持股比例越高公司越趋于发布盈利预测。Chen和Jaggi（2000）发现家族控制会对香港上市公司的信息披露水平产生负面影响；Kin和Yi（2003）发现外来资本与韩国企业的透明度在一定程度上呈现出相互促进的作用。

在股权结构、股权性质与会计信息披露质量关系研究方面，国外研究成果有：Mckinnon等（1993）与Mitchell（1995）的研究表明所有权分散程度越高信息披露的水平越高；相反，Shleifer和Vishny（1997）研究股权集中可刺激大股东去整理并报告充分的会计信息，以便有可能提高公司财务年报的信息质量。同样，La Porta等人（1999）研究认为由于控股股东可能利用自身信息优势地位去选择性披露的财务报告信息，使得股权集中度与财务报告质量间呈负相关关系；不过Schadewitz和Blevins（1998）的研究却认为如果公司股权集中度越高，则控股股东对公司控制能力就越强，会计信息舞弊的可能性就越大，其信息质量会趋于低下。Fan和wong（2002）也发现东亚国上市公司的股权集中度与其信息质量存在负相关关系，而且在给定拥有足够的控制能力的情况下，公司最终控制权和所有权分离差距越大，越不利于公司信息透明度。Eng and M（2003）研究认为政府持股比例与信息披露水平正相关。Bushman et al（2004）认为公司国有份额的控制比重直接影响着该国财务信息透明度。国内的学者研究成果有：杜兴强、温日光（2007）的研究发现股权集中度与盈余管理程度成反向波动关系，并影响着公开会计信息质量；且国家控股的上市公司盈余管理程度较小，其会计信息质量比较高。王雄元、沈维成（2008）研究成果表明股权集中度与公司信息披露质量显著正相关关系。王咏梅（2004）研究认为控股股东的持股比例越大的公司，其信息披露内容充分性就明显偏低。王化成和佟岩（2006）通经过研究发现：如果控股股东为国有股东，盈余质量往往更低。而于鹏（2007）的研究结果表明在绝对控股的情况下，最终控制人为非国有性质的上市公司发生财务重述的可能性比国有性质公司发生财务重述的意愿与可能性均较低，会计信息质量更好。

在公司控制权转移对公司会计信息质量的影响研究方面，目前学术界关于公司控制权定义尚无一致看法，Demsetz & Alchian（1972）认为企业控制权是协调股东和经营者相互分享所有权和经济利益的组织结构。Jensen & Meekling（1976）认为从对公司资源使用角度，公司控制权是对高层经理人员的聘用、开除和确定高层经理工资的权力。Grossman & Hart（1986）认为控制权是基于契约不完备性形成的公司所有权衍生产品，是契约中没有规定的事件的决策权。在现有的控制权市场对公司影响的不少研究成果里，研究者多关注控制权转移对公司治理结构、市场反应和经营业绩的影响，上述研究隐含着一个共同假设是凡是发生了实际控制权转移的公司其会计信息质量就较高（王铁林，2010）。但却没有考虑企业在控制权转移前后出于特定目的可能对期终会计信息进行操纵的关键问题。从这些学者的研究可看出企业控制权转移前后公司盈余管理存在导致会计信息质量变化的情况，是并购企业与被并购企业利益相关者之间利益博弈的产物，不能从本质上说明控制权转移对公司内部控制治理结构与会计信息质量产生何种影响。

在公司董事会的组织结构与制衡制度对会计信息质量影响的研究方面，Forker（1992）认为公司董事会的非执行董事设置有助于提升公开会计信息的质量。有时非执行董事可凭借其相对独立的身份对董事会执行董事的决策活动进行监督，将使董事会行为更加符合投资者的利益需求。王跃堂（2003）研究认为公司设立独立董事前后盈余信息质量变化并不明显，但是是否设立独立董事则会对的会计盈余信息质量有显著的影响。此外，薛祖云和黄彤（2004年）则对我国部分上市公司董事会、监事会制度特征与会计信息质量之间的关系进行经验检验后发现董事会与监事会的监督机制及组织结构对公司会计信息质量的提升有着直接影响。

综上所述，近十几年来，国内外研究者分别从法律功能、产权保护、金融运作、证券监管、信息监控、经济后果与市场机制等宏观环境与公司治理结构微观环境的视角，多运用实证研究方法论证了中外制度环境具体因素对上市公司会计信息质量或效果的影响，但是对其影响因素分析得仍然不够全面与客观，缺乏结合中国的复杂经济背景的系统探索，因此仍有待深入研究。

2.2 文献综述对本研究的启示

本章主要是围绕研究选题对有关制度环境、审计行为与公司会计信息质量之间关系的国内外学者的相关研究成果进行了归纳与总结，阐述了这些变量之间的各种内在关系与影响，既为过往研究过程的基础与脉络提供了清晰的认识与理解，也为后续章节内容的研究与探索提供了有益研究启示与线索。

（1）对我国证券市场制度环境与审计监督行为和公司信息披露质量之间的内在联系的研究逐渐成为我国资本市场理论研究体系中的一个重要且富有拓展空间的研究范畴和研究领域。自从20世纪90年代我国证券市场不断成长以来，关于资本市场各个方面的理论研究也开始逐步增多，其中对公司治理制度与审计监督质量和公司信息披露质量之间的内在联系的研究逐渐成为我国资本市场理论研究体系中的一个重要研究目标和新的研究范畴，基于投资者保护的审计行为质量与上市公司信息披露制度、审计质量特征与要素、审计监督与公司盈余管理、审计与投资者保护、审计与会计信息质量的研究的内容、经济效果与影响因素等方面的研究因其对上市公司及资本市场的制度建设与完善具有极为重要且深远的影响效应而正在成为财务会计学界进行具有时代价值的理论研究的一个重要的领域，也是未来继续探索的新方向。

（2）既有的文献研究回顾表明对本书研究涉及课题的探索范围正在迅速扩大，研究层次在日益深化，研究方法在不断改进，但仍存在研究空白与空间需要继续研究与探索。

近十年来，随着国家综合实力的增强，我国科研机构学术研究经费在逐年增加，科研人力资源素质在整体提升。如在制度环境与审计行为的独立性、制度环境与上市公司会计信息披露质量关系方面的问题，国内外许多专家与学者的研究都在不同程度上均取得了显著的成果，他们的研究提出了不少新颖的学说或观点，可以说研究范围在迅速扩大（由主要是资本市场内财务要素作为研究对象到把资本市场外的其他非财务要素纳入研究对象），研究层次在日益深化（由只包含中小股东权益保护的研究深入到包括最广泛意义的投资者—利益相关者的合法权益保护的研究），研究方法在不断改进（由依靠相对单一的规范或实证研究状况发展到定性与定量相结合的多元化的研究方法并存共生的局面），为证券市场的资本运作和投资者保护相关理论研究体系的完善和发展做出了卓越的贡献。不过因为国内外专家学者所处的研究环境或市场背景、研究经验、个人能力等方面的差异，国内学者在审计监督、投资者保护和公司会计信息方面研究得出的结论与看法可能存在一定的局限性与不足，需要我们后来的研究者们在利用其成果时都需要客观地、冷静、全面的思考与谨慎地、有选择性地甄别和借鉴前人的研究成果。就制度环境与独立审计监督行为的关系研究来看，近年来基于投资者保护的制度环境与独立审计质量相互关系的研究，如前所述，已经有部分学者对策进行了专门研究，但截至目前尚无专门关于制度环境与审计行为与会计信息质量的关系研究，这无疑正好为本书的进一步研究留下了继续探索与研究的空间。

（3）国内学者正在逐渐弥补国外学者对本书选题研究范围在理论与实务方面的缺陷，实际研究能力正在日渐提高，研究成果的水准也在逐步提升，但是在研究内容、研究思路与研究方法仍然存在不同程度局限性或不足。既有研究成果表明关于国内学者对本选题相关领域的研究研究取得了如下成绩：

① 理论研究的条件不断改善。在现有制度环境下中小投资者受法律保护程度与水平的研究方面，对证券市场投资者保护的一般规范性研究都认为法律环境、市场竞争程度、审计监督评价等外部因素可能会对特殊背景下中小投资者权益受保护的程度、公司信息披露意愿与水平会产生直接引致效应，随着我国证券交易与咨询服务组织的日益成熟以及现代信息技术手段的快速发展，使得国内研究者未来将更易于取得量化的制度环境建设与执业行为质量方面的数据。② 研究要素内容日益丰富。相关国家研究者采用实证检验的方法对证券市场投资者权益的外部影响因素进行分析和研究的时间都不长，但均已在不同程度上都取得了一定的研究成果。其中国外研究者比较重视法律环境等外部因素，而国内学者则更多地考虑外部环境因素在获得评价数据可能性方面的问题，如更多地考虑针对我国复杂国情与企业实际上面临的财政、金融、政治、税收等多元商业环境等现实情况。③ 更加注重内部环境差异比较研究。国外学者基于更宽广的研究视野，往往借助于跨国比较来剖析法律环境建设迥异的国家及地区，相关制度环境下公司的市场行为、审计市场的CPA执业行为偏向究竟存在何种差异；而国内学者则是注重以各省市区地区制度环境的差异为研究基准点，探索转型经济背景下基于传统的自然条件与人文条件的差异是如何逐渐形成了相当明显的地区间经济发展不平衡的国情特征，各省区在投资环境和执法有效性方面存在较大差异，因此，我国会计研究学者相关科学研究，客观上在逐渐弥补国外学者本选题方面的研究与应用缺陷，尤其是在现有制度背景下的制度环境、审计行为质量和上市公司会计信息质量方面的理论研究能力在逐步提高，研究成果水平也在不断提升。

不过，目前与本选题相关联的传统理论研究课题，还存在如下缺陷或局限性：① 当前理论研究比较突出的问题表现在缺乏系统的针对制度环境与审计行为对企业会计信息披露影响机制进行深入分析的理论框架，大多研究只是就少数或部分因素考察这些因素对企业会计息披露质量的影响，忽略了会计信息披露行为与质量会同时受到多种因素的共同影响，可能会造成遗漏一些关键变量而使得研究结果的稳健性降低；② 多数的实证研究都没有意识到控制样本的"自选择偏差"，也没有对变量间可能存在的内生性问题进行消除与处理，使得相关的研究结论缺乏稳健性和可靠性；③ 目前我国研究者对企业会计信息披露经济后果的研究成果还比较少，比较缺乏转型经济背景下会计信息质量变化对企业资本成本结构的影响、对企业社会责任的影响以及对市场价值与竞争力的影响等方面的研究。④ 国内学者针对企业会计信息质量的研究模式和方法大多还停在单纯模仿与借鉴国外研究成果的阶段，没有充分考虑我国公司治理和信息披露的国情与特点，缺乏有独创性、适合中国特殊国情的研究理论与经济模型。⑤ 对于企业会计信息披露质量测度的各种方法均存在一定不足，如对于会计信息质量评价的衡量还没有统一标准，这些衡量会计透明度的方法都具有一定局限性，难以反映会计信息透明度的综合测度。⑥ 现有研究大多注重关联性研究，而较少涉及国家法制、政府管理、信用、公司治理等制度环境、审计行为与会计信息质量之间因果关系的检验。不少研究采用有限数量经济指标来代表会计信息质量的衡量方法仍值得理论研究者进一步地探讨。

总之，伴随着近年来的我国会计、审计领域相当数量的研究成果的面世，尽管国内学者已经取得了不小的研究成绩；但是在许多相关研究战略包括细节深入探讨方面仍然还存在着较明显的差距，还有一些研究领域较少地得到关注（如对于会计信息与投资者保护之间互动效应研究、环境会计信息与投资者保护研究、社会责任会计信息的披露方式与审计监督、低碳交易会计及其信息披露等等），还值得我们继续努力来进一步地研究与探索。因此，未来我们应该继续加大对我国有关审计监督与投资者保护方面、会计信息披露与审计监督评价方面的理论与学术研究力度，应继续探索新的研究观念与研究目标，更新研究视野和采用科学的研究方法，应该积极吸收国际上相类似科研领域的先进研究理论与方法的经验，关注国际理论研究的有关各国完善投资者保护机制的前沿理论与思想，才有可能使得与投资者保护相关联的科学研究成果丰富多元。同时，我们必须注意结合自身所处国家和地区的特定社会经济背景、审计监管机制、管理理念与民族文化习惯等具体因素，采用更客观化定量技术手段进行宽口径、大范围、全样本的科学化研究，力求进一步全面完善我国上市公司会计信息及其披露质量的衡量方法体系，这是未来我国研究者对基于投资者保护的公司治理、审计监督改进与上市公司会计信息披露等问题进行深入研究的努力方向所在。

第3章　制度环境、审计行为与公司会计信息质量研究：理论基础与问题分析

3.1　制度环境、审计行为与会计信息质量研究的理论基础

3.1.1　法律论与契约论的意义与研究拓展

1. 基于法律理论的投资者保护制度环境的作用

基于投资者保护的相关法律解释一般认为，一国的法律体系在投资者保护方面是非常重要的制度安排与环境。法律体系的差异（设计与实施）是形成投资者保护水平差异的最重要的因素。LLSV曾经对49个国家的投资者保护情况作了一个比较分析，结果表明：与普通法系国家相比，成文法系的政府和司法腐败程度都比较高，政府效率和契约执行的水平都比较低；普通法系国家的投资者保护水平最高。由此他们认为法律规则的改变与实施措施的改善可以明显提高投资者保护的水平，以便能够增强公司外部融资能力，提升投资者的信心与预期，才能真正地进一步减少市场的扭曲程度。对于契约论所提出投资者保护机制及其相应的制度环境，LLSV认为存在以下问题：（1）政府能否干预的前提是政府及其法律制度必须是廉洁与高效率的，不过政府是否有效和廉洁，却又是部分地由法律体系所决定的外生变量。LLSV（1999）研究表明，大陆法系的国家腐败程度较高，政府效率偏低。政府虽然表示要保护投资者，但在经济危机时，往往却更可能抛弃貌似庞大实际力量有限的中小投资者而保护掌握更多资源的企业家。（2）在外部投资者所有权

集中的公司制度安排中，当大股东实际控制公司管理层时，其实也存在如何保护中小股东才可能不被控股股东“掠夺”的问题。捷克等东欧等国的经验表明，如果缺乏有效法律保护，大股东更容易控制公司权力并处于利己的目的“鲸吞”公司价值。（3）公司信誉机制也是不够可靠的投资者保护机制。在经济前景好时，公司可能善待投资者；但在经济前景不好时，公司可能置投资者于不顾。（4）在异国交叉上市可在一定程度上提高投资者保护水平，但不是所有的公司都会在国外上市，因此异地交叉上市并不能替代国家法律规则的变革。La Porta 等（1999，2000）认为，在控制性股东寻求自身利益最大化的目标下，由于投资者法律保护能够减轻内部人对外部股东的剥削，控制性股东更乐于减少持股以筹集资金或分散风险，从而使公司的价值也得以提升。

2. 基于契约理论的审计行为与会计信息质量的意义

企业契约理论最初是由美国经济学家科斯（Coase）于 1937 年提出的一种经济学说，是现代企业理论中演进发展最快、内容框架最丰富、影响扩散最深远的一种经济理论，因而成为企业理论的主流思想，主要包括委托代理理论和交易费用经济学。其共同的基础和主旨都是把企业看作一系列合约的联结，都使用契约主义方法即从人与人之间的交易关系来考察有关企业的问题，揭示企业的秘密，其成功和局限皆源于此。依据制度经济学、企业经济学和政府管制经济学的研究思路，作者认为企业不仅存在实质性的内部结构差异和进行不同具体业务的行为差异，并且存在着产权制度、经济体制环境和政府行政干预强度等方面的差异。在这样的前提下，就可以把企业看做是理性主体之间的一组契约。所谓理性的主体是指在机会和信息的约束范围内，相关主体不会故意地选择不太情愿的行动方针，而放弃更愿意的行动方针。

企业契约论的核心观点认为，如果缔约方达成的契约是完善的，执行契约的司法体系是有效的，那么中小投资者只需借助于与公司签订的契约，政府只需提供保证契约执行的必备环境就可达到保护自身利益的目的，更高的层级法律其实并不重要。如 Ronald Coase（1960）分析了个人和私人公司合意地制订契约的条件。只要执行这些契约的成本为零，投资者个人就不需要法律或可找到规避法律而签订契约的方法。契约论的主要思想包括：其一是认为法律规制是非常重要的，但同时也存在其他有效的投资者保护机制如其他政府或民间制度，通过政府干预或借助公司与投资者的私人契约来达到理想的投资者保护水平。这里的投资者保护机制主要包括：① 行政方式干预。若公司经理人掠夺股东的利益，政府可以借助行政性处罚方式，要求公司善待投资者；② 集权化的外部所有权结构。如果内部人非公司的大股东时，该所有权结构可以形成对内部人的有效约束；③ 以红利激励投资者。公司为维护自身价值，常常通过支付红利建立起善待股东的声誉，以便增强公司外部融资能力。其二是认为法律规制是不重要的。Easterbrook 和 Fischel（1991）认为，那些希望通过外部筹资的公司其实可通过一系列治理机制包括规范与高效的审计监督行为来约束管理者，最终善待投资者。法律有时可能会限制这些治理机制的范围，但公司和投资者总可以找到适当与有效的微观制度安排。此观点认为在极端情况下，如果不同国家都有良好的司法体系，则彼此之间应该会有相近的和有效的公司财务安排（孙燕东，2009）。其三是必须借助国际契约才能真正保护投资者权益。随着资本市场国际化，在本国投资者保护状况不够理想时，公司可以通过交叉挂牌主动去投资者保护环境更好的其他国家的资本市场上市进行投融资，也就是通过异地更严格、更刚性的市场化监管规则的规范与专业化水准更高的国际性中介组织（如四大国际会计师事务所）的独立审计监督职业行为的约束，才有可能真正地提高投资者权益保护的效率，最终顺利实现对广大投资者权益保护的目标。因为独立审计行为的出现也是以契约为基础的，在两权分立的前提下由委托人基于契约与管理者签订的委托代理协议，为解决委托人与代理人之间有关最终目标的冲突问题，再由委托人与中介组织签订代理审查与评价管理者经营业绩的契约，在契约的制约下 CPA 的行为适当与否直接关系到投资者对会计信息的信赖程度，进而最终影响到企业投资者的权益保护。

此外，契约理论除了可以用来解释在特定的制度环境下企业所有者与经营者之间的契约关系并决定了管理者必须真正地保护投资者的合法权益的基础作用之外，还可以用来解释为什么投资者保护与上市公司的会计信息质量之间也存在相当紧密的联系。因为契约理论学说的核心思想是把企业看作“一系列合约的联结或者集合”，然而基于两权分立基础上的契约签订、履行和评估的每一个程序都离不开经济主体的公开会计信息的支持，主要原因有：①客观的公司会计信息是契约相关方拟订契约的重要条件。在两权分立之后，为了明确代理方应担负的经济责任，委托代理双方要想充分解对方的相关财务信息并最终订立代理契约，唯一途径就是借助专门中介机构与会计工具来对受托方的资信进行评估。②可靠的公司会计信息是构成契约内容的基本要件。为了达成委托目的，公正、客观地考查与评价代理人委托期内的行为与业绩，委托方就必须在拟定的契约中设定预期需要达成的若干经济责任指标，此指标就是公司信息系统所提供的历史会计信息，如未来成本费用控制指标与盈利指标等，均是构成契约核心内容的会计信息。③有效的公司会计信息是委托方控制和评估契约执行过程与效果的有效方式。委托人只有依靠会计系统提供能够反映公司经营状况的会计信息报告，才有可能在报告期末找到经理人是否履行了其代理责任，是否按委托人利益进行了符合公司股东利益的经营决策等问题的答案。孙燕东（2009）指出在分散化的股权结构日益普遍的证券市场上，委托人为了更客观地理解代理人的重大决策的可行性，更准确地理解代理成本与取得的收益，降低委托代理双方的信息不对称，只有借助能够反映公司经营状况的会计数据信息，才能实现治理目标。显然，会计信息与契约之间具有密切联系，在企业契约订立、执行和评估的全过程中均起着不可或缺的作用。所以，上市公司会计信息质量高低与否是现代企业能否有效运转的重要因素。

如上所述，契约理论与基于投资者权益保护的制度环境、审计行为和会计信息质量等都具有内在联系，对其深入研究对于我国资本市场上投资者权益保护课题有深远且积极的理论与实践意义，契约观思想无疑是我们继续研究这些问题的重要理论基础。当然我们也不能忽视其局限性：一是契约论中投资者需有完备信息假设与现实情况不符。因为现实的证券市场中信息不对称现象非常普遍，中小投资者往往缺乏足够的会计信息来支撑完备契约。二是契约论还假设契约的落实与执行必须依赖强大司法体系来保障。然而在经济欠发达国家缺乏财政资金以及寻租盛行等障碍因素使得司法体系往往缺乏约束力。三是基于制度的不完善在任何社会中企业管理层在资本市场上的欺诈或舞弊行为都是一种客观存在。若只靠签订契约而没有有效的法规来对恶意欺骗、违约等行为进行强力制裁，也无法真正保护投资者的权益。鉴于此，证券市场的管理者必须客观上精心构建健全的法制治理体系与约束规则，才能为投资者获知充分信息提供坚实的保障与基础，并确保法律规范能够被切实执行与落实，而且还有必要创建一个监管框架和强有力监管机构来制定规则和实施准则。因此，基于契约的法律规制和执行无疑也是我们通过改善制度环境与调整审计监督行为，进而影响和提高上市公司对外报告会计信息的质量来进一步保护投资者权益的法律效果的重要制度基础。

3.1.2 基于产权及委托代理理论的制度环境与CPA审计行为研究的重要性

目前来看，国内外学者对产权含义的界定仍然有着不同的解释，比如国外学者方面 Coase（1960）认为某个人拥有的权利（包括义务和特权）将在很大程度上由法律决定。结果，法律制度就对经济体系的运行产生深远的影响，在某些方面可以说起着控制作用，这说明法律制度环境是界定产权的重要因素。Demsetz（1967）认为产权是一种社会工具，其重要性就在于事实上它能帮助一个人形成他与其他人进行交易时的合理预期；这些预期通过社会的法律、习俗和道德等环境形式得到表达。Pejovich 和 Furubotn（1972）认为产权不是指人与物之间的关系，而是指由物的存在及关于它们的使用所引起的人们之间相互的行为关系。产权安排确定了每个人都必须遵守他与其他人之间的相互关系，或承担不遵守这种关系时的成本。而我国的学者柯武刚和史漫飞（2002）则将产权定义为个人和组织的一种受保护的权利，它们使所有者能通过收购、使用、抵押和转让资产的方式持有或处置某些资产，并占有在这些资产的运用中所产生的效益。因此，产权决定着财产运用上的责任和收益……产权并非物质对象，而是一些在社会中受到广泛尊重的权利和义务。Furubotn 和 Richter（2003）认为产权是指人们所接受的、由物的存在引起的、与物的使用有关的人与人之间的行为关系。产权安排实际上规定了人在与他人的相互交往中必须遵守的与物有关的行为规范，违背这种行为规范的人必须为此付出代价。即产权需由某种形式的治理结构或秩序来决定和保障。综合上述，产权并非指对物的单纯所有权，而是指人与人在物的交换过程中所形成的一种相互关系，此关系是以交易双方相互认可为基础（交易目的是双赢与互惠的），而且是由社会的一系列规范予以表达；假若交易一方的机会主义行为损害到别人的利益，则等于破坏了交易双方及社会对交易关系的某种共识，实施机会主义行为的一方将受到交易对手或法律等社会制度规范的制裁。

Furubotn（1985）曾指出所有私有产权的界定、获取和实施需要消耗资源，如果实施排他性产权所消耗的资源大于建立排他性产权后增加的产出收益额，或者界定、获取和实施私有产权的交易成本太高，则公有制向私有制的转变可能并不是有效率的选择。钱颖一（2003）也认为，当市场和法律等制度环境不发达时，在公司中保留甚至是增加政府的干预可以产生某种收益，自然这只是次优选择。理由是在法治不完善的制度环境中，强力政府实质上起着保护国有企业的屏障作用。然而在所有转轨型经济体中，资本都是最稀缺资源，法制体系不健全时，逆向选择和道德风险问题一般会非常严重，导致企业市场经营具有很大的不确定性和风险；但政府却因为具有行政强制力，可在短时期内发挥非生产力量筹集资本，开办企业并增加政府投资对经济的推动力。此外，如果缺乏完善的税收与财政制度安排，则有可能会导致社会经济秩序不稳定。而高效市场经济之所以能够正常运行是因为在某经济系统中一些重要的制度规则使得交易的后果可预期和有保证，并能够使多方受益，最终为人们所广泛接受并得到实际执行（Nellis，1999）。因此，特定制度环境和行业监管体系的建设对于规范经济主体的信息披露行为，明晰公司投资者间产权关系与保护投资者合法权益而言是至关重要的条件。

早期理论界对基于产权分离的委托代理理论的研究都是以公众公司股权高度分散作为前提，主要研究的内容是外部股东与管理层之间的利益冲突所导致的代理问题；而自20世纪90年代以来，代理理论转向了研究股权相对集中前提下大股东与小股东之间的利益冲突所导致的代理问题，法律对投资者保护作为一种治理机制的作用尤其得到了高度重视。但代理理论仍然存在研究视角不足的问题，如研究中始终以公司内部人和外部人之间的利益冲突作为逻辑主线，而忽略了因企业合约的高度不完备和信息不对称所导致的企业剩余索取权和剩余控制权配置不当、逆向选择和道德风险以及机会主义行为等因素可能会加剧利益冲突，从而恶化了公司所有者与管理者的委托代理问题，并因为两者最终目标背离的问题难以解决而最终扩大了代理成本（王力军，2007）。本书在理论与实证研究部分从不同角度探讨了我国上市公司现有的制度背景下存在的代理人权益保护问题与具体约束形式——独立审计行为对会计信息质量的深层次影响问题，并着重研究了法制环境能否通过约束会计信息质量及对于投资者保护是否是一种有效率的治理机制与重要的影响因素等问题。

此外，根据古典经济学观点，其最经典的一个假设就是参与经济活动的个体是“经济人”。经济学家亚当·斯密认为“经济人”是指在经济活动中会通过得失与盈亏的精密计算而追求自身利益的最大化的个体。在新古典经济学的传统中，“经济人”的假设与“理性”的假设有着紧密联系。所谓经济人假设是参与主体有先天动机寻求个体效应最大化。而后者则是指新古典经济学提出的“完全理性观”观点，认为参与主体其动机与行为都具有完全理性，能够冷静客观对待环境的不确定性，使得风险和不确定性不再存在。还有一种“有限理性观”，其代表人物西蒙认为人性存在天然的弱点、个人能力也有局限性加之对客观环境的不适应性，因此人不可能应付各种复杂情况做到完全理性，因而他认为经济社会的个体只能是有限理性的经济人。同理，在证券审计市场中 CPA 也是一个有限理性的经济个体。首先，他们作为经济个体，必须通过提供更多的鉴证服务去追求个人经济效用最大化目标，去寻找更多客户获取更多审计收入；其次，CPA 必须面临上市公司委托人与代理人之间的冲突与矛盾，需要在复杂环境与个人利益取向之间的博弈或选择中，寻求审计独立性与获取较大经济利益的平衡。比如一方面，如果 CPA 选择和管理者合谋，偏离既定的行为目标，提供低质量的审计服务，短期内在发现不了的情况下确有很大可能获得最大经济效用。然而，证券市场上 CPA 的执业行为必须接受各种制度的约束与机构的监管，不可能长久与管理者“合谋”使其违规行为而不被所有者等其他相关方所察觉，违规行为最终必然会付出罚款、停业、吊销执业资格与追究刑事责任等系列巨大代价。因此，从长期而言，理性的 CPA 会坚持审计独立性与执业行为的适当性，通过高质量的审计鉴证行为来支持其良好的执业声誉，从而获取长期和稳定的经济来源，追求自身经济效用的最大化。客观而言，的确需要一种激励机制促使 CPA 通过审计质量，保持独立性，为审计业务委托人提供规范的执业服务。

也有观点认为，基于有限理性的 CPA 其审计行为的产生也是因为委托人与代理人的共同需要这一出发点的，其目的是为了降低委托代理关系中的代理成本、维系委托代理关系、提高委托代理效率。因为客观而言独立审计的基本功能就是制约企业管理者是投机行为，提高公共会计信息透明度，充分保证会计信息能够发挥鉴证、评价、治理与信号传递作用。彭桃英（2007）认为基于产权分离引发的代理成本与效率问题在投资者保护程度较高的国家主要通过健全法制与强化监管机构的综合治理作用来解决，因为会计及审计公司治理中本质作用是为了致力于消除管理当局和外部投资者之间的信息不对称状况并尽力增强公司会计信息的可靠性，最终为委托代理人提供稳固的契约基石。在现代企业中，由于投资者对经理人员等代理人行为的监督是难以实现的，所以企业更多是通过制定合适的补偿合约来实现激励相容，而审计则是通过确定和解除受托经济责任为这些契约顺利制定和履行提供制度环境保证。在委托代理观点下，CPA 的审计监督行为在公司治理结构优化和投资者保护中发挥着积极的监督与鉴证作用。

3.1.3 基于保险理论的审计监督行为的约束与保障需求

所谓审计的保险机制作用的观点是指审计行为过程的本身具有风险转移功能，即审计这一中介组织的职业存在的价值在于为投资者的资产风险提供了一个规避的平台，也就说由于审计职业行为的出现使得上市公司资产的实际所有者——投资者可以通过设立事务所的风险基金赔偿机制方式，即在司法追偿无效、企业剩余资产不足的情况下可经由审计风险基金补偿转移投资损失的方式将风险转移给独立审计人员。为基于审计行为约束与保障的审计保险视角的投资者保护功能提供了充分的理论研究基础。其实审计保险理论亦可称之为“深口袋理论”，该理论认为某种程度上公司的资产所有者通过委托 CPA 对管理层的鉴证行为其实是一种将会计信息披露风险转移给审计人员的保险行为，是委托人为了防止因管理层舞弊导致公司经营风险而使所有者权益受损而采取的预防性措施。该理论还认为审计具有最终的保险价值，即如果是由于不良审计行为导致审计失败的话，投资者会最终寻找自己能够寄托的对象并从其身上寻求保障。因此，我国现行《公司法》、《证券法》和《基金法》等法规都做出了 CPA 如提供了不当审计行为必须受到行政、民事和刑事处罚的明确规定，其实就是为我国证券市场中小投资者保护提供的一种利益补偿制度规定与保险保障，也可以理解为用来补偿投资者可能因为审计为不当导致的决策失误损失的事后安排。如 Menon and Willimls（1994）的研究就表明，当美国 Laven Thol & Howi Wath 事务所宣告破产时，由该事务所审计的公司股票价格会下跌；该研究还发现，即使由该事务所审计的公司宣变更 CPA，其股票价格也不会出现变化，从而表明独立审计确实具有保险功能。还有 Palmrose（2005）的研究也发现无论是大型会计师事务所还是小型会计师事务所，其审计人员的涉诉与公司经营失败直接相关。因为无论审计质量如何，在诉讼中 CPA 都必须付出相同比例的经济赔偿。因此，作者认为证券市场 CPA 的独立审计行为具有保险功能的观点及其原理无疑有利于促使独立CPA在既有的制度环境下尽职尽责的履行CPA的执业规范的要求，规范CPA的执业行为，保持高度的专业化、职业化的工作水准和较高道德素养，最终确保能够提高CPA的独立审计整体监督质量。

3.1.4 基于信息不对称及信号传递理论的会计信息质量与审计行为的价值

1. 信息不对称理论与上市公司会计信息质量的要求

信息不对称理论是信息对称理论的反义词，1996年、2001年经济学家米尔利斯与维克里和阿克洛夫等人分别因研究这一理论而获诺贝尔奖。所谓信息对称是指在市场条件下，要实现公平交易，交易双方掌握的信息必须对称。即倘若一方掌握的信息多，另一方掌握的信息少，二者信息的不“对称”前提，使得任何交易的交易双方对其交易感到了收益的不均衡性，交易自然就难以完成；即使勉强做成了交易，也很可能是不公平的交易。其实证券市场中一般不存在所谓的完全信息，但的确存在信息不对称现象。信息不对称使得广大投资者由于不能充分了解企业机会和风险的信息，因而不能正确地对所投资或准备未来投资企业的业绩作出客观评价，却可能使得不同质量的证券可以相同的价格出售，从而引发信息不对称性的负面效果即逆向选择和道德风险，最终导致资本市场资源配置的低效率。比如信息经济学将完全拥有私人信息方称为“代理人”，不完全拥有私人信息方称为“委托人”。当某一市场的委托人无法观察到代理人的行动，无法了解代理人行动相关信息时，就出现了“信息不对称”的现象。

（1）逆向选择现象。这是最早由经济学者阿克勒夫（Akorlof，1970）的一篇关于旧车市场形势的论文中首先提出的概念，是在要素市场中出现拥有信息优势的交易主体，利用掌握信息的优势地位获取超过平均收益的超额利润的经济现象。在证券投资市场中，当上市公司被内部人控制时，信息不对称状况会使得投资者无法区分所持有股票公司会计信息的真伪，自然有可能导致错误的投资者决策。结果在证券资本市场上就极有可能出现范里安

（1994）所发现的“业绩好”的公司淘汰出证券市场，产生“劣币驱逐良币”的“逆向选择”现象。同时引发投资者退出在资本市场的已有投资，降低了资本投资在市场的资源配置效率，也显示出信息不对称现状对证券市场的负面效应，即如孙燕东（2007）发现的那样“业绩差”的公司很可能会将“资质好”的公司挤出市场，或者能力差的职业经理人会逐步驱逐能力强的职业经理人，并最终摧毁普通投资者对资本市场的信心或预期，会导致证券市场规模的日益萎缩。因此，对公司管理者来说，隐瞒坏消息可以避免损害管理者形象以及被鉴证对手予以淘汰的可能性。

而就会计信息市场来说，由于信息不对称的客观情况存在使得该市场上同样充斥着逆向选择的现象，由于会计报告的本质是企业将内部信息外部化的一种机制，在这一转换的过程中，由于代理人较之委托人拥有更充分的企业会计信息，便为其操纵会计信息提供了客观空间与可能性。在我国的企业会计市场中，会计及其信息披露更多的不是作为一门管理工具被正确地加以应用，而是被扭曲成为一门“盈余管理工具”，一种被用来包装会计报表，变造会计信息和模糊会计政策等不正当行为措施。委托代理双方的信息不对称状态下，代理人通过提供扭曲的会计信息，来操纵经营业绩，直接影响委托人的决策正确性与科学性，使造假企业能够获得异常收益；反之，业绩颇佳的企业会因真实反映会计信息而导致表面业绩反而逊于较差企业，结果无人问津，从而使资本从优质企业流向劣质企业，导致逆向选择的发生。因此，提高会计信息质量是降低信息不对称，增加市场配置效率的主要举措，是抑制逆向选择的有效途径。

（2）道德风险问题。依据古典经济学的观点，道德风险又称道德缺失。该现象与逆向选择的成因不同的是在委托代理契约订立之前，双方掌握的信息没有明显的不对称情况，但之后委托人却因代理人异化的逐利行为而出现难以识别代理人真实意图，最后导致所谓商业道德的边界底线被代理人的行为突破，就必然会产生商业道德缺失的结果。本书所指的道德风险是指证券市场上的投资者的利益可能因为信息不对称等原因受到侵害的可能性。产生道德风险的内因是当事人自身的动机，信息不对称只是其产生的外因。上市公司代理人拥有绝对比重的私人信息含量是道德风险产生的核心原因。由于委托代理双方能够获取的信息出现不对称性，公司委托人一般无法观察到其代理人真实的信息，尤其是有关代理人在交易中的尽职程度或违规状况等的无形信息（曾春华，2009）。如果其代理人的尽职程度无法被外部利益相关者所了解，会导致代理人渎职现象的发生。比如投资者平时难以观察到因经理人在其任期内可能遇到某种较好或较差的发展机会而能使公司股东获得正面或负面收益的情况，但是因合谋或舞弊不利于股东的负面效果却有可能使得管理层获得更多私利，又不能被发现自然使得代理人愿意渎职而获私利。因此，孙燕东（2007）指出尽管当前我国的代理人市场的制度设计可能会降低此种经理人逃避应尽责任的概率，却无法从根本上消除经理人的渎职行为。如此投资者的利益就极有可能因为管理者为获取个人利益最大化而去提供低质量会计信息而受到损害，并增加证券市场的交易成本与降低资产配置效率。事实上，对于会计信息市场而言道理也是如此，企业刚上市时公布的会计信息较为客观而充分，投资者会与企业发行者达成买卖协议，不过交易完成后，股东便失去了对信息的了解途径而处于信息不对称状况，其唯一办法是依靠公司对外公布的财务报告，而报告的信息质量直接取决于管理层的道德行为选择，可以说道德行为就是一种隐形信息显性化的选择行为，也是一种“内在化”职业诚信与利益博弈的结果。所以，作者以为控制道德风险也就是一种治理“隐性化信息”的问题。

具体而言，我国证券交易市场的广义的信息不对称状况比比皆是，其中涉及投资者利益的主要包括投资者与上市公司、证券中介机构、证券监管部门与政府部门之间信息不对称；投资者内部之间的中小投资者与大股东或控股股东之间等也存在诸多不对称信息的情况。与其他市场利益相关者的信息状况比较而言，广大投资者尤其是中小投资者几乎都处于压倒性信息劣势地位，导致投资者决策失误频频，其合法利益得不到有效保护一直是我国资本证券缺乏效率与波动频繁的根本原因。而狭义的信息不对称是指上市公司一方与投资者另一方之间的会计信息不对称，并且这种会计信息不对称对证券市场其他方面信息不对称会产生深刻的影响。所以我们必须清楚地意识到信息不对称理论客观上要求管理者将证券法规定的所有公允的信息公开加以对外部投资者进行报告，才可能有效地提高证券市场上市公司会计信息透明度或者质量，以有效地提高投资者投资行为决策的可靠性与相关性，真正实现保护投资者的合法利益。目前，我国的资本市场上初步解决证券市场信息不对称弊端的最直接的方法就是由国家制定相关法律与法规及细则在上市公司中强制性地实施公众公司会计信息披露与监控制度安排，这对于治理证券市场利益相关方的投资舞弊与欺诈行为，全面提高公司会计信息质量，维护证券市场机制稳步发展而言具有较高现实价值。

2. 信息不对称分布或不完备与CPA审计行为的关系

信息不对称分布与不完备是现代经济学研究赖以为基础的重要假设，证券市场经济参与主体之间的信息不对称分布实际上也可泛指整个资本市场特定信息的不完备性，同样也存在于经济生活的各个方面。一般来说，信息不完备是指相关主体一方或者多方没有能够了解到有关事件的全部信息的一种不完整状态；信息不对称分布则是指每个人掌握着不同程度的私人信息，即有些信息不为他人所知，从而占有某方面的信息优势地位；还意味着个人并不确知其他人知道或不知道何种信息。具体到审计领域，独立审计一般会涉及所有者、经营者与CPA三个基本关系方。首先，所有者与经营者间形成的是基于契约的基础委托代理关系，他们之间的信息不对称也是比较严重，比如经营者直接管理企业的日常运营，完全掌握公司内部的各种信息，而所有者则因掌控信息的劣势基本不了解管理者的经营能力、内部控制状况、个人尽职程度等信息。其次，所有者与CPA间形成的是基于委托代理关系的衍生代理关系。投资者基于专业与能力的局限性基本上对CPA的审计职业道德、执业行为性质与尽责程度等信息一无所知，而CPA则对此却拥有完全的信息优势。一般来说只要相关市场的出现信息不对称分布状态就意味着有一方或多方的信息可能是不完备的，但是信息不完备并不一定意味着信息是不对称分布的，有时信息不完备的双方也有可能是信息相对称的。显然，信息不对称分布假设包容了信息不完备假设。潘琰，辛清泉（2003）认为市场交易为零或很低时往往是因为交易双方间信息是完备或信息是成对称分布的，交易方行为的外部效应可能全部内在化，相关方无法获得搭便车的好处，激励与约束等系列问题就毫无意义，自然提供交易信息的会计也无存在之必要，从而基于会计基础上的审计也就失去了存在的价值。Sloving，Sushka and Hudson（1990）的研究发现，聘请高质量的 CPA 的公司，其多次权益发行（SEO）所产生的负公告效应较小，由此证实审计具有降低信息不对称的作用。因此，CPA 之所以出现审计失败或者与管理层进行合谋舞弊的低质量的审计行为，其行为在实践中一直存在的根源其实就是在于审计关系中的所有者、管理者、CPA 之间的信息不对称所导致的，导致其违规行为的机会成本几乎为零。为了保护资本市场投资者的正常权益，降低证券市场的投资交易成本与信息不对称状况，客观上非常需要引入与借助独立审计的高质量审计行为来减少与降低信息不对称的负面效果。

3. 信号传递理论与独立审计行为的需求动因

信号传递理论认为依据独立审计的特征与性质，在证券市场上 CPA 的独立审计行为及其后果——发表客观审计意见与提供公开审计报告等行为，实际上对投资者而言具有信号显示或信号传递功能。也就是说投资者常会将对上市公司年报进行鉴证的独立审计行为及其后果的性质优良与否看成是区分该企业业绩信息质量是否优劣的一个公开信号显示机制。即 CPA 可通过定期公布财务报表和真正有效地履行对企业财务报表的高效率、职业化的独立审计行为，来向市场中广大投资者充分、有效地传递反映有关公司真实经营状况的会计信息，从而解决约束虚假会计信息行为，降低信息风险，促使投资者改善会计信息质量来真正地缓解市场中的逆向选择现象及其产生的市场效率偏低等问题。在我国投资者法律保护等制度环境既定情况下，CPA 具备独立、客观、公正与高质量审计行为的确可以作为一种向中小投资者提供用以鉴别 CPA 审计的客户其经营风险高低与否的甄别机制。显然基于契约义务产生的独立审计行为的出现使得投资者只需通过考察企业不同质量审计的需求，即可看出企业的投资价值。一般而言，在法制规范设计比较健全与法律执行监督有效的制度环境下，独立审计人员任何逾越法律的审计行为承担的法律责任无疑相应比较大，因此，高素质审计人员一般会避开高风险以降低潜在诉讼成本。所以说在证券市场上 CPA 审计行为与后果确实具有甄别功能，能通过信号传递在一定程度上将经营状况好与经营状况差的企业或是否具有投资潜力的企业进行区分，从而实现服务于投资者保护的目的。Copley and Douthett（2002）的研究发现，公司 IPO 时，风险较高公司通常会聘请高质量 CPA，以此向证券市场投资者传递预期会计信息质量会较高的信号，由此证实独立审计行为具有信号传递作用。

从上述分析可以看出，基于投资者保护目的和审计视角的委托代理理论观、信息不对称观和信号传递观都是体现审计鉴证功能的基础理论，审计行为就是对财务信息的可信性发表鉴证意见，从而降低甚至消除财务信息中存在的错误或舞弊的风险。而由于存在审计行为需承担民事责任的现行制度环境状况，使得投资者可以在审计失败后从 CPA 那里获得巨额的损失赔偿，从而审计就成为财务报表风险的一个转移机制。审计行为质量越高，审计的投资者保护方面的信息价值就越大，相应地其保险价值就会越低；反之，审计行为质量越低，则会计信息的可信赖度越低，信息风险越大，投资者保护效果则会大打折扣，审计投资者保护保险价值就会越高。

3.2 我国证券市场制度环境、审计行为和会计信息质量特征及问题分析

3.2.1 复杂经济背景下我国市场化与法制化制度环境的特征

伴随着历时 30 多年的社会经济改革的不断推动与发展，我国社会经济形态正在跨越从有计划的商品经济模式到较全面的市场经济体制模式的关键阶

段，我国证券资本市场与公司制经济也得以蓬勃发展，我国城乡社会经济结构发生了革命性的变化，国家的总体经济实力得到了显著的提升与进步。但由于我国改革发展面临着复杂多变的国内外环境以及深化改革存在的巨大难度，我国经济体制变革坚持了渐进式改革模式，我国的经济发展形态仍然具备复杂且多元性的特色，主体上呈现出转型经济与新兴市场经济建设的双重发展背景下的复杂经济形态新特征。即中国经济发展形态应该视之为是“转型经济”与“新兴市场经济”合成的复杂经济背景综合体。

1. 转型经济背景下我国市场化经济变革的制度环境特征

所谓“经济转型”是指由于各国经济发展过程中经济运行由一种形态转换为另一种形态的制度变迁过程，包括国家经济体制、整体经济发展战略、国民经济增长方式和产业结构转型等内容。鉴于国情的差异，各国经济转型的具体目标和路径选择会各有不同，因而对于经济转型的认识必然会有差异。具体是指 1978 年党的十一届三中全会对由计划经济模式向市场经济模式转换的重大制度创新的概述，它是借助一系列新政策、新措施来推动的、有目的、经济及其制度变革的变迁过程（冯舜华等 2001），我国转型经济时代背景下以市场化为导向的经济改革制度环境基本特征可概括如下：

（1）我国市场化导向经济的改革是一个起步较晚并伴有曲折反复的制度变迁过程。自 1978 年秋天确立改革开放的国策并开始农村经济体制改革以来，我国农村地区经济呈现出了史无前例的经济活力，农业经济产值快速增长，农民的日常收入和生活质量均得到了显著的改善，可以说我国农村经济改革取得了巨大成功。1984 年中共中央又将经济体制改革的重心从农村转向城市，并且采取试点改革、逐步推进的方式致力于建立有中国特色的社会主义市场经济体制。概括而言，在经济模式上，我国市场化改革经历了公有制为基础的有计划商品经济到市场经济的转换；在发展区域上，则经历了从东部沿海地区向中西部内陆地区逐步推进的过程。事实上，1992 年以前我国市场化改革并未真正开始，计划经济体制仍然是主体经济框架，只允许在此大前提下探索计划如何与市场调节相结合的经济发展道路（杨继绳，1998），市场化建设进程显得较为缓慢。主要原因在于经济改革转向城市后，改革中发生了物价上涨、新旧机制存在冲突摩擦，使得城市改革的进程变得异常困难，一些经济改革还处于艰难的探索和试验过程中，彼时西方国家认为鉴于经济体制改革阻力很大，改革措施不配套或不协调，私人经济体发展颇受限制，政府只是打算对旧体制进行局部改良，因为计划模式调控下往往出现“一放就乱，一乱就收，一收就死，一死再放”的现象（柴国关，2003），市场秩序较为混乱。直到1992年邓小平同志“南巡讲话”之后，我国的经济改革又开始提速。因此，可以说中国的经济改革是一个波浪式与渐进式的前进过程，也是一种由量变到质变社会进化过程。

（2）我国市场化导向的经济改革经历了点面结合与摸索前进的快速发展轨迹。1992年党的十四届三中全会通过了《中共中央关于建立社会主义市场经济体制若干问题的决定》，自此我国社会经济改革与发展进入了由计划经济体制向市场经济体制转型阶段。不过，中国经济发展模式变迁与前苏联及东欧地区经历过的暴风雨式的“休克疗法①”明显不同之处在于我们是在社会制度不变背景下尝试推进的市场经济模式变革，此时期的改革采用了稳妥推进的策略，采取“以点带面、点面结合、重点突破、全面推进”的大方针，即先在特定地域上先划出一片与广大内地相对隔离的地区（1979年设立深圳、珠海、汕头、厦门4个“经济特区”，1984年设立天津、上海、大连、秦皇岛、烟台、青岛、连云港、南通、宁波、温州、福州、广州、湛江和北海14个港口城市为沿海开放城市，1988年又加设了海南经济特区），实行市场化的政策，吸收西方的资金、技术和管理经验，并且进行新体制的试验（杨继绳，1998）。20世纪90年代中国对外开放的一个标志的事件就是1990年，中央政府批准上海市开发、开放浦东新区；2000年中国又开始实施西部大开发战略，对外商投资西部给予类似经济特区的优惠政策，以加快西部地区的发展；

① 系西方主流经济学家为俄罗斯推进私有化进程所倡导的一种“宏观先行”的战略，也是一种比较激进的私有化发展模式和变革方式，对国家经济与制度安排的破坏性与颠覆性较大，严重影响人们生活和社会的稳定；但是客观上却可以节省变革的时间和相关的制度——转换成本。

2002—2008 间继续加快国家重点经济带区域的城市化改革进程，2010 年又开始在新疆地区推行“经济振兴规划”，以加快提升与焕发西北地区经济的活力。

（3）我国市场化导向的经济改革遵循的是渐进式变革方式与持久性制度创新原则。

我国经济改革的核心是加快经济建设与推进经济模式的彻底转轨。吕炜（2004）研究认为我国经济改革的主要方式是先借助稳步的价格改革作为突破口，以国企改制即减员增效为主体内容，此种改革也是所谓渐进式或双轨改革。林毅夫（2007）把这种谨慎的、渐进的改革与制度自我创新的方式，称之为的是“微观先行”的国家战略严谨模式，此外，我国经济改革的显著特征之一是保持国家政治经济性质不变。基于我国社会主义的国家与人民民主专政的政权性质，改革坚持以发展与壮大公有制为核心导向，排除借鉴西方国家以私有化为导向的惯常改革模式；之二是改革进程中坚持低强度与稳健式的制度变革方式。改革中坚持试点验证、逐步推进的策略，坚持经济增长与大多数人的生活水平不受到过大的影响；坚持每项改革都实行先易后难、稳扎稳打摸索前进的方式实现社会经济制度的全面创新。正如陈俊（2008）的观点我国的经济改革是在保持政治制度稳定前提下，通过对曾经占主流地位的计划经济制度的逐渐刺激、更新、进而实现彻底的变革，也就是采取渐次引入市场经济的运行模式与改革方法，减少剧烈改革给社会经济运行与人民群众的生活的直接影响、冲击或震荡，直至创立起具有市场化发展要求的综合制度框架。近年来为了应对世界性金融危机的冲击，我国中央企业不断加快微观制度创新与变革，如全面实施国有资本经营预算制度、内部控制与风险管理制度、企业会计审计准则制度等方面市场化的变革，这些改革的稳健性与制度创新的持续性一直是我国经济市场化改革的特重要特色。而且我们必须意识到中国经济制度的变迁其实也同时包含了变革前后民众的生活观念、竞争意识与行为规则的巨大变化，而这些软环境的影响与熏陶极可能促使固有制度安排的效率发生明显变化，因此，为更好地与制度环境的变革相协调，管理层应积极对现有制度安排进行修正与更新。

（4）我国市场化导向经济改革呈现宏观范围扩展与微观化制度安排同步展开态势。我国市场化导向的经济改革发展到今天无论是在广度方面还是在深度方面均取得了积极进展，并且都在向前推进。第一，我国经济改革开放的区域与范围开始由小到大，由线到面，即由单一的城市逐渐扩大到更大范围的区域（如长三角、珠三角和环渤海经济带等）；从外到内，即从沿海港口城市、沿江城市向省会城市、内陆城市发展；从东部地区向西部内陆地区发展，以沿海、沿江城市，东部地区的先发优势带动内陆城市和西部地区的改革和发展。第二，我国市场化改革已经开始从推动国家宏观层面改革发展到了促进微观化的企业层面的制度变革。比如我国国有企业的市场化改革就经历了放权让利阶段（1979—1983）、利改税阶段（1984—1986）、承包制或股份制阶段（1987—1992）和现代企业制度建立阶段（1993年至2010）等四个阶段的改革（林毅夫，2004）。随着国有企业改革的不断推进与国家证券法制建设的不断完善，我国企业发展的制度环境开始有了明显的改善。第三，作为市场经济改革微观化制度变革的另一个标志性成果之一，我国资本证券市场自20世纪90年代城市化经济改革启动时就开始逐步建立与发展起来。在政府和市场共同推动下，经过近20多年发展与改革尝试，我国资本证券市场得到了长足进步，资本证券市场制度环境也逐步改善，在法律制度、交易规则、监管体系等各个方面，建立起了一个基本上与国际标准相符合的资本市场。如建立了证券市场的监管机构中国证券监督管理委员会；截止2010年底我国资本市场逐步构建了“法律（《证券法》、《公司法》和《基金法》3部）——行政法规（《证券改善监管条例》和《证券改善风险管理条例等》等17个）——部门规章与规范性文件（《证券公司发行管理办法》、《IPO管理办法》和《上市公司信息披露管理办法》等366个）等三位一体”比较完善与规范的证券监管法律制度体系；陆续创立并开展了股票发行与交易、债权市场交易、权证交易、商品期货市场交易等各类资本市场交易业务；此外，还开展了证券市场业务的外跨境监管合作与交流。可以说中国经济逐渐从计划体制向市场体制转型，资本市场出现和发展是其中最为重要的成就之一，同时我国资本市场在自身建设和发展过程中，也致力于推动有利于资本市场发展环境的建设，并带动了中国社会经济的其他变革。

（5）我国市场化改革进程存在着区域发展不平衡、地方保护与恶性竞争等障碍因素

由于我国的市场经济改革是以点带面，先由农村再到城市；先由设立经济特区，沿海、与沿江开放城市再到经济技术开发区等；先从东部再往西部发展的战略格局步步为营的策略。因此，对于先行改革开放的地带的地区和城市，无疑享受了中央政府给予的更多的改革优惠政策，大量外资流入，促进了这些地区的高速发展，再加上执行地区具有比较优越的人文社会环境，使其经济发展速度和市场化程度明显高于或超过后开放的中西部城市或内陆省市区，因而，Tsui（1991）和林毅夫（2004）都认为东部地区经济发展速度与水平整体上明显好于西部地区经济发展速度与水平。尽管后来政府为此采取了各项促进措施希望缩小东西部地区间的经济发展差距，但近年来部分研究表明，地区间的差距不仅没有缩小，反而进一步扩大。

20世纪80年代改革开放之前，我国实行的是高度集中计划经济模式，中央政府直接组织和管理各地区经济发展，经济权力高度集中，中央与地方之间执行“统收统支”财政预算体制或关系，中央政府与地方政府利益一致。而1980年改革开放之后，开始逐步进行的经济发展模式的市场化变革使得中央政府为了调动地方政府的积极性，改变了政府权力管理与财政收入的分配模式，即实行了“分权让利”改革，将一部分中央权力下放到地方政府，通过分权让利，地方政府既有利益，也有相应权力，可以对经济运行在一定程度上施加影响和干预。地方政府管理者为了突出自己的政绩，就需要促进税收、国内生产总值（Gross Domestic Production，以下简称为GDP）、就业率等指标的不断增长，而且要比其他地区的发展速度更快速，如此就产生了地方政府之间的恶性竞争的动机。如由于东部沿海省市区的基本现状是人口集中、自然资源较为贫乏，多数工业产品的原材料、燃料和初级产品需要中西部省区

提供，中西部省区为了局部或地方利益就会想方设法防止资源外流，设置经济壁垒，对本省区企业的经济运行施加行政干预和影响，阻止外部产品进入市场竞争，形成市场割裂的地方贸易保护主义。现实中，我国一些地方政府不去考虑积极参与全国范围内的市场化竞争，而是为了局部利益，在一定程度上实施狭隘区域竞争战略，通过行政手段和司法干预手段帮助地方企业进行不正当竞争，强制打击甚至是清除其他地区企业的产品进入本区市场，或对其他地区产品征收过高的税费（纪宝成，2003），地方政府之间的恶性竞争无疑已经严重影响到了我国市场化的平稳进程和高效率市场秩序的建立。

2. 新兴市场经济体背景下我国市场化的制度环境特征

进入21世纪后，随着世界经济贸易环境与各国经济改革的不断发展，世界经济形势发生了重大的变化，由在全球范围内如异军突起般出现了一批颇具发展潜力的国家（地区）构成的一个新兴世界性经济群体，对于这些颇具经济发展前景与经济增长动力的国家，被人们称之为“新兴市场”国家，其核心成员包括中国、俄罗斯、印度、南非、巴西等近年经济增长快速的发展中国家和地区。

关于新兴市场国家与地区的市场化水平，Khanna & PalePu（1997）认为一国经济制度环境能否有效地发挥市场功能，帮助供销商和客户自由进入市场参与所在国家或地区的商业活动，是判断是否属于新兴市场国家的重要标准。如果建立了完备的外部制度安排来规范与发挥市场配置资源作用的经济体制就是新兴市场经济体。其原因在于：基于历史背景与知识人才储备方面的缺陷，许多发展中国家缺乏完整的制度设计与有效的制度执行，从而使得其市场机制失效、市场化水平远低于同类大小的发达国家。而Khanna & PalePu则认为导致市场失灵原因包括：（1）市场供求信息不够充分。市场上的买方在购买产品或进行投资决策时，比较缺乏与评价其产品和服务有关信息，市场中许多交易最终未能达成；（2）存在误导性管制行为。当管制者将其政治目标置于经济效率之上时，使得企业失去了与发达市场企业一样获取竞争优势的机会，最终导致市场运作的失效；（3）法律制度环境不完善，因为市场经济本质上是法制经济与诚信经济，如果没有强大的法制进程来保障，所有市场主体的行为便没有既定规则加以约束与控制，各种非理性化的行为与市场失灵等负面效应便不可避免地纷纷出现。反之，如果法制环境良好、法制体系完善、执行机制有力，就有可能有效地约束与规范市场参与主体的日常经营活动与契约交易行为，充分发挥市场机制的资源配置功能，一般来说，缺乏充分的外部制度安排的制约是新兴市场经济体和发达市场经济体国家从事市场经济活动的最主要区别。因此，作为新兴市场经济国家或地区一员，我国目前经济发展形式的一般特点可概括为：一方面，我国的市场经济体制还不够发达，还算不上完全意义上的市场经济国家；但另一方面，由于30余年改革开放已经为我国市场经济发展前景奠定了良好的制度基础与充分的环境与人口条件，我国市场经济发展制度体系建设将具有巨大的后劲与空间，国内市场消费潜力巨大，未来经济发展是国民经济将更加全面、更加完善和更加具有中国特色，整体经济发展将保持较快、稳定、健康的态势，国民财富也会迅速增长，产业经济结构将会继续得以优化与调整，最终使得中国这一世界新兴市场的发展对于世界各大经济区域摆脱经济危机，恢复适度经济增长做出更多贡献，并可能成为未来世界经济发展的最主要增长点与亚太地区经济振兴的火车头。

3. 复杂经济背景下的我国法律制度环境变化的主要特征

回顾新中国社会经济的发展经历可知，在20世纪80年代以前的，我国实行高度集中的计划经济模式下，主要采用行政或政治运动方式手段来管理与控制经济，民主法制建设被严重忽视，发展水平相当落后，自改革开放后，特别是随着20世纪90年代我国开始确立建立社会主义市场经济体制为我国改革的大方向以后，加快法制建设与建设法治化的市场经济，已经成为我国全社会成员的共识。我国法律制度环境特征如下：

（1）我国的法律制度环境的经历了由从无到有、由弱到强的演进历程。借鉴眢淑珍（2003）的观点，笔者认为我国法制建设的历史进程可概括为五个阶段：① 创立起步期。从1949年新中国成立到1979年第一部刑法典的颁布，是我国刑法体系的初步形成阶段。② 初步发展期（1980—1983）。同期全国人大及人大常委会颁布的法律、法令约有11个，国务院行政法规有80多个。这一时期的经济法核心体现的是对计划经济秩序的维护。③ 曲折前进期（1984—1992）。在这一时期党的十二届三中全会通过了《中共中央关于经济体制改革的决议》和出台了《中华人民共和国民法通则》，在1988年出台的《中华人民共和国全民所有制工业企业法》，此时经济立法和经济执法目的是适应有计划商品经济体制要求。为市场化的经济法律发展提供了机遇，但由于经济法学界的争论，而未能抓住机遇；④ 成熟进步期（1993—2000）。国家先后制定了40部经济法律和相关规定，尤其是修改了21部经济法律，为中国市场经济发展提供了有力的法律保障。⑤ 不断完善期（2000—2010）。历经近10多年的发展，我国立法进程已经步入了不断完善的发展阶段，如今法律体系层次完备，涵盖了社会生活各个方面。除了宪法之外，法律达到了230多件，行政法规达到690多件，而地方性法规更是达到了8 600多件，已经形成了包括宪法、法律、行政法规和地方性法规在内的层次较完备的法律体系。

（2）我国的法制环境建设总体速度依然落后于经济迅速发展形势的客观需要。新中国法制化建设是在市场化经济改革推动下才发展起来的，整体上滞后于国民经济快速发展的客观需要。由于我国社会主义市场经济建设具有的探索性特征，常常是在经济改革实践中先出现市场竞争、资本市场规范、投资者保护、社会保障和产业结构调整等的问题，再来颁布相关法律规范去治理这些问题。如用于规范企业不正当市场竞争行为的法律《反不正当竞争法》20世纪80年代就提出过，直到1993年才公布；用于规范证券市场证券公司从业行为的《证券法》则是在深圳证券交易所、上海证券交易所成立8年后的1998年才得以颁布；用于抑制地方政府保护主义与防止企业产业垄断行为的法律《反垄断法》从1994年起草直到2010年底历经26年尚未颁布（陈小林，2007），因此，尽管我国法制体系建设从数量上来看似乎较为完备，但实际上法制环境却仍然不够完善，并没有跟上我国经济增长的步伐与节奏，明显不能满足经济快速发展的客观需求。

(3) 我国法律体系的制度设计与法律执行之间存在不协调与不匹配的状况。自20世纪初起，伴随着我国社会经济改革的不断进步，出现了诸多社会经济矛盾与问题亟待新的法律制度体系来规范，在经济基础变化的推动下，虽然我国各类经济法律、法规的出台速度也明显加快，但具体法律制度的实施效果却不尽理想。例如，有研究显示，我国已经出台现有的法律中真正得到实施的只有五分之一或十分之一（张晋藩，1998）。因而尽管1992年我国经济改革开放重新加速以来，各领域相关法律制度的制定速度在明显加快，但由于部分政府管理者经济思维僵化、常受行政化管理方式的左右、社会司法领域深受“行政权大于法制力”错误观念的影响，加上短时间内制定出数量众多的法律体系，具体立法本身的确存在规范性不强、缺乏可操作性、经济后果、法律责任不明确、法律规定存在相互冲突（李若山、周勤业，2002）等矛盾或缺陷，使得相关法律难以得以有效执行，造成法制形式上完备，但实际执法上却存在着空白与漏洞的尴尬现实。

(4) 全国省区间的法制环境建设差异导致各地区间的法律执行效果存在明显差距。由于我国各省区在自然条件、社会历史和现实等方面主客观原因的影响，东部沿海、中部丘陵和西部地势等地区在经济改革进程上无疑存在着的法律权限、思想观念、时间意识、政府管制能力与地域文化方面的深层次差异，使得我国不同的省市等地区之间，在法制环境建设与实际落实上存在明显差距，相应地，这些地区的法制环境的经济后果存在着显著的差异。比如全国人大及其常委会授予了广东省、福建省、海南省等一些特定省区的地方人大的特地立法权力，这些地区事实上就可以根据客观环境的实际需要来及时制定并执行相关法律法规，有效地规范区域经济的运行秩序；相反，而由于受较晚实施改革开放的推动与影响，实施改革时间较短的内陆地区省份的政府管理者，在现实中往往会更多地受到大政府思维的干扰，不愿接受权力应受制衡的观念，往往导致这些地区法制环境培育步伐缓慢，滞后于经济迅速发展的要求，法律执行效果经常大打折扣。

3.2.2 我国证券审计市场特征及CPA审计行为存在的问题

一般而言，了解我国证券审计市场的特征，必须要从审计市场构成要素和市场的供求状态等方面去分析与理解。所谓审计市场的要素包括：独立审计市场的构成要素包括形成审计市场运行的必要环节与因素，包括证券审计市场的主要产品是审计报告或审计信息，审计信息是主要供给方与需求方，还包括审计供求状态的影响因素。他们的性质与变动实质上均会对审计市场的主体和客体的审计行为产生各种不同的影响和效应。

我国证券审计市场的现状是审计信息的供给方主要是会计师事务所及CPA，而审计行为输出的审计信息需求者则包括：现实或潜在投资者及债权人和包含财政、税务、证券市场监管机构等政府市场管理职能部门，包含管理者及员工公司内部关系人；包含顾客、供应商、竞争对手、咨询机构、分析师和行业协会等其他相关组织等其他利益相关者等五类需求者，它们与审计市场的需求方一起构成了审计信息市场的主体。另一方面，审计服务的结果审计报告作为被审计对象则是审计信息市场的客体，也是独立审计监督行为的最终成果，是其他相关方价值判断的重要依据。本书审计客体主要是指被审单位及其财务会计报表信息。

我国证券市场独立审计制度环境的变化不仅对我国上市公司的财务报告业绩信息透明与否产生了影响，而且也影响到投资者的投资行为，进而也必然会直接或间接地影响到CPA的执业行为和执业质量。我国CPA行业正是政府在经济转型的大背景下借鉴美国等国家的经验而恢复重建起来的。由于政府在CPA行业重建及发展的过程中发挥着决定性作用，同时由于中国CPA行业只经历了近30年较短的发展阶段，中国审计市场的发展呈现出了不同于其他国家的独有特征：

1. 证券市场化初期阶段我国上市公司对独立审计行为的自发需求动机不足

英美等发达西方国家独立审计的出现源于资本证券市场的最终目的是为

了协调公司投资者与经理人之间的利益冲突，降低代理成本，增加企业价值（Jensen and Meckling，1976；Chow，1982）。在政府颁布法令使财务报表审计成为法定要求之前，这种审计早已存在（Chow，1982；Watts and Zimmerman，1983）。此时对于审计的需求取决于审计行为是否具有高质量特征，CPA 发现并报告违约行为的联合概率越大，证券市场的主体对于审计质量的评价也就越高（Watts and Zimmerman，1983）。对高质量审计是否有自发的需求动机，是一个充满合规审计行为的、有效率的审计市场得以存在的前提。相反，假如对于审计约束行为的需求来自外在的强制，证券市场主体缺乏审计需求的动机，而对于审计行为质量的高低并不在意，维持审计市场有效运转的激励与约束机制就会被扭曲，质量低劣的审计行为的出现趋势将不可避免（陈波，2009）。

回顾 1980 年开始的我国独立审计制度复兴经历，可以看出我国独立审计市场的需求主要是由政府驱动，而非依靠市场化形势导致的自发需求来驱动。比如杨时展（1995）的研究发现 1980 年国家颁布《中外合资经营企业所得税实施细则》后，CPA 的业务就开始以三资企业为主。后来的 20 世纪 90 年代是我国证券发展史和独立审计历史上的一个重要时刻，其标志性的事件是分别于 1990 年和 1991 年成立的上海和深圳证券交易所。谢德仁、陈武朝（1999）和易踪（2002）等的研究都一致认为同期我国市场化经济改革由政府主导的特征决定了独立审计市场发展初期必然受到政府行政力量的约束与控制。韩洪灵（2006）则进一步认为我国独立审计事业发展的早期遇到的最棘手的问题是审计市场无序化运作问题带来的审计效率低下、审计行为失范等种种弊端与矛盾。产生这些问题的根本原因是我国国家计划色彩尚浓的经济体制和大政府管理意识形态的惯性导致的，因而政府才算是我国 CPA 行业职业服务最重要的需求者。上述作者观察到了传统审计市场的行政细分能够凭借非市场的力量降低了 CPA 竞争强度，但客观上却导致了 CPA 审计市场的低效率发展；相反，国外 CPA 审计实践却告诉我们由市场化推动的审计市场自然细分则真正有利于专业化、行业化、职业化、规模化与规范化程度较高的会计师事务所取得市场占有率与良好的审计行为和职业声誉。不过，陈武朝和郑军（2001）研究发现我国证券审计市场高质量审计行为需求主要是由政府及其监管部门来推动，但这种非市场化的需求结果决定了证券市场真正的主体上市公司（由国家控股的公司居多数）的会计报表使用者不存在对高质量会计信息的客观普遍性需求，进而决定了高质量审计需求动机的不存在，因而亦不存在高质量的审计行为需求。

2. 证券市场制度环境的持续变化加快了我国独立审计竞争性市场结构的形成

我国证券审计市场另一基本特征是证券审计市场的竞争性程度较高但审计市场的集中度却相对较低。一些学者的研究为此提供理论依据。比如李树华博士（2000）研究发现与英美等国发展较完善的证券审计市场主要有极少数大会计公司垄断的情况不同，中国证券市场的集中度变化趋势与国际趋势比较似乎背道而驰，而且认为我国证券审计市场仍然是一个过渡性的竞争和不稳定市场。主要证据包括如果按服务对象数量为依据 1993 年至 1996 年间“十大”平均的市场占有率只有约 44. 5%，显然审计业务市场集中度仍然较低并开始逐年降低。接着吴溪（2001）又观察了我国 1997 年至 1999 年的证券审计市场，三年间按照股本总额计算的“十大”事务所市场占有率平均为 39. 36%，逐年下降的趋势仍然在持续。同时他发现独立性与独立审计质量与事务所的规模具有正相关关系。这说明我国证券审计市场发生的政府主导的事务所合并重组行为的确对我国审计市场规模化发展具有积极意义。夏冬林和林震员（2003）采取与李树华相似的办法接着研究了中国审计市场 2000 年的市场集中度后发现前“十大”事务所的市场占有率仅为 31%，另一部分学者则发现了一个与上述观点明显不同的看法，即我国审计市场集中度是在上升的状况中。易琼（2002）研究发现 1998 至 2000 年具有证券从业资格的全行业前“八大”事务所其业务收入的市场集中度平均值是 47. 94%，呈现逐年上升的态势。作者认为行业集中度的提高正说明脱钩改制等行业制度变革的确刺激了我国审计市场供求形势的变化，市场化程度得以提高。而余玉苗

（2001）也依据其业务收入对同期的公开数据的实证研究发现前“十大”事务所市场占有率则为 49.46%。与审计市场竞争程度相对应的概念是审计市场集中度，它是衡量审计市场结构特征的重要指标。对于中国审计市场集中度的许多实证研究都表明（De Fond，Wong and Li，2000；吴溪，2001；易琮，2003）与美国的情况（2003—2008 年美国审计市场集中度均超过 90%）相比，中国审计市场的集中度仍然偏低。根据中国注册会计师协会公布的 2007—2009 年会计师事务所百家信息，截至 2009 年底，中国业务收入前百家事务所收入合计约为 206 亿元，占当年全国事务所总收入的比重为 66%；业务收入前 10 位事务所的业务收入合计为 115.6 亿元，占当年全国事务所总收入的比重仅为 60.37%。如果将前 4、前 10 和前 100 家事务所业务收入合计数占全国事务所业务收入总额的比重作为证券审计市场集中度的一个替代指标，相关数据如下表 3-1 所示。

表 3-1　　中国证券审计市场营业收入的集中度　　单位：亿元

项目	2005 年	占总收入%	2006 年	占总收入%	2007 年	占总收入%	2008 年	占总收入%	2009 年	占总收入%
前 4 大	63	25.9	76	26.38	90.1	32.76	106.4	34.32	115.6	35.79
前 10 大	102	42.34	125	49.61	149	54.32	171	55.21	188	58.20
前 100	117	48.36	136	53	165	60	197	63.54	206	63.78
行业总收入	243	100	256	100	275	100	310	100	323	100

资料来源：中国 CPA 协会网站与年度报告（2005—2009）。

在探讨审计市场集中化成的问题上，国外学者进行了许多有益的研究，例如 Dopuch & simunie（1950）& Angelo（1956）等学者研究发现审计市场普遍化的市场集中现象实际上是源于各大会计事务所审计执业声誉度高低与审计质量的差异大小所致；而 Dopueh & Simunie（1980）& Danos & Eichenseher（1986）的研究则发现市场集中度上升的趋势主要是因为大型事务所审计执业活动的规模经济效应帮助其在审计市场取得压倒性优势。

因而，我国证券审计业务竞争性市场结构不仅表现在审计收入主要集中于少数会计师事务所（审计市场集中度越高），还表现在业务工作主要集中于较单一的审计鉴证业务，以及提供服务的范围主要集中于少数经济发达的地区与中心城市（全国前百家事务所的70%集中在北京上海两座城市）。而这些过度中心化的趋势与现象无疑就意味着我国审计市场的竞争程度必将越来越激烈。

3. 审计市场供求不均衡变化与利益驱动导致CPA审计行为失范与质量不高

依据传统经济学的观点，市场的均衡取决于市场需求与市场供给之间的平衡与统一，否则，就会导致市场的失衡，即供不应求或供过于求，无论哪一种情况均会导致该市场的资源配置功能的失效与负面经济后果。对于中国的证券审计市场而言，也是这样。一方面，有研究认为我国审计市场供求不平衡的动因是行政化干预程度过重所致。李树华（2000）和De Fond et al（2000）在对我国1993—1996证券审计市场结构进行研究发现导致中国会计师事务所审计质量不高的表面原因是独立审计市场需求与供给的不平衡，其内在的原因是自发性高质量审计需求缺口较大。刘峰等（2002）的研究也发现中国的独立审计业务出现并不是一种自发的市场化刺激的需要，而是公司满足政府管制机构需要的行政化工具，似乎政府推动国际惯例的衍生产品。另一方面，也有研究发现政府的推动是我国独立审计事业发展的制度因素。比如李树华（2000）在比较“脱钩改制”前后我国会计师事务所独立性的影响因素后，发现在我国独立审计独立性水平提高、审计执业行为的规范化、独立CPA质量的提高等审计市场化预期目标的实现方面由政府主导的证券市场法制建设、CPA考试选拔制度和执业准入制度、行业监管与行政检查制度等非市场化因素确实发挥了不可或缺的作用。我国CPA事务所数量从1982年的18家增长到1999年的近3 000家，CPA人数则由不到100人迅速增长到5万余人，此时的审计市场状态总体上是“供给增幅大于需求增长”，即出现了需求缺口。

不过，在我国《证券法》颁布（1999年）实施以后，在社会经济改革进程的推动下，证券审计市场进行了比如股票发行和定价制度的变革等市场化改革步伐也开始显著加快。这些制度的主要意义在于：① 股票发行与定价制度的变革是推动我国证券市场化进程的主要步骤。比如首先，从行政审批制到报备核准制的实施减少了公司上市的非市场因素的影响，表面上放松了对具体业务的管制而实质上提升中国证监会的法律地位及其管理责任。其次，定价方式的市场化则赋予了发行人和承销商基于市场条件来确定市场需求的自愿选择权。从此，强化了投资行为的市场风险，并逐渐改变中国股市层级盛行的非理性化的低风险、高收益的怪现象。也进一步压缩了证券发行人基于政策诱致下的盈余信息操纵空间。第三，证券行业监管制度的变革更是为IPO公司选择高质量会计师事务所作为信号显示机制，吸引更多外部战略投资者、致力于为收益最大化等运营目标的实现提供了制度保障。② 我国资本市场股权分置改革与大小非解禁等制度环境改善使得公司国有股权比重的不断降低，股权的分散化激发了更多投资者关心企业发展的热情从有效地减轻了我国上市公司曾经普遍缺乏自发行高质量审计需求的窘境，约束了内部人控制现象，法律与制度的压力使得大股东或者内部人在决策时必须考虑中小投资者的权益需求，毫无疑问，这些正面效应将进一步激发上市公司对于高质量审计的需求。③ 政府推动的公司治理制度的改革有利于提升独立审计的地位与职能。由于证券市场上屡屡爆发影响投资者权益的公司财务丑闻事件，作为最高监管机构，为了实现改革和完善董事会的制衡及监督功能，真正提高上市公司治理水平等目标，中国证监会陆续发布了《关于在上市公司建立独立董事制度的指导意见》（2001）和《上市公司治理准则》（2002）等约束上市公司运营行为的制度规范。据证监会统计到2009年底，大约四成上市公司设立了审计委员会，独立董事的设立比重约为三比九。为从制度层面上明确了独立董事职责权限从而为投资者保护提供有力的环境条件，中国证监会又发布了《关于加强社会公众股股东合法权益保护的若干规定》（2004）。因此，从2002年证监会正式颁布《上市公司治理准则》与《新股上市管理规定》等规范以后，本来水平并不太高的我国上市公司治理质量开始呈现出不断上升的趋势。证明了这种公司治理层面的微观制度环境改善进一步地刺激了上市公司对规范与高质量的审计行为的需求，同时，随着我国CPA制度的不断完善，合格的CPA却并没有与快速增长的需求同步增加，如依据中国CPA协会统计，CPA事务所数量从2001年的4 287家迅速增长到2010年的7 790家，执业的CPA人数则由5.6万人增长到9.12万人（2010年全国CPA总人数为17.8万人），2001年所均CPA人数为13.04人，而2009年所均CPA人数只有11.99人，而相对于我国的快速发展的经济形势背景下CPA数量约为30万人的需要数量而言，显然是不能满足我国证券审计市场的客观需求，因此，此时审计市场的状态可概括为是“需求开始超过供给”。即审计服务市场出现了供给缺口。

我国证券审计市场的供求不平衡除了客观的市场化改革的制度环境影响因素之外，还有一个很重要的影响因素就是CPA独立、客观、公正的职业性质，通过提供审计服务收取审计收费是CPA行业发展的必然路径。因此，向证券审计市场提供以经济利益为驱动导向的审计行为以追求审计收益最大化也就是理性CPA的合理选择。不过，由于我国证券审计市场存在的竞争化结构特征、CPA追求自身经济利益最大化的驱动与我国证券市场行业监管的措施不够完善及对审计不良行为的行政、民事和刑事处罚力度不够有力度的背景下，加上CPA自身执业道德的缺失使得我国证券审计独立CPA审计行为出现失范屡见不鲜与审计质量不高的令人担忧的局面。从某种程度上讲，与四大的中国所相比较，国内大部分事务所在与其审计客户的关系中，在专业胜任能力和市场定价能力方面仍然处于弱势地位，抗拒客户压力的能力不足；“四大”中国所以外的国内事务所，仍然面临激烈的竞争和沉重的生存压力，在如何扩大规模、完善内部管理、全面提高竞争能力等方面仍然需要寻找新的出路。从管制机构的执业质量检查结果来看，众多事务所仍然存在较为严重的执业行为不当、审计失败频繁等相关问题，CPA行业整体质量仍有待于进一步提高。

3.2.3 我国上市公司会计信息质量存在的主要问题与成因

资本市场是一个信息流动的市场，交易各方对信息都十分关注，对于证券市场而言，高质量的会计信息披露是保证其良好运转的重要前提条件，信息披露制度完善程度是衡量一国证券市场成熟的主要标志。然而，近 20 多年来，接连不断的会计信息被认为扭曲与篡改的丑闻已成为一个顽固的毒瘤，严重威胁着我国资本证券市场的进一步发展。由于本书所指的会计信息质量主要是指我国上市公司会计信息本身是否具有可靠性与相关性及披露质量。而会计信息的可靠性主要包括真实性与客观性等内容。因此，本节首先对我国现实制度环境下上市公司会计信息质量存在的问题进行概括：

1. 上市公司会计信息内容的客观性与真实性备受质疑，年报信息整体可信度不高

可靠性是会计信息的基本质量特征，但是众多上市公司为了赢得市场的信任、提升股票价值等各种各样的目的，采取非常手段，如通过企业关联交易来操纵利润；凭借集团公司通常按需要内部定价以隐匿转移利润；借用股权转让、并购、资产债务重组的假象来粉饰资产；利用会计政策变更虚增利润、虚减亏损等。在广大中小投资者眼里，部分上市企业提供的年度报告信息其实都是掺杂大量水分的会计信息；还有些上市公司为了吸引投资者的关注，故意编造误导性的陈述或者遗漏关键信息。为了节约成本或者虚增资产，很多公司经常在数据上进行人为变造，甚至更改、变造原始凭证与会计账簿的信息记录，披露不客观、不准确的会计信息，使利益相关方无法了解、预测与把握公司经营的具体情况，上述行为无疑对会计信息质量产生实质影响，直接会给会计信息使用者造成巨大经济损失。所以，我国公司提供的会计信息整体可信度并不高。例如中钨高新（000657）2009 年度报告期现金及现金等价物净增加额为 3 076.24 万，上年为-1 714.53 万，当年增加 4 790 万元，董事会报告披露该等变化的原因是“经营活动产生的现金流量净额增加”。经审计，报告期经营活动产生的现金流量为 6 946 万元，当年下降 5 399 万元；

投资活动产生的现金流量为-4 798.75万元，按年下降2 101万元；筹资活动产生的现金流量净额为928万元，当年增加12 290.8万元。据此，报告期现金及现金等价物净增加额增加的主要原因应为筹资活动产生的现金流量净额增加，由此形成了董事会陈述说明与会计报表存在重大不一致，信息披露如此被扭曲，显然会误导投资者的决策。

2. 会计信息内容与经营目标的相关性不强，决策使用的有效性较差

就相关性而言，投资者所关注的信息通常是事关公司发展的各类财务信息与非财务信息，因为此类事件会直接或者间接影响到公司的生存与持续发展，因此，证券监管机构要求上市公司披露与未来发展有关的信息，但是事实年报中上市公司披露的信息却是基于已经发生的反映历史事件的信息，对于投资者来说，该类信息的决策有效性较差，与经营目标的相关性不强，无法满足信息使用者的需求。有的上市公司会披露有关未来的信息，但是太笼统化，不能作为决策的依据，因为现有会计系统提供的只能是针对所有者共同需要的通用会计报告。这实际上是对会计信息进行再加工的信息处理过程的结果，只能向信息使用者传递综合的信息，但这种通用会计报告不能满足所有信息使用者的所有不同决策的，因而其相关性只能是相对的。例如ST特力在2009年年报中披露了2010年度的工作思路：不断完善法人治理机制与规范企业运作，按现代企业制度来管理和控制企业；强化对经营责任合同的检查和考核，完善决策与监督机制，提高盈利能力；强化内部财务管理，提高融资能力；优化整合全部资源，重组运营流程，以品牌、以服务、以业务进行联盟，提高市场竞争能力。以发展拓市场，全面提升企业的形象，加快提高主导产业的市场占用份额，使特力集团能真正步入稳定可持续的发展轨道。如此空洞无物的非财务信息显然不能给信息使用者的经营与投资者决策以任何正面有益的帮助，所以与经营目标不相关的信息，即便是真实的，其决策有效性仍较差。

3. 会计信息的表达与披露不够及时与充分，难以满足使用者的预期需求

目前我国《公开发行股票公司信息披露实施细则（试行）》第三章关于

定期报告的规定是，上市公司应该在规定的时间内披露定期报告企业经营管理信息，对于可能会影响利益相关者决策的财务与非财务信息应该及时披露。具体来说是公司应当于每个会计年度的前六个月结束后六十日内编制完成中期报告，在每个会计年度结束后一百二十日内编制完成年度报告。这种宽松的时间范围规定给内幕交易、市场操纵和歪曲会计信息创造了利用机会。我国上市公司信息表达与披露不及时表现在：① 部分上市公司为了隐瞒舞弊或盈余管理行为，往往在相关活动或经济业务发生后不及时披露甚至不披露会计信息；有些公司年度报告甚至要在财政年度数月后才能公布；有些公司往往根据自身利益需要而决定何时披露重大事件，甚至与非法投机商进行勾结，配合其操纵市场行为而随意披露，从而降低相关会计信息及其他信息的及时性。会计信息时效严重滞后也自然会让投资者不能及时做出正确决策，从而大大影响信息使用者对信息的需求，也会最终影响到众多投资者的决策和切身利益。② 不及时信息会使得企业的行业管理机构往往由于了解信息的不及时而难以确定一些重大事件系于何时发生，致使监管有效性不足。此外，上市公司会计信息质量不高的另一个主要原因是信息披露内容不充分，如 2009 年企业年度定期报告中，一些公司存在疏漏母公司对子公司及关联企业的信息；未说明或有事项及其他重大事项；没有详细披露利润总额主要由非主营业务利润构成；未对主营业务收入或净利润等主要财务指标重大变化进行充分说明；从不披露重大业务变化情况；或只对有利资产进行披露，故意忽视负债等项目等情况。这种对外报告会计信息不够及时或充分无疑使其对于投资者的应用效果大打折扣，无法满足使用者预期要求[①]。

4. 上市公司年报“补丁”与“重述”花样翻新，会计信息披露的规制缺乏严肃性

此处的“补丁”是指近年来，按中国证监会要求上市公司在披露财务年报后，出于各种原因有可能发布各类补充公告与更正公告的行为。“财务报告重述”则是部分公司因为经营环境与管理者的动机发生变化，甚至出现财务

① 张力上．上市公司信息披露与分析［M］．成都，西南财经大学出版社，2005（6）：36-38.

报告已经报出，却又声明收回补充和调整信息后再行报出行为。这种年报补丁与重述行为有的可能真的仅仅是人为编排错误，有的却是将已经披露的年报当做“葵花宝典”变换“会计魔术”，使得新旧年度信息内容发生了“面目全非”的变化。如从 2009 年三季度报告开始，绿大地公司连续四次修改年度业绩预期，从预计 2009 年净利润增长 20%～50%，最后一次预计亏损 1.28 亿元，最终年报披露亏损 1.51 亿元。在 2009 年业绩披露过程中该公司进行了多次修正，修正前后业绩发生盈亏性质重大变化，且修正时间严重滞后，此后 2009 年年报还对 2008 年年报做了重大追溯调整，2008 年年报存在重大会计误差，这些行为说明了我国上市公司会计信息披露规制的确存在巨大漏洞[①]，部分上市公司信息披露的形式太过随意，会计信息披露的规范缺乏严肃性与稳定性，是会计信息质量不高的主要表现。

导致我国上市公司会计信息质量存在问题的原因有很多，主要内容如下：

1. 国家层面法律制度环境不完善为上市企业提供低质量会计信息行为提供了空间

我国资本市场的现行法规与制度存在的缺陷是上市公司会计信息较低的主要原因之一，这些缺陷主要表现在：① 信息披露的规制缺乏系统性与稳定性。截至目前，我国证券市场已经形成了较完备的信息披露法规体系，不过政出多门，约束保准并不一致，间接导致了会计信息披露体系缺乏统一性；而且变化较快，缺乏稳定性，导致会计信息披露出现隐瞒、遗漏、造假等现象不断出现；② 信息披露的形式与内容不够规范。虽然《公司法》（1993）（1998）与《证券法》已经颁布实施多年，期间分别进行了 3 次和 2 次修订，这说明仍有些实施细则与规范仍然不够完善与规范，不能适应客观形势发展的需求，似乎只是过渡性产物；③ 会计处理与信息披露不够恰当。为了粉饰经营业绩和谋取私利，管理层往往采取不恰当的会计处理与提供误导性的财务报告。A 股上市公司 2008 年度年报中主业业绩下降、关联交易频繁、托管收益剧增等现象蔚然成风。使其在上市公告书中的期初盈利预测值与期末实

① 吴敏．业务反复变脸 财务总监频繁变更［N］．北京，新京报，2010-3-19.

际值差距甚远，公司会计信息质量非常低下，亟待治理[①]；④ 虚假会计信息披露处罚不够有力。现有证券法规对会计信息披露违规行为处罚太轻，会计信息造假案例中受到的处罚多为行政处罚与民事处罚，缺少严厉的刑事处罚，即便是民事处罚与造假案例公司所获得的非法收益相比较而言，只能算是“毛毛雨”，无法真正有效地震慑公司虚假信息的授权者、制造者与传播者。长期以来，我国证券监管部门对于低质量会计信息的提供者最终追究刑事责任的往往比较罕见，民事赔偿的案例更是非常稀少。所以上市公司造假的处罚成本过低、制裁力度过弱是其提供低质量会计信息的重要原因之一。

2. 公司层面治理结构制度安排缺陷约束着上市企业对外报告会计信息质量的提高

一直以来，我国资本市场效率不高的一个核心原因就是资产所有者与企业管理层之间的信息不对称现况所导致的目标背离趋势比较严重。不过，令人遗憾的是我国仍然十分缺乏对于确保公司对外报出的会计信息能够维持较高质量与水平等内容作出切实可行安排的创新型公司治理制度结构；西方发达国家的证券市场发展的经历告诉我们，要解决好利益相关方的权力与义务的配置不合理、缺乏相互制衡和关键信息披露不充分等的弊端，促使代理人提供更多被屏蔽的会计信息（所有者知晓但投资者却不知道的信息），并进一步均衡在证券市场交易中关键会计信息的分布，借以缓解投资者因获取的信息不充分而面临的种种不利投资决策选择方面等系列问题，唯一的现实途径只能是建立完善的公司治理结构。但是在目前的制度背景下我国上市公司管理当局会计信息编报与传递方面的权力过大，且缺乏强力的公司内外治理制度的约束和监督，使得公司的实际控制人违规的成本极低，而进行会计信息造假与舞弊的行为则往往会给造假者带来非常高的收益。所有者无法对公司经营管理层提供不客观、不公允会计信息的行为进行监督，公司的经营者则凌驾于委托人的目标之上，使得自身的利益目标与投资者利益最大化的目标

① 万山．上市公司会计信息披露存在的问题及对策［J］，湖南科技学院学报，2009（2）：20-25.

发生背离①。可以说，我国多数公司用于规范上市公司利益相关者之间的利益均衡与权力制衡目的的公司治理结构与西方发达国家规范上市公司的治理结构比较而言都存在较大的差距，已经成为影响我国上市公司会计信息质量进一步提高主要的障碍因素。

3. 审计执业行为的不规范影响着上市企业会计信息披露水平与质量的提升

独立审计监督是证券市场中维护上市公司投资者合法权益的一股重要力量，理应通过客观、公正的审计服务，提供经过鉴证的公司财务年报信息，来增强投资者对公司与资本市场的信心与信赖，但是CPA审计行为却因为现实的制度环境、审计市场的执业环境、审计组织结构方面的种种问题而受到限制与约束，结果并没有起到对于企业提供高质量会计信息的目标起到保障作用。我国审计行为不规范主要原因包括以下几点：① 我国现行上市公司CPA聘任制度安排实际上妨碍了CPA保持执业的独立性。比如在内部人控制现象盛行的背景下，虽然证监会相关法规规定上市公司聘请会计师事务所的决定权属于股东大会，不过把持着聘任会计师事务所最终决定权的却管理层，股东大会在只有形式上的审批权却无实际选择权。这种被扭曲的聘任制度，往往异化成“鉴证报告与审计收费相交换的赤裸裸交易”，不仅严重腐蚀了一些CPA的职业道德，消退了CPA的职业谨慎感，而且还明显地淡化了CPA对社会公众的社会责任感，甚至使得CPA自身成为了损害投资者利益的帮凶②。② 我国CPA审计执业环境还比较恶劣，特别是低价竞争导致针对会计信息鉴证服务的质量低下。现实的情况是僧多粥少的证券审计市场中基于经济利益的刺激，为获得更多审计客户，会计师事务所竞相降低审计收费，与被审计对象合谋，导致审计行为失当即CPA对既定的审计程序偷工减料或故意省略成本较大的审计程序，这样既使CPA面临着多种审计风险，又无疑会让会计信息提供者有空可钻，审计前后的会计信息质量均无法得到保障。此外，除了经济利益刺激因素以外，还有许多会计师事务所在执业时受到了市

① 上海证券交易所．中国公司治理报告：透明度与公司治理［R］．上海：复旦大学出版社，2008.

② 雷光勇．审计合谋与财务报告舞弊：共生与治理［J］．管理世界，2004（2）：41-45.

场外的行政压力与法律权利寻租的利诱；不得不接受客户和企业有各方面的非法要求，从而影响了自身执业声誉与审计质量的提升。③ 我国现有会计师事务所的法定组织形式客观上阻碍了 CPA 应充分履行自身的职业责任。对上市公司公开披露的各种财务会计信息的公允性、合法性进行专业鉴证并对审计意见的公正性承担法定责任是 CPA 基本职业责任。不过目前我国会计师事务所的组织形式多是企业法人制，尤其是对上市公司财务报告信息进行鉴证的主体必须具有法人资格，因此，事务所性质是有限责任公司制，执业责任人只需对事务所债务承担有限责任，无形之中就阻碍了审计人员应承担的审计失败法律责任。还显著降低了 CPA 的过失成本，使得其可随意执行审计准则和审计程序，也使得会计信息质量失去了一道屏障。

4. 管理层利益导向驱动是上市公司管理者习惯于提供低会计信息质量的直接原因

企业上市的目的是为了获得更充裕的资金来源与更大的利益获取机会，理应通过高质量的会计信息赢得投资者的青睐，但是我国相关法规的机械与僵化的规定却客观上刺激了企业采取提供低质量会计信息的动机及行动，比如首先，我国《证券法》规定：连续三年净资产收益率低于 10% 的上市公司将失去配股资格；同时，《股票上市规则》也规定：连续两年亏损的上市公司将被特别处理；连续三年亏损的上市公司将被停牌。对于出现连续两年亏损或者有一年的股东权益低于资本情况的公司属于财务状况异常会受到特别处理；其次，《公司法》规定：如果上市公司连续三年出现亏损，公司将被处以暂停股票上市，在期限内仍无法扭亏为盈、不再具备上市条件的，最终会被终止上市。正是在“一刀切”式的硬性规定强压之下，为了实现避免连续三年亏损、不失去再融资的资格、不被退市或不被特别处理之目的，部分不能达标的上市公司就往往奋不顾身，恶意扭曲年报会计信息，连续对期末盈余进行人为修正。因为上市资格对于上市公司来说是个珍贵的资源，有着巨大的利益诱惑，一旦因为亏损而被特别处理、暂停上市或终止上市，无疑意味着失去了在资本市场继续发展的机会或者可能导致巨大潜在利益的流失。因而，上市公司会计信息质量低下的深层次原因是由于低质量的会计信息有着重大利益驱动与刺激。

5. 企业管理层会计信息报告成本与会计信息报告收益之间关系很不平衡

上市公司的管理层在现实经济利益驱动下其向社会公众提供与报告的会计信息成本与信息报告收益之间关系的关系很不平衡，它正是导致上市公司会计信息质量不高的另一个重要原因。具体而言：（1）从证券市场制度安排效率来看，我国上市公司提供高质量会计信息的行为成本往往比较高，而与之相配的直接收益则明显偏低。透明信息对于公司而言其利益是预期、不确定的，虽然信息公开意味着对投资者利益的支持与保护，因为向社会公开披露会计信息有利于投资者正确评价企业的生存与发展的机会和风险，减少中小投资者对预期收益获取的不确定性；而管理不善的企业如果完全公开信息，则可能被投资者迅速抛弃。与上述超额收益相比，上市公司负担的会计信息披露所带来的成本则是十分具体的；其成本既包括企业搜集、处理、传递、鉴证会计信息过程所花费的大量直接现实成本与有形代价外，还包括核心的信息被竞争对手轻易获取而带来不利竞争形势；透明度信息影响谈判地位与最终定价权；可能导致更多诉讼费用等若干的潜在成本①。（2）从公司管理层的行为动机角度来看，其提供低质量会计信息的预期收益往往很高，而实际付出的相关成本代价则相当低。依据博弈论的观点，低质量会计信息的提供者进行“博弈”的理由和动机在于利益相关方提供低质量会计信息其未来收益是否大于预期成本，只有收益大于成本时，低质量会计信息的行为就会变成现实。一般来说，已实现预期收益等于未实现经营上市取得的利润、取得配股与增发资格后所融入资本和盈余管理导致的市场增加值等项目的总额；而造假预期成本等于造假被发现的概率乘以处罚金额；更重要的是在我国上市企业违规提供虚假会计信息的处理成本极低（我国近10年累计处罚的上市公司还没有超过100家），如2007年大唐公司因虚假会计信息披露案（虚构

① 张程睿．上市公司信息透明度——理论与实证研究［M］．北京：经济科学出版社，2008（7）：45-48.

利润 3 719 万元）受到中国证监会 30 万元的经济处罚，可见造假成本极低。虽然我国证券市场上的监管体系已相对比较健全，但实际上存在监管手段落后、监管方式僵化、监管人员道德素质参差不齐、监管执业查处力度不足、监管行为普遍存在时滞的现象，因此，在经济利益驱动下的上市公司不诚信会计行为以及低质量会计信息常充斥于我国证券市场之中。

第4章　制度环境、审计行为与公司会计信息质量因素结构与效应传导机理

4.1　制度环境、审计行为和会计信息质量的因素结构分析

4.1.1　我国证券市场制度环境的因素结构与内源关系

人类社会的构成要素中，任何类型的制度均具有彼此关联性和相互依存性的特征，同一环境下某一项制度的生效与否和其他相关制度的生效与否有着密切的联系，证券市场运行管理制度、外部审计业务的行业监管制度、上市公司公司治理制度与会计信息的公开披露机制等自然也不能例外，他们之间有着彼此渗透、相互作用、相互影响的关系。

1. 我国证券市场制度环境的因素结构

作为构成一个国家完整的制度体系的组成部分，我国的资本市场的制度环境首先可根据传统研究成果分为正式制度与非正式制度环境。姚洋（2002）认为正式的制度与非正式的制度是相互联系相互制约的，它们之间互动作用影响着整体制度实施的效果。正式制度起源于非正式制度，非正式制度是对正式制度的扩展和丰富，在正式制度无法描述或不适用描述的领域，非正式制度将起主要作用。而在正式制度约束的场合，如果正式制度获得社会认可，即正式制度与非正式制度相容，那么非正式制度减少了正式制度实施成本，使正式制度得以顺利实施。如果正式制度不能取得社会的认可，即与非正式制度不相容，那么正式制度将会出现“紧张”的现象。因而，某一个社会的

整体经济制度健全与否，正式制度是否完善是其标准之一，另一个标准就是非正式制度与正式制度是否相契合，是否能够和谐相处。把制度分为正式制度和非正式制度只是为了便于理论分析，在现实社会生活中，正式制度与非正式制度互相转化和互相影响，使它们之间的界限可能是模糊的，它们对经济发展的“共同影响”是很难分割的（刘维，2003）。其次，我国资本市场的制度环境因为全国各地区发展水平差异与受影响程度差异等原因也可以分为国家层面、省市区层面与公司层面治理结构等的制度环境，这种制度环境分类比较符合我国资本市场的客观发展现状，也更便于分析研究，因此，本文选择此分类作为分析方式。我国资本市场与上市公司面临的制度环境受许多因素影响，主要分析如下：

（1）国家层面的证券市场制度环境

① 国家层面的证券市场的法制环境。[①] 法制一词其实有多种含义。第一种是指一个国家的法律和制度的本身，实际上是静态意义上的法律制度；第二种含义是指立法、执法、司法、守法和对法律实施的监督等活动和过程，是动态意义上的法制或是立体式的系统。而社会法制环境就是指一个国家在特定的社会制度下为维持其国家机器与职能的正常运转所长期形成的法律、法规、管理制度及该法律体系下的行为习惯、文化传统等要素的总称。由于本书研究的对象是基于投资者保护的公司制度环境、独立审计行为与公司会计信息质量之间的内在联系，因而，本书的社会法制环境是指用以规范我国资本证券市场中的上市公司及其服务监管机构与证券中介组织（CPA 和律师）及其参与者——人数众多的中小投资者的行为等各类制度安排（包括相关法律制度的设计与执行等各方面因素组成的完整系统）及其相关证券审批发行、证券市场秩序、金融监管、财政政策、税收规范和信用建设等法律法规与政策的执行情况等环境系统，包含众多正面和负面影响因素。

首先，鉴于法律制度环境对社会经济的重要价值与影响，可以说一国的法制体系建设的完善与否是其资本市场健康发展的基础和保障。中国资本市

---

① 中国证券监督管理委员会．中国证券监督管理委员会年报［R］．中国财经经济出版社，2010.5.

场的健康稳步发展，与近年来国家高度重视市场基础性制度建设，尤其是建立健全法律制度体系密不可分。中国证券法律法规的体系框架分三个层次：第一，最高层次规制——法律。法律由全国人民代表大会或其常务委员会制定，除《中华人民共和国宪法》外，在证券法律体系中，证券法律具有最高的法律效力。现行的证券法律包括《证券法》、《中华人民共和国公司法》（以下简称《公司法》）和《证券投资基金法》3部。分别用来规范证券发行和交易、公司的组织和证券投资基金活动等行为，保护投资者和债权人的合法权益，维护社会经济秩序和社会公共利益，促进社会主义市场经济的发展而制定。此外，我国的上市公司与审计主体应当遵守的法律还有属于我国金融制度环境核心内容的金融法律《商业银行法》和《票据法》；属于税收制度环境的税收法律《中华人民共和国税收征管法》、《企业所得税法》、《个人所得税法》和属于证券行业执业标准制度环境的会计审计方面的法律《会计法》、《审计法》和《中华人民共和国注册会计师法》等高层次法律规制安排。第二，中间层次规制——行政法规。行政法规由国务院（国家最高行政机关）根据《宪法》和有关法律来制定的。现行的证券行政法规、法规性文件有17个，其中，2007年3月6日发布的《期货交易管理条例》是对1999年6月2日国务院发布的《期货交易管理暂行条例》的全面修订，旨在规范商品期货、金融期货的交易行为，保护期货交易各方的合法权益和社会公共利益。2008年4月23日国务院发布的《证券公司监督管理条例》、《证券公司风险处置条例》，贯彻保护投资者合法权益理念，精心设计证券公司运行规范和监管制度，为实现证券行业规范发展，进而促进资本市场健康发展提供了有力的法律保障。第三，基本层次规制——部门规章和规范性文件。部门规章和规范性文件由中国证券监督管理机构根据法律和国务院行政法规制定，其法律效力次于法律和行政法规。现行部门规章有63个，如《上市公司证券发行管理办法》（证监会令第30号）、《首次公开发行股票并上市管理办法》（证监会令第32号）、《上市公司信息披露管理办法》（证监会令第40号）、《上市公司重大资产重组管理办法》（证监会令53号）、《证券期货规章制定程序规定》（证监会令 59 号）等。现行证券期货规范性文件合计 366 个①。

上述 3 个层次相互联系形成整体，每个居于较低层位的法律法规都是对上一个层位法律法规的具体化和必要补充，形成了涵盖证券发行法律制度、证券期货交易法律制度、证券期货经营与服务机构法律制度、上市公司法律制度、信息披露法律制度、机构投资者法律制度、监督管理与法律责任制度等部分的证券期货市场法律制度体系。还有如《物权法》、《刑法》、《企业破产法》、《反洗钱法》、《企业国有资产法》等法律以及《最高人民法院关于审理证券市场因虚假陈述引发的民事赔偿案件的若干规定》、《最高人民法院关于冻结、扣划证券交易结算资金有关问题的通知》等司法解释也与资本市场有着紧密联系，在对证券期货市场实施监督管理时，中国证监会还应当遵守《立法法》、《行政许可法》、《行政处罚法》、《行政复议法》等法律的规定，依法行政、依法治市。它们共同为资本市场的健康稳定发展、高效安全运营提供了良好的外部法律环境。此外，中国证券监管委员会在颁布上述相关法规的基础上制定了一系列细致具有可操作性的规范性文件，上海、深圳等证券交易所不断完善如上市入市、会员资格、市场交易、结算等一系列市场规则。这些法规陆续出台的情况本身就说明了我国资本市场发展面临的法制环境改善举措之一就是维持资本市场秩序与效率的法制规范仍然是一个逐步完善的过程。

其次，我国与部分市场经济国家在资本市场的法制环境方面存在明显差异。从下表 4-1 内容可知，相比较于英国、美国、日本与新加坡等国家的法制环境，新中国 62 年来（特别是近 20 余年）我国证券市场的法制环境发生了巨大的变化，由整体比较落后到总体上取得了明显的改善，资本市场相关的法律制度（公司运作、信息披露、治理结构、行业监管等）逐步完善，但依然存在漏洞；监管力度加大，但依然不够合理；公司整体信息披露质量提升，但仍然不够透明；国家证券发展政策市场化程度不高，监管力度不强；

① 中国证券监督管理委员会编．中国证券监督管理委员会年报［R］．中国财经经济出版社，2010.（5）：54.

会计审计准则规范逐步国际化，但公司会计信息的决策效果较差；税收负担较重，企业整体盈余能力与核心竞争力仍然较低。具体内容可见表4-1所示。

表4-1　　部分市场经济国家法制环境的比较

	英国	美国	日本	新加坡
社会与法制环境	法律完善、合理、透明，政府管理制度自由且富弹性，税制温和且政策优惠，企业资本运作规范有序。	法律完善、合理、透明，国家货币政策灵活，监管松紧适度；税收不够低廉，企业的市场化程度高，资本市场监督逐步完善。	法律制度有待完善、合理、透明，税收不够低廉，货币政策不够灵活；城市生活成本高，企业守法意识强。	法制监管较严，法律制度有待完善、合理、透明；税收不够低廉，金融货币政策不够灵活。企业资本市场运作规范。

资料来源：依据吴弘．上海国际金融中心建设的法制环境比较：北京大学出版社，2010（1）：7资料改编而成。

② 国家层面证券市场的政府管制环境。一般而言，一个社会能够得以持续存在取决于社会成员的合作意愿①和政府的管制程度（政治权威胁迫与法律惩戒的威慑）等两个决定因素。此处管制一词就是指包含胁迫与惩戒威慑双重含义的书面化表达。笔者之所以使用“管制”而非“管理”或者“统治”一词，是由于“管理”一词过于强调技术性而忽略各阶层之间隐含的等级关系，“统治”一词过于强调权威性与强制性而忽略了不同阶层间的相容性与妥协性。

目前我国政府的管制环境的特征可以概括为：在潜藏寻租收益的行政管制领域常常存在着过度管制和营利化管制的倾向；而在需要承担成本的行政管制领域却存在着服务功能缺失。武林（2007）认为在一个政府（官员）利

① 这种意愿是指社会成员之间通过合作提高能力、弥合欲望与能力的落差，致力于实现社会和谐的目标。

益与社会（民众）利益对立的国家里，一方面为了维护和保障政府的利益需要加大管制力度、耗费大量管制成本，另一方面政府对“提供财产保护”和“提供公共服务”职责的推卸使其丧失了获取税收的正当性基础、从而导致“民众逃避纳税”现象的泛化——民众逃避纳税义务成为对政府失职的一种合理回应。上述两个互为因果的趋势共同构成“政府管制成本高昂与公共服务质量低下并存”的主要原因。

在1949—1978期间我国政府管制是传统的“大政府、小社会”模式，该体制曾经被认为有着如下的优点：政府权力充分扩张使得政府领导者可以借助政府权威、调动一切能够利用的社会资源去实现特定的国家目标。但这种体系也存在着致命的弱点：由于政府的权力被置于民众个体权力之上、民众缺乏自主空间，因此社会自身无法内生出“对受理性和能力有限性困扰的政府给予独立评判”的机制，一旦政府决策错误就将造成全社会的利益损失；政府权力对民众个体权力的压制导致对非政府目标和利益的漠视，这一现象的长期持续必然导致对个人活力的全面抑制；由于民众对政府权力的无缘制衡，降低了官僚集团借助管制权力谋取私利的成本和阻碍。经过了30多年的经济与行政管理改革，如今的我国政府管制状态可概括为“大政府、大社会”模式，虽然市场化改革取得了巨大的进展，由市场供求决定的社会资源与要素比过去有了巨大比重的增长，但是政府的规模依然庞大，执法机构与行政人数依然众多，行政管理与干预波及社会的方方面面。就资本市场而言，政府管制体现在颁布施行行政管理法规——《证券法》与《基金投资法》等；设立证券市场管理机构——中国证监会、中国保监会、中国银监会等；派驻专门的政府监督人员，设立中国国资委全盘管理国有中央企业及其上市公司的运行。不过，这种集权性质的行政管制模式并没有改变行政管理权力递增与资源配置效率递减的规律，换句话说，我国资本市场上市公司政府监管与管制环境还存在着明显的缺陷或问题，比如政府对资本市场的价格波动极为敏感，干预行为时有发生；有时甚至在影响具体企业的经营战略，插手国内外重大的并购业务；规定对审计执业行为的市场准入制度；财政部门执行自上而下的、形式上的对上市国有企业进行年度会计信息质量的检查与查处等问题。因此，为了更好地保障投资者的利益与维护证券市场的稳定，我国政府管制环境应该继续改革与治理整顿，理顺其内在关系。

③ 国家层面证券市场秩序的监管环境。首先，我国目前资本证券市场的监管机构比较健全。主体机构是中国证券监督管理委员会，该机构在全国各省市区直辖市共设立派出机构——36个各地方证监局，切实履行着一体化的证券期货业务垂直管理职能，强化对证券期货交易所、上市公司、证券期货经营机构、证券投资基金管理公司、证券期货投资咨询机构和其他市场参与方的有效监管，防范和化解证券市场投资活动的金融风险，致力于切实提高上市公司会计信息质量。其次，我国证券市场秩序的监管体系[①]仍在不断完善之中。表现在：a. 确立了我国境内证券发行制度。依据《证券法》、《公司法》等法规的规定，首次公开发行股票、公开发行公司债券、上市公司发行新股和可转换公司债券需获得中国证监会的核准；国债、金融债、企业债的发行由其他政府主管部门负责核准；股票、可转换公司债券、公司债券、国债、企业债的上市交易必须由证券交易所进行核准和监督。b. 建立了证券资本市场的监控制度。中国证监会及其派出机构、证券交易所按照分工协作的原则共同负责中国证券市场的监控工作，重点打击内幕交易和市场操纵等违法违规行为。如上交所、深交所负责证券市场的一线监控，通过其所建立的监控系统实时盯盘，及时发现并查处异常交易，案情较重大的提请证监会调查处理；中国证监会负责指导交易所市场检查工作，在日常监管中及时发现违法违规的线索，依法对涉嫌内幕交易或市场操纵等行为采取调查处理措施。c. 设置了对上市公司的监督制度。其内容包括：用来规范上市公司资本运作行为的公司信息披露制度；实现上市公司治理结构优化的独立董事制度与股权激励制度安排；治理上市公司并购重组业务的上市公司收购和财务顾问管理行为的制度。d. 形成了对证券公司的监管制度。此类制度主要包括：对证

① 中国证券监督管理委员会．中国证券监督管理委员会年报［R］．中国财经经济出版社，2010.（5）：62.

券公司准入的业务许可制度；对不同资质与信誉的公司进行分类监管制度；规范证券公司内部管理的合规管理制度；用来帮助证券公司避免风险损失的净资本为核心的风险监控和预警制度；公开信息报送制度；约束经纪人行为的经纪人管理制度等。e. 构建了上市公司会计信息披露监管制度。在会计准则执行监管层面，中国证监会建立了相关业务部门和专业部门、辖区证监局、证券交易所“三位一体”的综合动态监管体系，颁布了上市公司财务信息披露规范，全面加强了对新会计准则的执行监管。2007 年中国证监会建立了首席会计师联席会议和会计专业技术小组。联席会议成员来自证监会发行部、上市部等 12 个部门和上交所、深交所。它将作为加强证券监管系统专业沟通和交流的平台，致力于促进资本市场财务信息披露质量提升。2009 年中国证监会完善了重大会计问题的征询、反馈机制，通过出具监管函件和印发《上市公司执行企业会计准则监管问题解答》的方式统一会计监管标准，同时继续与会计准则制定机构保持密切沟通协调，保证了会计准则的执行效果，提高了资本市场会计信息质量。f. 改进了证券业监管模式的规制内容。2009 年修订了《会计师事务所与资产评估机构证券期货相关业务监管责任制》，进一步改进了有中国特色的审计监管模式——辖区监管责任制。在制度框架下，中国证监会会计部负责组织检查组对具有证券期货相关业务资格的会计师事务所和资产评估所进行全面检查、专项检查，并进行持续性的监督。g. 完善了证券交易行为的执法制度。2009 年中国证监会继续实践证券执法新体制和《关于稽查工作分工协作的指导意见》的各项要求，稽查局、稽查总队和派出机构稽查力量分工协作，行政处罚委员会专司审理的证券执法工作机制逐渐形成了具有统一指挥、反应迅速、协调有序、运转高效特点的稽查体系。因此，我国资本市场监管制度环境的基本特征是监管机构比较健全、监管体系较为完善、监管能力不断加强。

④ 国家层面证券市场的法规执行环境。中国证监会严厉查处了一系列上市公司和证券公司的违法违规行为，使得我国证券市场法治环境建设取得了新的进展。2009 年中国证监会坚决查处了融通基金“老鼠仓”案、高淳陶瓷

内幕交易案、五粮液案等一批证券市场高度关注、社会影响大的违规案件①。2009年中国证监会共立案85起，包括内幕交易案20起、市场操纵案16起、信息披露违法违规案20起、基金“老鼠仓”案4起、其他类型案件25起，非正式调查案件121起；截至2009年底，共办结案件106起，移送公安机关案件及线索261起，新增罚没款5 078.04万元，罚没款收缴到账2.59亿元。2009年中国证监会对23家机构、218名当事人作出行政处罚，对52名当事人施行证券市场禁入。还继续严厉打击了非法发行股票和非法经营未上市公司股票等违法行为，督办交大保赛案、益尔高科案等重点案件的查处，非法发行股票的信访投诉较上年下降近70%。同年，全面治理凭借网络等媒体开展非法证券投资咨询活动，协调关闭900多家非法网站，整顿违规证券节目、广告栏目近120个，配合公安机关立案侦破非法证券活动案件近百起，抓捕犯罪嫌疑人300余人，协调工商部门取缔非法机构30多个。因此，由于证券管理机关严格依法行政，我国证券市场法治执行环境已经得到了明显的改善。

⑤ 国家层面证券市场的信用建设环境。我们知道市场经济本质上是诚信经济。因为市场经济讲究信誉，强调竞争的公平性与有序性，它要求市场经济的主体应遵循市场的交易法规，它是建立在合同与契约之上的一种经济形式，其健康发展的过程就是一部正义制度与不讲信用的经济行为作斗争的过程。我国已将诚实守信作为一项基本的原则写进了《民法通则》、《合同法》、《反不正当竞争法》等多部法律法规中，并在执行上取得了较大成效，但在某些情况下，法律对经济领域中的违信行为却处于一种无能为力的状态。政府可以参照发达市场经济国家的公正信用报告法，制定有关投资者保护的法规如民法典，严格规范上市公司、证券公司的经纪人的信用信息记录、使用及评估活动的机构和组织的行为，培育良好的信用环境。政府应对违约失信行为制定更加严厉的赔偿和惩罚规则，除了货币惩罚外，还可以增加对失信主体声誉、风险等方面的惩处。同时，国家司法部门完善了刑法中对证券投资

① 中国证券监督管理委员会．中国证券监督管理委员会年报［R］．中国财经经济出版社，2010(5)：39-40.

欺诈和非法侵占投资者权益等恶意背信行为的有关规定，并在司法实践中坚决依法严肃惩治此类犯罪。按照健全现代市场经济社会信用体系的要求，制定资本市场诚信准则，维护诚信秩序，对严重违法违规、严重失信的机构和个人实施更加严厉的市场禁入措施与规定。近年来，我国资本市场上市公司、证券公司和经纪人等方面的诚信数据库不断充实，社会诚信监督的作用日益显现。2008 年 11 月，中国证监会正式启动证券期货市场诚信档案工作。截至 2009 年底，中国证券期货市场诚信档案共记录诚信信息约 7 950 条，实现了近 10 年来市场参与主体违法失信行为信息的电子化、数据库化。中国证监会及其派出机构在证券发行、并购重组、业务许可、资格审查、创新试点等市场准入环节以及日常监管、调查处罚等工作中，积极使用诚信档案，全面强化诚信约束。同时，证监会大力推进与有关部委的信用信息共享进程，努力构建跨行业的信用监督体系。中国的信用法制体系的建设自 2003 年开始，在经历长达 6 年的摸索和实践后如今终于有了成果。2009 年 10 月 13 日国务院法制办公布《征信管理条例（征求意见稿）》，向全社会公开征求意见。征求意见稿在科学界定征信业务定义的基础上，将信用报告业务、信用评分业务和信用评级业务等都纳入管理范围，对征信业务中信息收集、整理、保存和加工等各环节均做出了规定，显然这些措施可有助于改善我国证券市场企业信用环境。

综上所述，我国证券市场法制环境的完整体系是由证券法律体系设计与监管环境、政府管制环境、法制执行环境和信用环境等因素构成，具体框架如图 4-1 所示。

（2）全国省市区层面证券市场的法制环境

① 省市区资本市场法律立法与执法存在差异。按经济发展水平与国民收入的贡献程度，我国大陆区域整体上可划分为三大经济地区（地带）即东部发达省区、中部相对发达省区和西部比较落后省区。三大经济地区由于自然条件与资源状况的不同，因而有着各自的发展特点。其中东部地区包括北京、天津、河北、辽宁、山东、上海、江苏、浙江、福建、广东、广西、海南 12

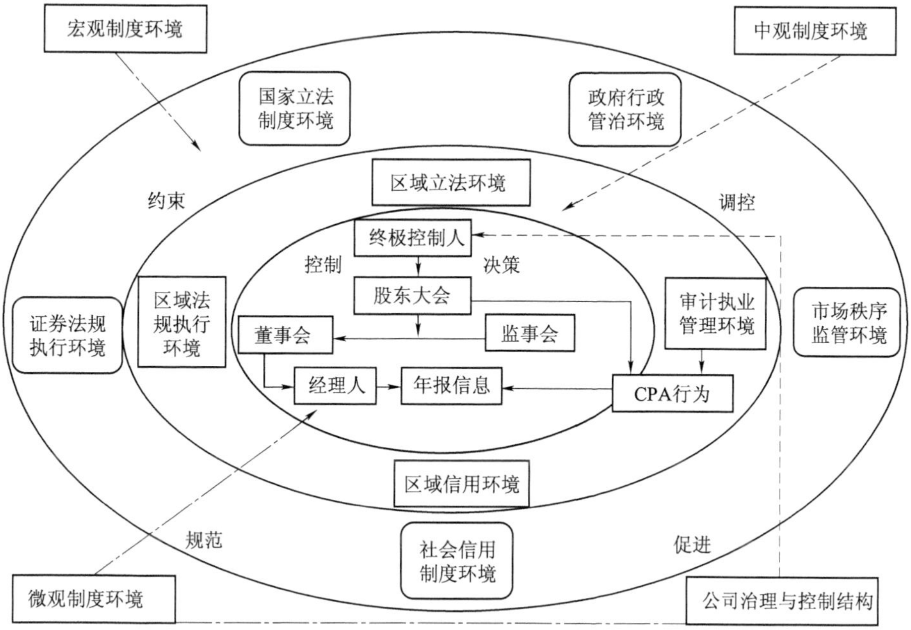

图 4-1 我国证券市场制度环境层次结构图

个省、自治区、直辖市；面积为 129.4 万平方公里，占我国全部国土面积的 13.5%。东部地区面临海洋，地势平缓，有良好的农业生成条件，水产品、石油、铁矿、盐等资源丰富，地理位置优越，劳动者的文化素质较高，技术力量较强，工农业基础雄厚，在整个经济发展中发挥着龙头作用。中部地区包括山西、内蒙古、吉林、黑龙江、安徽、江西、河南、湖北、湖南 9 个省、自治区；面积为 281.8 万平方公里，占我国全部国土面积的 29.3%。中部地区位于内陆，北有高原，南有丘陵，有众多粮食生产基地，能源和各种金属、非金属矿产资源丰富，占有全国 80%的煤炭储量，重工业基础较好，地理上承东启西。西部地区包括重庆、四川、贵州、云南、西藏、陕西、甘肃、宁夏、青海、新疆 10 个省、自治区；面积为 541.4 万平方公里，占国土面积的 56.4%。西部地区幅员辽阔，地形复杂，高原、盆地、沙漠、草原相间，大部分地区高寒、缺水，不利于农作物生长。因自然条件、经济发展和技术管理水平与东、中部差距较大，但土地面积大、矿产资源丰富，具有很大的开发潜力。而按照我国现有的行政区划，我国大陆地区一共设置有31个省市区，从东部到西部横跨5 000公里，从北方到南方相距5 500公里，不但各省市区间历史因素和自然条件差异大，而且经济发达程度更是差异明显，每个省市区人大都有相应的立法权限，由于市场化的程度不同、文化教育程度、社会经济发展程度与水平的差异，每个省区立法机构的立法水平、监管部门的执法水平和上市公司与证券公司及经纪人的守法程度都存在差距。因而，各省市区层面资本市场与上市公司包括广大投资者的确面临着不同的法制环境。在立法机构设置方面，中国证监会在全国设置了36个省市区的证监局，包括31个省区的证监局与宁波、厦门、大连、青岛、深圳5个较发达城市的证监局。在证券法制执行的经济投入度来看，各省区的财政预算中每年的司法投入存在着较大的差距，据《中国统计年鉴》（2009）统计，最发达的上海、北京地区的司法投入是西藏、青海等省区的数十倍。

② 省市区CPA审计行业管理与执业环境特征。我国独立审计的行业管理机构是中国注册会计师协会，中注协成立于1988年11月，在全国31个省市区均设置了地方派出管理机构——各省市区注册会计师协会负责管理各地区内的会计师事务所的执业活动，已拥有团体会员5 000多家，个人会员13万多人，其中，执业会员约6.5万人，非执业会员7万多人。我国独立审计行业与执业环境还具有明显的地域特征。比如余玉苗（2001）发现，中国上市公司审计市场带有浓厚的地域色彩，100余家有证券审计执业资格的会计师事务所本地客户所占的比重平均高达79.6%，非“十大”事务所的客户本地化比例更是高达82.0%。余玉苗（2001）认为，造成这一结果的原因是地方保护主义所造成的市场分割。刘峰等（2002）学者则发现，银广厦事件曝光后，为其提供审计服务的中天勤事务所由于面临被管制机构吊销执业资格的惩罚，其客户流失到其他会计师事务所；从流失客户的去向来看，大部分都选择了本地事务所，从而为上市公司选择CPA的地域倾向性提供了新的证据。从中注协2009年统计数据来看，全国“百家所”的地域分布比较分散，入选“百

家榜”的事务所来自全国30个城市；然而，位于京、沪两地的“百家所”业务收入合计占百家所业务收入总额的77.5%，其中，北京33.4%，上海33.1%，说明我国大型事务所的总部有日益集中于京、沪等经济发达、上市公司集中在经济发达的省区与城市的趋势。还有拥有外地客户的会计师事务所，往往倾向于在客户所在地建立分所，或将当地的事务所吸收为分所；分所负责人往往为当地具有影响力的CPA，而分所与总部之间通常为松散型关系。通过这些情况可以看出在我国证券审计市场上，事务所之间的竞争并非是充分的市场竞争行为，事务所赢得客户一般也并不是因为其独立审计质量与水平明显较高，却是由于其在当地拥有更为广泛的社会关系，尤其是与当地政府部门的往来关系更密切①；而在经济不发达中西部省区的会计师事务所不仅因上市公司稀缺经济业务少，审计执业环境更是由于法制立法与执法环境较差而比较恶劣，CPA所在会计师事务所多排名百名以外，专业能力与执业能力遭受经济、法制、文化等环境压力。

③ 省市区证券市场的信用制度建设发展水平各异。自从中国共产党第十六届全国代表大会报告明确提出整顿和规范市场经济秩序，健全现代市场经济的社会信用体系以来，各省市都积极尝试进行地方征信体系建设。或专门成立信用信息中心（如江苏、浙江等）或委托工商局（如北京、苏州等）或委托信用中介机构（如上海、武汉等）建立企业征信平台，并积极进行个人征信平台建设，一定程度上消除和避免了政府各部门对所掌握的公共信用信息的屏蔽和封锁，为地方商业征信机构获取信用基础数据提供了便利，征信信息环境有了很大改善。但总体上，我国地方征信体系建设尚处于起步阶段，大部分省区初步建立了个人信用征信体系，但发展水平不一，与市场经济发展的要求在相当的距离。概括而言，各省区诚信建设最发达地区是上海、北京、浙江、湖南、武汉、深圳等经济发达省市，截止2009年它们陆续颁布了各地适用的《个人信用联合征信管理办法》和《上海市企业信用征信管理试行办法》，纷纷开展了个人信用联合征信试点工作和为规范企业信用行为，促

① 陈波．CPA行业管制制度及其变迁研究［M］．北京：中国社会科学出版社，2009（11）：203.

进信用体系建立提供了法律保障。近年来，各地信用服务的行业规模逐步扩大，产品类型也不断丰富。其次，中东部沿海地区企业信用征信体系建设也都启动建设。北京、上海、广州、深圳等城市的企业信用联合征信服务系统陆续开通运行，至2009年，这些地区联合征信系统已完成采集约1 000万家企事业单位、社会团体和个体工商户的信用基础信息。这些省区逐步形成了以道德为支撑、以产权为基础、以法律为保障的社会信用制度，建立了面向社会各方面的信用服务体系。相比较而言，中西部部分省区诚信建设还比较落后，如西藏、新疆、青海等省区还没建立起完整的企业与个人诚信系统，从事企业征信服务的机构稀少，业务收入自然更少。

（3）公司层面治理结构与内部控制的制度环境。根据其性质与内容，公司治理可以有狭义和广义两种解释。其中狭义公司治理是指所有者对经营者的一种监督与制衡机制，直接目的是合理地配置所有者与经营者之间的权利与责任关系，即解决股东、董事会、经理及监事会之间的权责利划分的制度安排问题，更多体现了法律层面的问题。其终极目标是保证股东利益的最大化，防止经营者对所有者利益的背离；主要特点是通过建立股东大会、董事会、监事会及管理层所构成的公司治理结构而实现的内部权责关系的治理。而广义的公司治理则超越了股东对经营者的局部制衡，而是涉及更广泛的利益相关者，包括股东、债权人、供应商、雇员、政府和社区等与公司有利害关系的经济主体。具体而言是指通过一套包括正式或非正式的、内部的或外部的制度或机制来协调公司与所有利害相关者之间的利益关系，以保证公司经营决策科学化，最终维护与平衡公司各方面的利益关系。广义的公司治理结构可分为内部公司治理结构、外部治理结构和外部治理环境等因素。此时的公司已不再只是股东的公司，而是一个涉及多方权益的利益共同体；公司的治理框架也不仅限于以治理结构为基础的内部治理，而是通过一系列借助内部和外部机制来实施的、用以制衡各利益相关者的共同性治理制度安排；其目标不只是追求股东利益最大化，还要保证公司决策的科学化，以便实现公司利益相关者的利益最大化最终目标。而内部控制则是指为了保证上市公司遵守国家法律、法规、规章及公司章程等其他相关规章制度的要求，提高公司经营的效益及效率，保障所有者资产的安全，确保公司信息披露的真实、准确、完整和公平，实现公司预定的经营目标而由董事会、经营层及其他有关人员而建立的一种对公司组织结构、物流、资金流、信息流管理等所进行的控制活动与程序。根据发起组织委员会（Commiffee of Sponsoring Organization，COSO）委员会《内部控制整体框架》，一个健全的公司内部控制系统，应当包括控制环境、风险评估、控制活动、信息与沟通、监控五个因素。其中控制环境是指对建立、加强或削弱特定政策、程序及其效率产生影响的各种因素。由于每个公司成立的条件、拥有的资源、股权性质与结构各有不同。因而，这些上市企业公司层面的治理结构与内部控制制度环境存在着明显差异。据中国证监会网站相关信息统计，我国上市公司治理结构与内部控制环境与其分布状况存在密切关系，也就是说上市公司数量多分布在北京、上海、广州、重庆、山东、深圳、青岛、大连、武汉、南京、杭州等经济比较发达省区，如2009年底东部、中部、西部和东北地区国内上市公司数量占全国的比重分别为59.6%、16.1%、17.7%和6.6%，东部地区仍占一半以上比重。东部地区公司治理结构较好、内部控制较为规范、信息披露质量较好，这说明内部治理结构与内部控制的环境因素也是影响我国资本市场与上市公司运营的制度环境之一。证券市场制度环境的因素结构及内容可见图4-1所示。

2. 我国证券市场制度环境与上市公司投资者保护的关系框架

从制度经济学的观点来看，制度经济学家康芒斯曾将制度定义为“集体行动控制个人行动”，也就是集体行致力通过利益诱导即对个人有利和禁止等方式对个体行动进行控制，以便实现制度制定者的预定目标。诺斯认为制度的产生是经过交易多次重复而形成的，也就是指用于约束多人、多次重复的情况下人与人之间关系的行为规范；或者按博弈论的说法，制度是N人博弈的均衡解。或者说制度可能完全是由一个中央机构组织的规范人们行为的体系。制度的产生是由寻找在某种意义上优化人们社会行为的组织结构的活动引致的[①]。作者发现制度其实是一系列通过利益驱动的方式而影响个体行为的连续博弈过程，最终实现社会行为目标优化的约束规范。因此，不同的制度安排则会导致组织个体不同的逐利行为。而制度环境则是在一定社会环境与经济发展背景之下包含制度参与者、制度本身、制度调控对象变化与制度文化习惯等多种影响因素的综合性的制度性安排。相应地，我国证券市场制度环境就是指在我国当前向全面市场化的经济转型与建设更加完善的资本市场经济秩序的背景下，以保护投资者为基本目标，全面改进与规范证券市场所有参与者的运行法律及其实施规则、对上市公司与证券公司等机构的监管规制、调控国家财政与货币政策、规范上市公司会计信息的会计审计准则、投资者权益维权的教育、资本市场参与者的诚信文化及建设全面征信体系的信用体系等多元化、多维度影响因素行程的综合制度安排。因此，在我国市场化迅速发展与资本市场经济日益进步及健康的制度背景下，因为投资者的合法权益在整体制度环境下居于核心地位，其权益是否得到有效的维护，将直接或间接地影响与约束到参与现有资本制度安排的其他各方的利益安排，影响到各个博弈方的成败得失，影响到制度规则的执行效果，影响到资本市场参与者的未来预期。例如在市场化程度不高的国家或地区，所在地区与资本市场相关的经济法律法规通常不够健全，如《公司法》、《证券法》、《商业银行法》某些内容欠缺；会计审计准则制度与国际惯例之间存在差距；上市企业与证券投资公司缺乏诚信经营的理念。其政府管制力度强大，毫无疑问，这些制度环境的缺陷会直接导致上市企业的公司治理结构存在内部人控制或大股东掏空等问题，直接致使众多中小投资者的利益比如受到侵蚀或剥夺。因此说，我国证券市场的制度环境与投资者权益保护之间存在着直接或间接的密切联系。关于证券市场制度环境与投资者保护的关系框架与结构的相关内容如图 4-2 所示。

---

① 宋艳．制度安排——影响上市公司会计信息质量的外部因素［J］．山西财政税务专科学校学报，2006（6）：59-60.

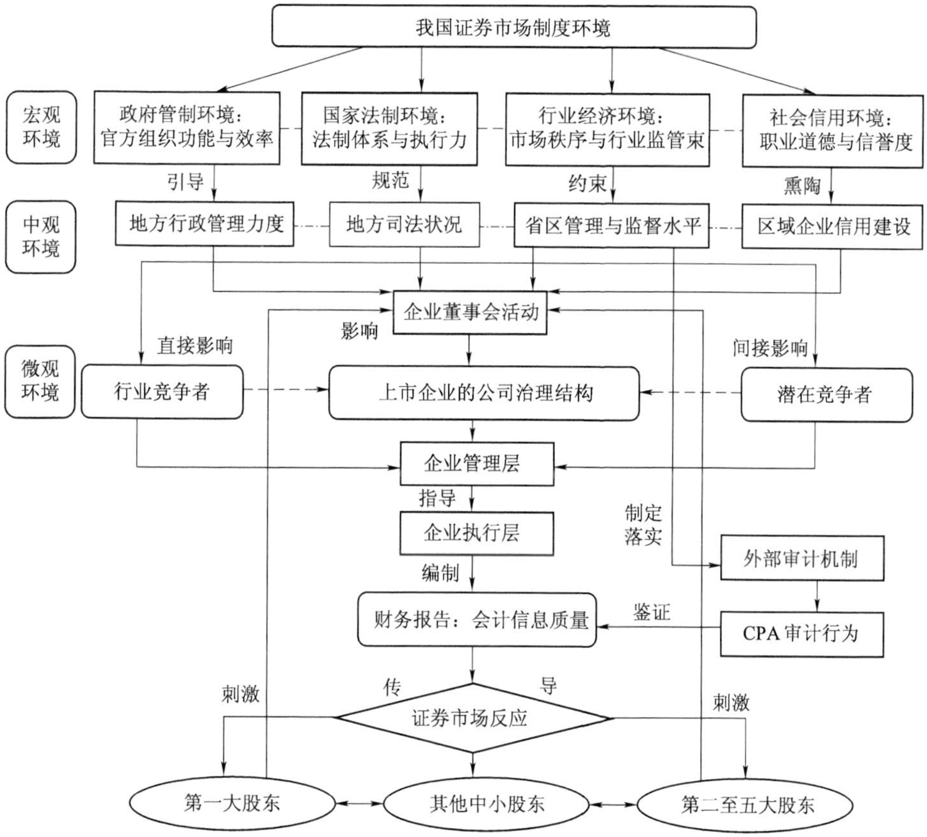

图 4-2　我国证券市场制度环境与审计行为、会计信息之关系框架

4.1.2　我国证券市场 CPA 审计行为的约束因素及基本功能

1. 审计行为的关键约束因素

依据经济学中的理性行为选择模型可知行为主体总是在既定环境约束条件下追求目标函数的最大化。由于 CPA 的审计行为是在一定资本市场中竞争激烈的独立审计执业环境下，是审计主体即 CPA 对审计客体及其鉴证对象信息（上市公司财务报告信息）产生影响与作用的一种方式及其状态。同时，审计行为也是审计主体受到主观或客观因素的影响而在执业过程中自己所选择的某种活动结果或者某种活动状态。因此，审计行为与所依存的社会经济

环境存在相互作用的关系，审计行为的客观环境要求审计行为必须接受制度环境约束，满足社会环境的需要。理由是任何社会现象的出现，按照唯物主义的观点都有会有主观和客观两方面成因。审计行为自然也是如此，作者以为审计行为之所以发生，是因为除取决于审计行为人的主观因素外，还会受当时客观环境因素的制约，它的产生其实是主观和客观因素相互作用的结果。我们唯有充分客观地认识影响其所处的环境因素，厘清审计行为的社会根源与本质，才可能深入全面地揭示审计行为的本质原因，才能制定正确对策，以激励优质审计行为，控制劣质审计行为。

独立审计是在一定环境刺激下，为满足社会需求而产生的。即审计主体产生审计行为意识，并在社会环境制约下，形成一定的现实行为。因此，在既定时间段落内，一国家或地区的审计主体的审计行为优劣及规范与否，首先取决于审计环境，只要社会现实中存在不规范审计行为的土壤和条件，不规范的审计行为就会发生（刘峰 2006）。然而任何具体审计行为的完成又是某个审计行为主体执行为前提，因此审计主体个体的具体审计行为产生的直接原因主要不在社会，而在于 CPA 个人的所面临的不同压力与约束因素的综合作用所致。如我国当前存在不规范审计行为个体乃至群体现象在很大程度上都是由现实社会制度环境中的消极因素造成的；至于某种具体不规范审计行为究竟是否产生或实施则由个人意识支配，审计主体作为个体选择是否实施规范审计行为或非规范审计行为，最终是由相对个人意志来决定，即由审计行为主体目的、动机和其利益追求决定的。因此，在我国市场化程度不高、法规不太健全、资本市场运行不够规范的背景下，审计行为的选择与形成并非是偶然现象，而是一个多种因素作用下必然、现实的价值取向与利益驱动的结果。

（1）审计行为的环境约束因素。审计行为的环境约束因素，是指可以约束审计行为的关联因素，简称审计环境。从相关学者的研究来看，一般认为审计环境包括对审计行为有影响的一切外在因素，也就是说所有对审计人员活动产生影响的事物都属于审计环境，因此审计环境是一个内容丰富的系统。林俊家（2005）研究发现审计环境是在一定的时间与空间背景下，与审计活动相关的一切外部事物及其活动的总称，它涉及政治、经济、法律、科学文化以及社会环境诸方面的制度安排。也有学者认为独立审计环境是指对独立审计发展产生各种直接或间接影响的客观因素、条件和状况，独立审计与一定时期的社会生产力水平、政治体制、法律制度、经济发展和社会文化等因素密切相关。事实上任何一种人类行为都往往是其行为主体与外界环境的互动的过程。也就是说，社会行为主体一方面可能会影响与促进客观环境的变化；另一方面，主体的行为又必然受到主体所处的周围制度环境的影响或约束。也就是说，审计行为的制度环境对具体的审计行为可起到重要的约束作用，具体表现如下：

① 外部制度环境为CPA提供了可以进行审计执业行为的客观机会。因为审计行为的机会是由证券审计市场外部条件构成的主体所实施某种行为的现实可行性，即如果没有中国资本证券市场的蓬勃发展的客观背景，就不可能产生上市公司这一资本市场活动的主体，而没有更多上市公司，将不可能产生对独立审计行为的客观市场需求。审计主体在做出行为的方向和行为方式的选择之前，必定会考虑相应的执业行为可能性或机会，如果发现一定的行为机会或条件不具备，就会对行为和行为方式做出及时调整。

② 审计市场环境的资源分配状况（审计市场秩序）与审计主体需求之间的匹配关系也影响与限制着审计主体对具体审计行为的选择。刘峰（2006）认为主体的需要与外界资源分配的结构匹配关系大致有两类，第一类是主体不同需要的满足程度分别取决于其他多种主体所拥有的资源多少，且其他主体不具有唯一性，该情况形成的是主体能够自主选择行为方式的简单结构，并不具有一主体对其他主体的依附关系。也就是说，当特定的主体失去原有的依附关系对象时，可以找到另外的主体替代，仍能使自己的需要得到满足。第二类是主体多种需要或几种基本需要的满足，分别依赖于拥有能满足这些需要的资源的某一特定主体，且该主体具有一定程度的不可替代性，该情况形成的是复杂结构，由于我国审计市场条块分割，事务所之间存在过度竞争，事务所与客户之间的关系，本质上也是一种复杂结构，这也是引起我国审计

行为主体面临更大“两难”道德选择的压力的关键原因。同时，上市公司投资者作为真正审计委托人产生了审计需求，CPA 则供给了审计服务，通过所有者、管理者和 CPA 三者间权力制衡，构成了审计行为的均衡态势，以保证审计行为正常进行。反之审计关系失衡，就会导致审计行为扭曲。审计行为环境约束因素包括：国家或地方法律法规建设体系、各级政府行政管理制度与效率、社会信用制度建设状况、行业监管效率与审计执业水平、公司治理结构合理性、投资者投资理念与社会诚信习惯及氛围等众多因素。

（2）审计行为的经济利益压力因素。英国古典经济学家亚当·斯密认为在经济社会里，参与经济活动的个人都是完全理性的经济人，都会以追求个人利益最大化或者实现“帕累托最优”状态为出发点。此外经济学家西蒙还提出了另一个被更多人认可的观点即经济社会的参与者只是有限理性的个体，个人的行为是要受到所处环境、个人的生理、心理、语言、群体效用等方面的限制；当然，在我国市场经济条件下，CPA 审计某种行为的产生或者形成现实的行动与 CPA 自身对经济利益的追求是存在着密切相关的。鉴于我国资本市场、社会公众和审计准则规范的客观约束，CPA 这一职业具有的独立、客观、公正的要求，以及它的演变与发展历程，我们知道独立审计是一种委托有偿审计的特征。从经济利益的视角，对审计行为的分析表明，假如 CPA 过分关注中断业务的利益损失风险；假如能因为向公司提供优质审计业务可能会收取更高服务费用；假如事务所之间的竞争形势激烈；假如能从公司获取更多鉴证业务收入，就会容忍审计行为失范、就会降低自身对审计执业的独立性的客观要求，就会不严格履行审计准则规范的审计监督行为，最终会因为审计行为的失当而导致财务报表中存在重大错报或舞弊现象。当然审计失范行为无疑也会为 CPA 带来法律风险，有实证研究显示：审计违规或审计合谋与舞弊行为带来的法律责任往往会给 CPA 或会计师事务所带来高额损失并且严重地损害事务所在业界的声誉①。由此可见，CPA 会因为坚持奉行独立合规的审计行为而可能受到公司管理层中断审计业务合约的经济利益威胁时，

① 雷光勇．证券市场审计合谋：识别与规制［M］．北京：中国经济出版社，2005（12）：65-69

在现实经济利益的压力约束下，CPA 往往会被迫在（行为导致直接经济利益损害或者行为可能带来的潜在执业声誉等间接利益损失）两害间相权取其轻，换句话讲，就是指 CPA 的不同行为（高质量与低质量的行为、优良的行为与恶劣的行为）到底如何事实上最能够起决定作用的因素也许不是职业道德水平，而是非常现实的经济收益和损失之间权衡后的理性选择，因此，刘峰（2006）发现 CPA 作为利益驱动刺激的经济人，其行为也毫不例外地符合追求效益最大化原则，受到经济收益、制度惩罚成本和客户风险等多因素制约。在我国的具体审计执业中，CPA 追求最大化经济收益目标的特征主要体现为欲获取更多数量的客户和更高审计收费。在大业务量客户独立审计中，CPA 总是尽可能要求更高收费，面对众多审计付费能力有限的客户时往往则是尽力争取更多的客户，甚至以降低收费价格、降低服务质量等不讲究职业道德审计行为与方式去抢夺客户、开拓审计服务收费来源，以实现经济利益最大化（谭宏，2000）。总之，CPA 的经济压力因素是驱使 CPA 采取某种行为的关键压力因素。

（3）审计行为的技术性压力因素。社会上的专业行为通常都有一定的技术性特征，都需要耗费人的一定的体力和脑力活动，体现出的是人的智慧。审计正是这样一门应用性、技术性很强的学科，其基本特点主要体现在审计鉴证的专业能力、应用程序、监督方法的适当选择和准确应用上。比如 CPA 如何才能对财务报表信息反映的经济事项的真实性、完整性等内容的确认、检查和报告等，都有一定的方法和技术（是否能够采用统计抽样与非统计抽样、怎样才能做好实地盘点与异地往来账项的函证等）。审计行为的本身不仅具有技术性的特点（须通过一定的方法和程序才能实现审计目的），而且 CPA 如何选择这些方法，其实也具有技术性，如对同一笔经济事项 CPA 可能采取不同的审计程序和方法，可能耗费不同的审计成本，也可能出现不同的审计结论，最终会形成有明显差异的后果，而能否导致某种结果最终取决于 CPA 的专业判断能力。因而审计行为的技术性具有双重含义，一个含义是 CPA 是否具有审计专业背景（狭义、可直接学习与模仿的审计鉴证专业技术），另一个则是CPA能否具有专业胜任能力（隐性、难以模仿的CPA职业判断技术）。由于CPA审计行为的技术性压力因素（CPA具备或者缺乏某些审计技术）会直接影响与间接促使CPA的监督行为与审计目标之间发生背离与变异，甚至会引起审计质量的波动，因而，CPA能否具备这些专业能力与业务特长是其在提供专业服务时可能会采取何种审计行为的主要技术性制约或障碍因素。

（4）审计行为的职业伦理与心理压力因素。CPA的审计行为除了可能受到上述社会法制环境、经济利益刺激、审计专业技术水平与执业任务的要求不相符合等技术性水平欠缺产生的压力等客观或者先天的外部因素及个人能力之外，还和CPA的个人伦理现状与职业道德的素质密切相关。因为作为审计行为发生的主要的内源性因素，审计主体（CPA）的“独立、客观、公正、公开、正直、诚信”传统文化背景甚至某种信仰等伦理压力具有制度环境、经济利益、技术能力等其他因素所不具备的“无形性”、“监控性”、“渗透性”或“自律性”等重要特征，使得CPA个人内在的道德素质与日常品行是否符合审计这一中介鉴证职业的必备标准已经成为了我们可以用来规范CPA的执业行为，并约束审计主体不良行为的最后一道屏障或“防火墙”。CPA个人是否拥有较高的个人优秀品德与良好的职业行为操守将无疑会影响到审计主体在一定的、竞争激烈的证券市场环境下究竟选择采取何种审计监督行动才能满足自身和客观环境的发展需求。除CPA的职业伦理压力因素之外，CPA因情绪、群体行动、团队氛围等原因而导致内在心理波动与社会公众对CPA职业期望或新闻舆论的压力因素也是影响审计主体行为的重要因素。因为CPA连续性地、稳定性地表现出来的某种心理特征与心理及价值倾向也是直接决定审计主体的行为方式的重要方面。例如在证券审计市场活动中常常存在因为对被审计对象的怀疑心理，对与管理层合谋获利的投机取巧的侥幸心理，在行为上的从众心理，在CPA相互之间的生活待遇上的攀比心理等以及在社会地位、职业声誉等知觉方面的固定偏见、晕轮效应、先人效应、近因效应。这些审计行为的职业伦理与心理压力因素无不起着刺激、引导、推动着CPA的审计行为出现偏差与失误等方面的影响作用。

2. 审计行为的经济动因与后果影响分析

正如任何一项在经济社会里的某种活动与特定行为一样，他们产生及其落实的过程都会在不同程度上产生一定程度的经济后果与经济成效，同样，我国独立审计的日常行为也因为其在资本市场的特殊地位与重要功能而必然产生相应的经济后果，否则CPA的审计职业及其审计行为的经济价值就不会被社会公众所普遍认可。古典经济学派的观点认为在一个经济社会里，由于参与社会活动的个体都是有限理性的“经济人”，特定的经济行为是基于特定经济利益刺激的动因，自然某种行为的结局就必然会产生一定的经济后果。一方面，对于独立审计行为的动因而言，在一个完整的审计行为活动中，有三个方面的关系人：审计业务委托人（资产所有者）、作为被审计对象的审计客体（经营管理者）、审计主体（CPA）。这三个方面的关系人都由相同的行为动机——即相同的证券审计市场上都在追求着各自的经济利益。三者之间实际存在着各种可能选择的“博弈关系”。可以选择相互独立从自身利益出发采取某种行为，也就可以采取合谋或者共同舞弊行为来对付另一方来实现自身利益最大化。从短期上看，管理者要使自己的利益最大化，如果他选择和审计主体“合谋”，共同对付所有者应该是一个理性的选择，审计主体为了自身和管理层的利益需要就可能选择放弃审计原则与职业道德约束而采取不良审计行为不对管理人编制的财务报表进行认真审查，甚至想当然地假设被审计财务报表不存在重大错报而完全予以信赖，最大限度地减少审计成本。不过，CPA还必须要考虑与未来利益相匹配的风险是否最小，如果CPA的不良审计行为自身风险要对于其与管理层合谋所能够获取的收益，审计主体就可能放弃不良行为。从短期上看，只要管理人和审计人联合起来，所有人短期内是不会了解太多情况的，他会信任审计主体，这样审计主体的短期风险就不会太大。

另一方面，审计行为作为证券市场中的一项常见的审计行业经济活动，其行为在多种因素作用之下，也必然产生相应的经济后果，这些经济后果按审计主体具体的行为特征与影响程度一般可分为：直接的经济后果与间接的经济后果。其中前者是指审计主体采取适当与不当的独立审计行为比如违规执业、忽视重大错报、遗漏重要审计证据、与管理层合谋舞弊等方面的行为，而导致的使得审计结论信息偏离审计委托人委托目标的各种审计失误、审计失职、审计错误和审计失败，甚至包括发生特定审计案件以致与委托人、管理层之间纠纷的不良经济与社会后果。而这种结果往往会使得CPA辜负了所有者的根本利益，也使得CPA自身的经济利益直接受损，被委托人可能会采取取消审计业务约定、起诉索赔、收取违约金、CPA声誉受损引起潜在预期现金收益的下降等情况直接导致CPA经济利益的流失。或者审计行为规范与优质会导致审计主体的利益得以保障与维护。而间接后果则是指审计主体因为采取审计不当行为致使出现审计风险变成现实的情况、导致审计鉴证失败，而审计失败的表现则是审计主体发表不客观的审计意见与提供了信息质量低下审计报告，所有审计报告信息的使用者会因为错误的审计报告信息可能会做出错误的决策、错误的投融资决策自然会导致投资者的投资行为出现异化与发生错误，最终导致投资者的合法权益受到侵害与损失。

3. 审计行为的投资者保护基本功能

投资者权益能否得到有效保护是影响我国资本证券市场能否健康与可持续发展的最核心决定因素。而投资者权益保护作为一种证券市场的努力实现的理想目标，本身与证券市场所有参与者之间都存在着千丝万缕的、不同程度的联系，公司主要是通过提供高质量的会计信息来实现这一功能。其中CPA（独立）审计行为因为具有特定约束职能而具有特殊的投资者保护功能，与投资者权益保护的既定目标之间具有积极而且重要的关系，可以对会计信息质量产生重要的约束与控制作用。原因在于独立审计作为公司治理的外部监督和保证机制，其目的在于制约公司管理层的机会主义行为，为投资者提供了有关公司披露可靠性的第三方确认，并通过增加会计报表可信度来使披露的信息更有价值，以充分保证会计信息在签订契约和向外部投资者传递信息过程中的作用。

韦伦伯格（1999）指出，高质量审计能为投资者提供比较“保险”的信息。布希曼和史密斯（2001）指出，高质量的审计行为可以有效地确保会计信息的真实性与可靠性，降低管理层报告的主观误差和扭曲，从而为投资者识别投资机会、监督管理层和减少投资者间的逆向选择提供了更高质量的会计信息。蔡春、车宣呈和陈孝（2006）研究发现独立审计因其职业特点与性质客观上具有监督、鉴证、评价、控制四大职能。因为独立审计行为本质上是防止内部人通过掌握的信息优势实现利益转移的监控机制，通过独立审计履行的监督、鉴证、评价、控制等职能行为，使其鉴证对象——上市公司管理层或关键内部控制人损害投资者的侵占掏空公司资源等合谋舞弊行为、扭曲提供虚假财务会计信息等不良行为得以被控制，是各种投资者能够分享到企业经营状况、发展潜力等关键财务信息，较大程度上解决了公司内部人与外部投资者之间的信息不对称问题，因而，规范、高质量的独立审计行为是为公司保护投资者合法利益的客观需求而诞生的外部有效“监控工具或治理手段”，是证券行业监管制度环境的重要组成部分。概括而言，CPA审计行为通过影响会计信息质量来实现保护投资者的职能与作用，表现如下：

（1）审计监督行为的投资者保护作用。CPA的独立审计行为因其职业性质客观上具有的监督职能，也是证券审计市场监督体系的重要组成部分，是行业中介组织确认上市公司保证其所提供会计信息真实、完整的一种行为方式。我国证券市场之所以立法规定上市公司的财务报告需经CPA审计，根本目的就是要CPA通过审计报告这种鉴证形式来起到监督的作用。因为通过对企业财务报表进行审计监督，CPA能够减少管理层的机会主义行为，从而降低外部投资者与管理者之间的代理成本。Chow（1982）对20世纪20年代美国公众公司自愿性审计需求的研究发现，为降低管理层（或股东）与债权人之间的利益冲突，负债比率越高的公司和债务契约条款中包含的会计计量指标越多的公司，越可能自愿聘请CPA；Becker et al（1998）研究表明，聘请高质量CPA的公司，其盈余管理行为较少，表明审计具有监督作用。因此，CPA通过对上市公司年度会计报表的审计，借以实施对上市公司的监管，保证向投资者报告的会计信息具有较高质量，有效维护证券市场秩序和社会公众利益。

（2）审计鉴证行为的投资者保护作用。独立审计的鉴证行为是指 CPA 接受委托，对被审计单位财务报表的合法性、公允性进行的鉴定评价，以合理保证已审会计报表的整体可信程度，从而有助于会计信息使用者做出明智决策的一系列活动。由于审计鉴证具有降低企业内部人与外部投资者之间的信息不对称的客观功能（Wallace · W，1987），通过对会计信息质量提供独立审计鉴证行为，可以增强财务报告信息的可信性，有利于增强投资者信心，降低信息决策风险，投资者的决策，有助于投资者改变错误判断、做出正确的决策，有利于资本实现合理的收益，有利于实现有效的资源配置，推动经济发展和保持金融稳定从而为投资者真正提供有效的保护。因此，优质、高效的审计鉴证行为对维护审计信息使用者的权益具有积极的应用价值。

（3）审计评价行为的投资者保护作用。独立审计经济评价职能是指会计事务所和 CPA 对上市公司财务报告进行审查，并依据会计准则与会计制度等法规条例对所查明事实进行分析和判断，指出会计信息存在的问题，提出改善会计信息管理与可信赖程度的途径或办法。CPA 审计评价对会计信息质量的影响，可以通过影响反映公司财务状况信息状况和审计报告信息有效性等两方面内容来体现。其中审计评定可以起到界定管理业绩会计信息可靠性，警示投资者预期的作用，而审计报告可帮助投资者更审慎地理解与使用会计信息质量，从而提高投资者投资决策的准确性和稳健性。

（4）审计控制行为的投资者保护作用。独立审计控制行为是指 CPA 通过审慎、客观，公正的鉴证，对其受托经济责任的履行状况予以确认，看其是否符合“全面有效”之目标要求，一旦发现偏离此目标要求之情形，即通过审计反馈进行直接或间接的纠偏，促使受托经济责任得到全面有效的履行。因此，用来确保受托经济责任全面有效履行的审计控制行为实质上就从控制环节来实现独立审计对会计信息质量的保障过程，审计控制目的就是为了确保会计信息质量的高水平，保护投资者的利益。通过审计控制来保障经营者会计信息的公允性和合规性，投资者权利才能够真正地得到保障。

4.1.3 我国证券市场制度背景下公司会计信息质量的合成因素与表象

企业会计信息披露一直是资本市场发展中面临的重要的乃至核心的问题，也是学术界关注的重要研究热点。因为完善的会计信息披露制度是证券市场赖以建立与持续发展的重要基石，是证券法律制度的核心内容，也投资者行使知情权的有力保障。

1. 会计信息质量的特征结构与影响因素

国际会计领域里最早研究会计信息质量特征的现有文献可追溯至 1970 年 APB 第四号报告。该报告提出了相关性、易懂性、可验证性等七项要求，但是却忽略了可靠性这个最主要的质量特征；而美国财务会计准则委员会（FASB）在 1980 年 5 月财务会计概念公告第 2 号《会计信息的质量特征》，第一次将会计信息质量作为一个专门的研究项目，提出了信息质量的两个标准是相关性与可靠性①。接着许多国家和组织都开始进行研究会计信息的质量问题，加拿大特许会计师协会提出了可理解性、相关性、可靠性和可比性等四项主要质量要求；英国会计准则委员会将会计信息质量分成三层次：一层是与报表内容有关的质量：相关性和可靠性；第二层是与报表表述有关的质量：可比性和可理解性；三层是对信息质量的约束：及时性与效益大于成本等要求。依据会计业界最为规范的会计信息质量标准即美国 FASB 颁布的财务会计概念公告第二辑《会计信息的质量特征》，详细描述了会计信息质量包含的基本内容和结构关系。这些质量特征是区分会计信息是否有用与用处大小的重要标准。会计信息质量特征从效益大于成本开始，以重要性结束。犹如前后两个门槛，只有信息提供成本小于使用信息所带来的经济效益才有提供

① 此处相关性是指信息应具有及时性、预测价值和反馈价值；而可靠性则是指信息能够如实反映，可核实和中立立场。

的价值，只有对信息使用者重要的信息才值得详细提供。该质量特征体系并没有区分各种质量特征的优先顺序。实际上，要全部同等程度地满足所有的质量特征要求是不可能的，尽管任何会计信息都应该或多或少地具备其中每一种质量特征，但是某些情况下，只能偏重于某一方面的特征要求。因为会计报表是浓缩的信息，不可能面面俱到。1993 年中国财务会计准则委员会制定并经财政部正式颁行的《企业会计准则》确认会计信息必备的质量特征包括：真实性、相关性、可比性、一致性、及时性、明晰性、重要性七项内容。1996 年 4 月 SEC 发布国际会计准则委员会（IASC）核心准则声明，SEC 就此提出了三项评价核心准则的要素，其中第二项“高质量”的具体因素是可比性、透明度和充分披露。SEC 及其主席 Arthur Levitt 还多次申明高质量会计准则的价值，并将透明度作为一个核心概念加以运用。巴塞尔银行监管委员会（1998）发布的《增强银行透明度》研究报告指出，信息披露必须提供及时、准确、相关和充分的定性与定量信息，即会计主体的会计信息质量应包括：全面性、相关性与及时性、可靠性、可比性、重要性。1998 年经济合作和发展组织（OECD）正式通过《公司治理准则》，该准则中专门针对信息披露和透明度进行描述，即认为治理框架应保证及时准确地披露与公司相关的财务状况、经营状况、所有权和公司治理状况等重大问题的信息，并针对“信息披露和透明度”提出了应当披露的重大信息、外报信息的披露基本要求、年度审计报告的主体及各种基本要求与财务报告的内容要求、外部 CPA 的投资者保护责任与专业素质要求等四个方面具体要求。而信息透明度则必须既有足够有用信息含量，又能够如实、可比地反映一个企业与投资人相关的信息，并把这些信息综合成一个真实、全面地体现公司运营和财务状况的图画，并能反映交易与事项的经济实质。因此，可比性、中立性、清晰性、完整性、充分披露、实质重于形式六项基本要求，构成了会计信息透明度的主要内容（葛家澍等，2004）。2006 年经修订后的中国《企业会计准则》认为企业会计信息质量特征应该包括：相关性、可靠性、可理解性、可比性、实质重于形式、重要性、谨慎性和及时性八大质量特征，其中前四项是高质量会计信息质量必须满足的首要特征；而后四项则是高质量会计信息必须满足的次要特征。

依据我国证券市场上会计信息的生成与应用现状的分析，作者认为决定或者影响我国上市公司会计信息质量高低的基本要素应该包括如下内容：会计信息主体（上市公司管理层）、会计信息客体（被审计单位财务报告信息）、会计信息生成过程（会计核算与评价系统）、会计信息的传递（会计内部业务循环与部门间会计信息资料的交流程序）、会计信息的监控与反馈修正（内部控制系统中会计风险的稽核与风险应对观点），会计信息的审计鉴证与报告（内部审计的监督与评价）。这些因素都在不同程度上与会计信息质量的结果存在着联系，并在不同程度上影响着会计信息质量的水平与其对投资者保护的决策有用性。

2. 会计信息质量的表象与市场反应

依据我国《企业会计准则（2006）》基本准则的界定，会计信息质量是指上市公司对外提供的会计信息必须具备的基本特征与最低要求。会计信息质量的这些要求是对与上市财务状况、经营成果和现金流量等方面公司会计信息的内在特征本质要求，是对其性质的概括与归纳。因为会计信息最有效的功能就是对投资者的投资决策活动和管理者内部管理活动提供有用的信息。而任何内在的性质都有外在的表象与其市场反应。因此，为全面了解会计信息质量的本质特征与影响，我们需要进一步了解会计信息的外在表象与其市场反应。概括而言，我国资本市场上会计信息质量的表象与反应内容可概述如下：

（1）可靠性的表象与市场反应。可靠性的表象是指上市公司会计报表信息内容能够反映出公司进行的客观经济活动状况，即会计报表及其附注内容是否保持完整，是否保持中立，有无随意遗漏或者减少应予披露的信息资料的情况，且相关信息内容能否可借助于其他途径来进行验证与证明其真实性；会计信息可靠性的市场反应是只有真实与客观的信息才能具有投资价值、股价才可能会上涨；不可靠的信息，其公司市价会波动。

（2）相关性的表象与市场反应。相关性的表象是指上市公司会计报表信息内容确实与投资者决策目标具有密切关联性，也就是公司提供的会计信息对使用者而言是有价值与有用，且与使用者决策相关的信息都已经充分披露；公司披露的会计信息是否是使用者需要的信息；是否可利用它来证实或修正使用者过去的预测，是否利用它来预测公司未来的财务状况、经营成果和现金流量。会计信息相关性的市场反应是只有与决策相关的信息才能具有投资价值、股价才可能会上涨；不相关的信息，其公司市价不会变化。

（3）可理解性的表象与市场反应。可理解性的表象是指上市公司会计报表信息内容比如各项目的组成、项目分类的列示、重要关联交易或有事项等内容都已经在附注中都进行了清晰地列示、表达与详细说明，项目的数据来源明确，便于阅读者的理解与使用，则可判断该会计信息是具有可理解性；会计信息可理解性的市场反应是只有可理解的会计信息，普通的投资者才可能识别报表信息，才可能从中获得到积极的、有意义的信息，才可能继续持有现有投资，才能预期购买更多投资；该股票的市场价格才可能看涨。

（4）可比性的表象与市场反应。前者是指上市公司对于不同时期发生的相同或相似的交易或事项、对于同类型的企业的会计处理如果都采用的《企业会计准则》和《企业会计制度》规定的一致性的会计政策，以统一的会计报表形式进行会计信息的披露，确保会计信息口径一致，相互可比，便于使用者了解企业财务状况、经营成果的变化趋势，比较不同时期的会计信息，从而全面地评价企业的过去、预测企业的未来，管理层未经董事会及主管部门批准不随意变更会计政策与计量标准，这样公司的会计信息便是具有可比性。会计信息相关性的市场反应是如果是可比的会计信息，投资者会通过比较不同时期或不同企业的同类会计信息来决定是否继续持有某公司的股票，对这类公司便会存有更多的信赖和投资预期，其股票价格指数可能会上升。否则，其股票价格会下跌。

（5）实质重于形式的表象与市场反应。实质是指交易或事项的经济实质，形式是指会计核算依据的法律形式。会计实务中，交易或事项的法律形式并不总能完全真实地反映其实质内容。如果企业仅以交易或事项的形式进行会计处理，容易导致会计信息失真。所以会计信息要反映其所进行的交易或事项，就必须根据交易或事项的实质和经济现实进行判断与做相应的会计处理。因此，如果上市公司对于此类信息通常是按照交易或事项的经济实质进行会计处理，而不仅是以交易或事项的法律形式为依据进行会计处理，这样的会计信息便是遵循了实质重于形式的的原则。如果投资者认为公司的会计信息是遵循了实质重于形式的要求其市场反应就是投资者对这样的公司会计信息更为信赖，当然其公司信息披露质量会更高。

（6）重要性的表象与市场反应。所谓重要的会计信息就是如果企业的报表省略或错报后一定会影响使用者据此做出正确决策的财务信息。重要性的表象就是如果那些数量金额较大或者活动的性质非常重要的交易事项即有可能影响投资者决策的信息被公司年报进行了充分披露或者以附注的形式专门的予以说明，投资者能够通过此种披露与说明来决定是否投资，就说明该公司的会计信息遵循了重要性原则；否则，公司的会计信息就说明没有遵循重要性要求。会计信息重要性的市场反应就是广大投资者会通过这些重要性的表象看出会计信息的决策价值，是否突出了重要性要求的会计信息是影响市场价格反应比较强烈的信息，投资者就可能会据此信息选择增加投资或抛售减持投资。

（7）谨慎性的表象与市场反应。企业的经济活动面临许多风险和不确定性时，会计核算应尽可能减少经营者的风险负担，以尽量低估企业的资产或收益，对可能发生的负债或费用则不能低估。但是谨慎性的应用不允许企业故意低估资产或收益，故意高估负债或费用，因为这样做不符合会计信息的可靠性和相关性，会损害会计信息的质量。因此，上市公司会计信息是否具有谨慎性的外在现象就是公司的年报信息中有关的资产信息是不是都是确定性信息（有没有高估），而有关负债的信息是不是存在低估的情况，如果答案是肯定的，则看说明公司的年报信息具有谨慎性，即公司经营稳健。其市场反应是如存在会计信息不谨慎的现象，就会让投资者失去对该公司股票的市场前景失去信心，其市场价格指数必定会下跌。

（8）及时性的表象与市场反应。及时性的表象有三个方面：一是指会计信息能否在第一时间地被加以收集，即在经济交易或者重大并购重组事项发生后，会计人员会迅速地收集整理各种原始单据或者会计凭证；二是会计信息处理是否迅速，即最终整理的会计信息，是否按会计准则规定的较短时间内对经济交易或者事项进行确认或者计量，并编制财务报告；三是会计信息是否能在最短时间内被尽快地传递给信息使用者，即按照证监会的规定的有关时限，公司是否及时地将编制的各类财务报告传递给财务报告使用者，便于其及时使用和决策。会计信息及时性的市场反应是对于及时报出年报的上市公司，在会计信息相关与可靠的基础上，投资者大多对其行情会有较高的心理预期，会增持公司股票，该公司股票的市场价格自然会上扬，而且及时的信息报告使用者的使用频率会较高。否则，会计信息时效性与使用价值就会降低。有关会计信息质量的表象与市场反应之间的关系如下图 4-3 所示。

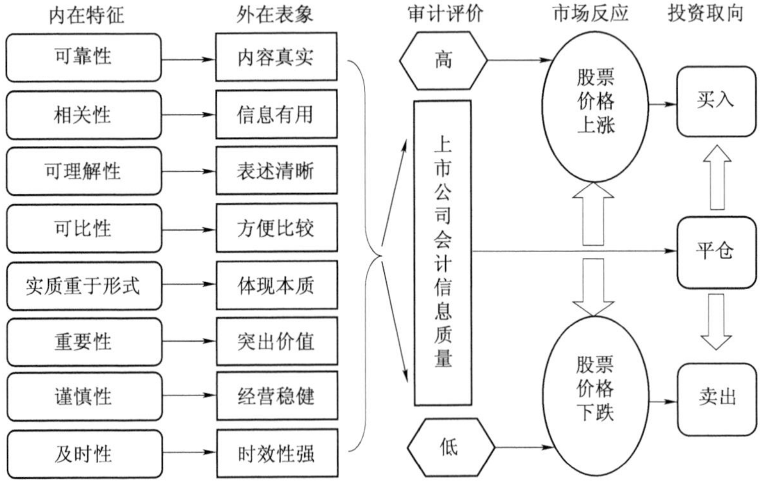

图 4-3　会计信息质量的表象与市场反应关系结构图

3. 会计信息质量的投资者保护功能

会计信息作为市场效率的核心要素在证券市场上公司资本的有效运营中发挥着至关重要的作用。因而，证券市场的会计信息客观上具有投资者权益的保护功能，其主要理由在于投资者资源配置的有效发挥取决于证券市场的有效性，证券市场分散风险的有效性则取决于证券价格的有效性，而证券价格发现功能又取决于证券价格背后的信息含量。因此，我们强调证券市场运行的基础要素是信息，证券市场核心功能的是否发挥无疑离不开信息功能或质量。因此，如何强化证券资本市场信息供给，减少市场参与者之间的信息不对称程度，就成为提高资源配置效率、增进社会整体福利的重要内容。

会计信息质量的投资者保护作用或功能可以从如下三方面来分析：

（1）会计信息的关键质量特征对投资者权益保护具有积极的支持功能。从企业会计准则制定的机构而言，可靠性和相关性都是衡量会计信息质量的两个最为重要的标准或质量要求。一般来说，假如企业财务报告的结果同会计准则规范的预期目标一致，则可以初步判断财务报告披露的信息是高质量的。因为一方面，如果根据会计准则编制的财务报告为投资者提供了决策有用信息，或者说财务报告具有信息含量，则会计信息只有相关性；而另一方面，如果会计信息未被管理，且上市公司的稳健性同会计准则中稳健性原则的运用程度一致，则会计信息是可靠的。因此，上市公司会计信息质量越高，对投资者保护的作用就越强。而且高质量会计信息能够为公司治理优化提供有力的支撑，它可以利用透明的信息对利益相关者的行为进行监督和评价，有利于实施激励机制以及控制权的优化配置，从而为维持投资者的理性决策权提供充分的保障。

（2）会计信息的估价功能对投资者权益保护的客观作用。美国芝加哥大学财务学教授尤金·法默 1965 年就提出了著名的有效市场假设理论并证明了会计信息与证券价格的相关性，随后由美国学者夏普林特尔特里诺和莫辛等人在资产组合理论的基础上发展起来的资本资产定价模型（CAPM）为会计信息对股票投资估价提供了技术手段。不过，基于有效市场假设理论和资本资产定价模型的严格假设条件在实际中难以有完全符合的情况，人们开始怀疑其有效性与现实价值，不过，有效市场假设理论和资本资产定价模型确实为人们认识与研究证券市场提供了一种全新的视角与基础，人们通过不断完善、调整股票估价模型，以期对资本市场证券投资价格的预期更符合实际情况①。从具体投资行为来看，投资者在证券市场中，做出投资决策的基本依据是目标股票实际交易价格是否低于自己的估价，若低于则买进，高于则放弃。而投资者对目标股票进行估价主要依据就是目标股票所属上市公司所公布的一系列会计及其他信息的质量高低。因此，会计信息天然具有对股票价格的估价作用，根本功能在于缓解投资前交易双方对投资行为信息掌握程度的不对称，向投资者提供形成正确资产定价和投资决策的价位等信息，进而有效降低因错误定价或投资决策实务导致的损失，从而保护投资者的利益。

（3）会计信息的披露质量对投资者权益保护的直接影响功能。证券市场是市场经济环境下经济主体的资源（资金与资产）得以优化配置的重要场所，同时也是会计信息的交流集散地。证券市场能否有效运转是以会计等公司信息披露制度的完善程度与否为重要的基础条件。如果上市公司的实际经营状况，能够通过充分及时的信息披露渠道在市场上得以客观、迅速、有效地传播，才有可能被市场参与者信任、选择和接受，进而能转换成能有效地影响其投资行为的决策。所以说，以提供高质量会计信息为目的的信息披露制度是对我国上市公司投资者权益保护最基础的制度安排，也是用来保证我国证券市场公开性、公正性和公平性的有效途径。作为证券监管部门监管的重点内容，我国《证券法》和《公司法》等法律规范要求上市公司必须客观、公允和及时地披露会计信息及其他对投资者决策有实质性影响的企业信息；中国证监会主要职责之一就是对上市公司推行强制信息披露制度，使其主要活

① 张宗新，朱伟骅．证券监管、执法效应与投资者保护——基于国际经验的一种实证分析［M］．财贸经济，2009（10）．

动能通过充分信息报告让投资者客观了解，以便增强证券市场的会计信息透明度，并坚决迅速地对公司舞弊欺诈行为给予严厉打击，提高其违规成本，使违规者损失惨重，让蓄意违规者知难而退。显然，会计信息披露质量的高低可以间接地显示出上市公司运作是否规范与对外报告的信息是否公允及透明，而这些公司经营的规范性与信息透明度则是投资者利益是否能得到保护的重要标志。

4.2 制度环境、审计行为与会计信息质量联动效应的传导机理与路径分析

4.2.1 制度环境、审计行为与会计信息质量三因素引致效应的传导机理

1. 制度环境、审计行为与会计信息质量三因素引致效应的内容与特征

（1）制度环境、审计行为与会计信息质量三因素引致效应的概念与内容

基于投资者保护的制度环境、审计行为与会计信息质量三因素引致效应是指三者均是以保护投资者合法权益为指向目标与导向，通过从范围上的由大到小、性质上的抽象到具体，以国家、地区、企业治理制度环境等因素的变化为起点，因制度环境变迁引发对CPA审计行为以及上市公司会计信息报告质量的客观影响效果，继而由于一定背景下独立审计主体行为的差异进一步对上市公司会计信息质量与水平产生的约束效应的总称。这种自前而后、自上而下的三因素内在效应与影响连续或继起式发生的经济现象，在本书中，作者就将其称之为“投资者利益保护导向的驱动型”引致效应单向传导模式。由于上市公司会计信息质量高低会直接到影响投资者的决策，从而影响公司的市场价值，公司的证券市场价值又会因投资者的不同反应而直接影响会计报告期的公司绩效，而公司绩效直接体现出投资者的利益，因此，对这种引致效应的研究对于探讨如何进一步保护投资者的权益具有积极意义。

这种引致效应的连续影响与传导模式的主要内容包括：① 中国证券市场上市公司与独立审计机构及 CPA 审计行为所面临的各类型、各层次的制度环境是如何从形式到内容上直接影响与刺激 CPA 的审计行为取向；是如何直接对上市公司的会计信息披露行为产生实质性的影响与压力；② 我国证券市场上市公司与独立审计机构及 CPA 的审计行为所面临的各类型、各层次的制度环境是如何通过改变 CPA 的审计行为去间接影响上市公司会计信息的内容与披露质量。③ 我国证券审计市场的 CPA 的审计行为变化是如何直接影响其被审计对象上市公司会计信息报告的质量，以便完成审计委托人的委托目标。

（2）制度环境、审计行为与会计信息质量三因素引致效应模式的基本特征。

① 目标一致性。本选题的制度环境、审计行为与上市公司会计信息质量三要素，都是在我国市场经济改革与对外开放不断取得新的进展的时代背景下，是在我国资本证券市场经过近 20 多年来的曲折中取得成就的具体环境下的重要经济因素与经济现象，是值得证券市场的各类参与者认真加以思考与研究的课题，而且任何证券市场的健康与可持续发展与否取决于证券市场的最主要参与者——广大投资者对资本市场是否具有充分的心理预期，而证券市场的广大投资者对资本市场是否具有充分的心理预期则取决于其自身的权益能否得到资本市场经济法制等制度环境（包括独立审计高质量的审计行为）与投资交易的另一方——上市公司管理层的保护。因此，我国证券市场的制度环境、审计行为与上市公司会计信息质量三要素，作为三个不同的研究对象，其实它们都有一个共同或一致的目的是：充分保护中小投资者合法权益与正常收益，即我国制度环境的不断完善就是为了从更广泛的意义上有利于保护投资者的利益；独立审计的审计行为的纠正与调整则是在证券市场具体背景下，通过外部治理的方式约束上市公司的信息披露质量来保护投资者的合法权益；而上市公司提高对外报告的会计信息质量实际上也是为了公司的投资者的权益，因为它们只有通过高质量会计信息的传递才能让现实

投资者与潜在投资者对其公司产生更高心理预期，以保障公司市场价值与投资潜力。

② 范围差异性。虽然制度环境、审计行为与上市公司会计信息质量三要素在其作用指向目标上具有一致性，即都是为了充分有效地保护投资者的权益，但是因为各自概念的性质与影响因素的差异，因而其各自发挥作用的范围上具有明显差异。也就是说，三者之间制度环境的涵盖范围最广泛，影响因素最多，包括国家与地区层面法制环境、政府的行政管制环境、行业监管环境与社会信用环境等宏观制度安排的硬软件系统；审计行为则只是制度环境中的一部分内容——行业监管制度安排范畴内被约束的对象，是指证券审计市场中CPA等社会中介组织的特定行为，只和独立审计制度环境相关，是属于局部的制度环境安排；而上市公司会计信息质量则是指更加微观的企业治理制度的重要组成部分，是公司治理制度安排最主要的必须予以规范的内容，其质量的高低直接反映出其公司治理结构的完善程度和公司价值的变化。

③ 相互依存性。制度环境、审计行为和上市公司会计信息质量三因素引致效应传导模式另一个突出特征就是每个因素在自身发生投资者保护功能与作用时，都不是孤立、静止、分割和片面的，而是同时会受到其他因素的影响与推动的，也就是说，这三个要素之间具有相互依存性。即制度环境的变化不仅是指各层次的软硬制度安排发生了变化，还包括范围更小的、属于局部制度环境的社会中介组织——独立审计及其行为的变化，因为这些独立审计的鉴证行为作为特定社会经济制度环境的产物必然会受到审计主体所在地区法制健全、行政管制水平、行业监管力度、社会诚信等宏观制度环境变迁的影响，其中任何一个环境发生变化都会直接或间接地影响CPA的审计行为选择的变更；同样我国证券市场制度环境的改善与变化，会直接影响或促进上市公司的治理机制与结构的优化，而公司治理结构的优化会直接制约着公司管理层的利益取向与价值选择，进而影响到公司对外报告的会计信息的质量与水平。其次，审计行为的不同选择比如专业性更强、执行业务更规范的

审计行为可能会对上市公司会计信息质量产生约束作用，而不符合审计准则与职业道德要求的审计行为则必定会放任甚至是纵容上市公司降低对外信息披露质量；在影响会计信息质量的同时，审计行为也会受到证券审计市场制度环境变化的影响，假如审计准则检查更加严格、《注册会计师法》对违规处罚更为严厉的情况下，审计主体的不良行为必然受到较大的限制。否则，审计行为很可能失范。

④ 效应传递性。制度环境、审计行为和上市公司会计信息质量三因素引致效应传导模式的最后特征是每个因素对另一个因素产生的影响与效应，通常会使得另一个因素对再下一个因素产生影响，即因素间的效应具有传递性或传导性。比如制度环境的变化会对证券审计市场供求关系产生影响，审计市场供求平衡自然会改善 CPA 的审计行为质量即制度环境对审计行为具有积极直接的约束效应，而这种制度约束效应直接影响着审计行为的规范化与诚信化，审计行为的规范化与诚信化效应又会间接促进审计采取更加规范化的监督行为，更严格的审计行为会提供客观、公允的审计报告来间接制约着上市公司的年报信息披露内容质量。

2. 制度环境、审计行为与会计信息质量三因素引致效应的关联性分析

要深入研究制度环境、审计行为与会计信息质量三因素引致效应的一个重要前提就是应该事先掌握制度环境、审计行为和会计信息质量三要素之间的关联关系，才有可能剖析出三者之间影响效应的传导机理与路径，以便探寻与归纳三因素保护投资者权益的内在运行规律与具有普遍意义的认识。

（1）制度环境与审计行为的关系

① 证券市场宏观制度环境是决定该环境下 CPA 特定审计执业行为是否会发生的前提与条件。因为世界上任何事物都不是凭空产生的，都必须具备必要的、成熟的环境与条件，审计行为自然不能例外，特定审计行为都是在某个国家、某片区域、证券审计市场范围内诞生与持续的，其行为产生都具有一定的背景与条件，其行为绩效必然受到该地区证券审计市场行业的市场秩

序状态、证券审计法律设计与执行制度、政府对中介组织的管制、独立审计行为的信用制度等环境的约束。例如，据我国资本市场发展经验，我国CPA审计执业行为及其质量的高低与否是必然会在不同程度上受到一定的制度环境的约束与影响。我国证券市场秩序是否稳定与有序就是影响CPA审计执业行为取向的重要外部制度环境。其中的主要理由如下：

一方面，制度环境是适当与宽松，还是规范与严格，都会在不同程度地影响着在该环境中CPA是否能够产生进行规范执业行为和是否愿意保持审计的独立性特征，并提供高质量的审计服务的动机（审计行为的主观能动性）。因为规范的审计执业行为意味着CPA为了保证较高的审计质量，获取充分、适当的审计证据，就必须履行鉴证工作到位的审计程序。而尽职的审计会持续又将导致其他情况不变的情况下审计成本的明显增加和预期审计净收益的降低，同时也将触怒客户而被客户解雇失去应得到的经济收益。因此，CPA主观上愿意规范执业行为，愿意提供高质量的审计服务确实不是易事，这需要他具备优秀的职业道德和诚信勤勉的品质。而CPA这些品质有与一个国家或区域的市场交易环境下的市场参与主体整体道德认知水平、诚信勤勉状况相关。如果整个社会群体的道德认知水平、诚信氛围不够充分，CPA也自然无法独善其身。另一方面，制度环境还可能会影响到CPA能否顺利规范执业，能否保持独立性、提供高质量的审计服务。假设CPA主观上愿意进行规范审计执业行为，可仍然存在客观外部压力和因素干扰其执业行为和执业秩序。只有CPA的执业行为与市场交易环境中的大多数交易行径相协调时，才可能获取稳定收入来源和维持稳定发展。其主要表现有二：一是证券审计市场审计主体间的竞争秩序与状况。因为当前审计市场的竞争状况对审计行为独立性预期有重大影响。例如，如果审计市场供求失衡，则CPA为了赢取客户，可能会采用收费折扣、自我压价、给予对方回扣等不规范行为进行恶性竞争，这将导致CPA的注意力由注重审计质量转向设法获取客户资源，其直接后果是审计收费更加低廉，为降低审计成本CPA唯一的行为选择就是减少必要的审计程序。如果CPA因为经济压力与外部威胁，在对审计客户形成严重依赖的状况下，CPA 就不可能抵抗来自客户公司的业务承接压力和违规要求而去选择低质量的审计行为。因此，混乱法制环境与无序的审计竞争市场背景下无疑将会出现“四低”（低价格、低独立性、低职业道德、低专业胜任能力）的审计行为，并且当这些不良审计行为普遍存在，成为一种市场“默契存在”与“陋规惯例”时，身处其中的 CPA 只能无奈接受市场游戏规则，否则在市场就难以立足。反之，优良证券市场竞争秩序与法律制度环境则有利于维护 CPA 高独立性、高职业道德和高专业胜任能力。二是政府管制环境与行业监管环境等外部力量的介入。CPA 在提供规范执业行为的过程中，如果外部力量（政府管制与行业监管组织）直接对审计行业的 CPA 行为进行干扰与影响，将迫使 CPA 的执业行为偏离其主观上既定的方向。而且这种外部力量的介入具有权威性和威慑力，就能够对 CPA 的执业行为产生非市场化的强干扰效应并迫使 CPA 遵从和屈服于政府与官方权威的威慑或压力，去选择失范的审计行为（陈小林，2007）。

② 特定的法律与政府行政管理等具体制度环境对 CPA 行为选择的影响具有强制性与推动力。我们已经知道，证券审计市场的法律制度与政府行政管理制度等具体化的环境会直接约束在该市场下 CPA 的行为是否具有独立性倾向与高质量的执业活动，而且相对其他制度环境而言，具有更为明显的强制性并具备强大的推进作用。原因在于：一是法律与政府管理机构可以给审计执业活动事先设定预防性规定（特定行为的预警系统）。如可以规定 CPA 在执行审计业务过程中不得违反审计准则与审计执业道德规范中关于独立性的规定，不得采取有悖独立性、公正性的审计行为；二是法律与政府行政机关可在审计执业行为之后即事后设定违规处罚屏障。如可依据《公司法》和《证券法》等法律制定更为细致的罚则规定，对违反独立性的 CPA 及事务所进行严厉处罚，以惩罚制度与增加违规成本去改变 CPA 的收益预期。总之，随着我国资本证券市场的法制环境日益完善，政府不当行政行为必将更多地受到法制约束，依法行政行为的社会氛围在不断增强，从而政府对证券公司、上市公司，包括对会计师事务所甚至是 CPA 的不正当干预行为就会逐渐减

少，CPA审计行为的独立性也会相应地得以提高，这无疑也会为CPA的规范执业，发表合法、公允的审计意见营造出更良好的执业环境。同时，随着我国及地方区域法制环境建设水平的逐渐提升，可以预见CPA审计行为不当导致CPA因出具虚假审计报告被查处或处罚的可能性显著增大，审计失败的成本更高，CPA受到的震慑力会更强，从而能够有利于切实提高审计的独立性。

③ 证券市场微观制度环境对于CPA审计行为的不同选择发挥着直接规制作用。微观的制度环境主要是相对国家与区域层面的宏观与中观的制度环境而言，范围更小的一种制度环境安排，是指CPA客户公司的内部组织结构、股权结构及其制衡关系。而客户公司的治理结构与环境是指CPA直接面对的，只对为其进行审计服务的主审CPA及所在是事务所产生实质性影响。公司治理结构是指通过相互制衡的方式形成的用于调整与规范公司利益相关方权利与义务关系一系列制度安排。其中作为公司治理结构的核心，不同的董事会制度安排事实上代表了不同的董事会的治理效率与监督效果，进而董事会的治理效率、监督效果又会对CPA的具体审计行为选择产生影响。由于董事会对CPA的聘请、解聘和审计收费等具有重要影响，如果董事会具有充分制衡权力，那么就能够利用其对CPA的影响力促使CPA的日常审计行为保持较高的独立性，维持较高审计质量。反之，如果董事会因缺乏制衡权力被少数内部人所终极控制，极可能被管理者利用来胁迫CPA与该利益方合作，并提供有利于经理层的审计报告。同理，监事会在上市公司治理结构也承担重要职能。《公司法》规定股份公司设立的监事会可以行使对董事、高级管理人员执行公司职务的行为进行监督，对违反法律、行政法规、公司章程或者股东会决议的董事、高级管理人员提出罢免的建议，提议召开临时股东会议等权责，据此，监事会一方面负有监督财务报告质量的职责，直接与CPA进行沟通，促进CPA提高审计质量。另一方面可以通过对董事会、高级管理层履职行为的监督，消除高管们对审计独立性的负面影响。因此，如果监事会发挥作用就能够提高审计独立性与规范审计行为。此外，公司

股权结构直接决定了股东在公司中的利益分配、股东参与监督的积极程度和股东之间的制衡状况。显然，股权结构及其制衡状况的差异对于CPA行为会有不同影响。

④ CPA审计行为的选择也会刺激与反作用于相关制度环境的变革。由于受一定制度环境因素的影响，CPA通常会自觉或者不自觉地选择独立性强或缺乏独立性的审计执业与监督行为，这些截然不同的审计行为选择当然会产生结局完全不同的行动后果，比如如果证券审计市场中法制环境不够健全，法律设计缺乏完整体系、具体法律执法不力、CPA缺乏诚信执业的道德素质，在该环境下CPA审计执业行为必然缺乏独立性、执业质量低下，而低质量的审计行为会使得审计报告的使用者逐渐失去对CPA的信任，失去对上市公司会计信息的信赖，乃至失去对证券市场的信心，从而导致社会会付出更多的交易成本，损失更多的社会福利。这种不良的审计行为选择所导致的后果严重不利于整体制度环境的经济后果，会刺激政府行政部门、执法部门、行业监管部门等社会组织机构对既定的法律制度环境进行改革，对政府管制环境与制度安排进行创新；还会刺激审计对象——上市公司加强公司治理结构与内部控制制度的自我变革，使得未来的证券市场与上市公司面临的制度环境得以重建与改善。

（2）审计行为与会计信息质量的关系

① 审计行为及其后果对上市公司会计信息质量具有直接的经济影响。从中外独立审计产生与发展的实践来看，CPA的审计行为或者执业质量高低与否对证券审计市场相关社会参与要素而言均具有重要的经济影响。因为资本市场得以有效运行的一个基本条件是保持顺畅的信息渠道，交易双方需要利用各种信息对市场的状况和发展变化做出合理的估计和判断，其中一个重要的判断依据便是各方依据市场广泛接受的成本效益原则，做出有利或似乎有利自己利益的判断。由于上市公司披露的会计信息是判断资本市场上公司财务风险和盈利能力的重要基础依据，因而，市场投资者需要大量包括相关且可靠的会计信息。而我国市场经济实践证明，没有充分

有效的会计信息就不可能形成有效的市场，资本市场、商品市场都是一样。可以说，证券市场越发达，利益相关方对公司披露的会计信息的质量要求就越高。而审计最基本的职能为鉴证职能，即通过审计人员的行为，对会计信息的可靠性进行检查，并发表审计意见。所以，CPA 审计执业行为优劣决定审计行为结果正确与否，决定审计失败与否，而审计失败的现实直接影响着证券市场中会计信息的可靠性与否，影响投资者对市场的现状和发展变化做出客观的判断与合理的估计，最终影响着证券市场上市公司经营活动的有效运行。

② 审计行为规范与否与上市公司会计信息质量高低之间存在着正向变动关系。因为我国证券审计市场 CPA 审计执业行为与上市公司会计信息质量都有共同的指向目标：确认公司披露的会计信息合法性与公允性程度，以便能充分保护投资者的利益。具体而言，就是说为了落实我国会计信息质量的可靠性、相关性、可理解性、可比性、实质重于形式、重要性、谨慎性、及时性八大根本要求，证券审计市场的审计主体行为需要发挥依据审计准则的相关规定，对上市公司需要强制披露的会计信息进行高质量的审计鉴证，充分发挥其独立、客观、公正的职业特性，从而保证了审计信息真实性与合理性。因此，作者以为审计行为独立性程度与执业审慎态度其实是维持上市公司公开会计信息应有报告质量的“防火墙”，高质量的审计行为意味着 CPA 审计鉴证过程的职业道德与业务执行到位，能够有效地避免虚假会计信息流向信息需求者，上市公司会计信息质量就能得到高水平维持；反之，低质量审计行为意味着 CPA 的审计行为未能得到规范与约束，失信、失德、失水准的执业自然无法实现对会计信息的鉴别与筛选作用，其失败的审计信息报告其实是对公司披露低质量会计信息行为的纵容。因而，审计行为规范与否与上市公司会计信息质量高低之间存在着正向变动关系。

③ 上市公司会计信息质量的高低则是 CPA 审计执业行为是否需要改进的关键信号。由于上市公司会计信息质量低下与 CPA 的规范与独立性执业行为的缺失有很大关系，这是因为会计信息质量不佳的直接原因是可能由于管理

层的舞弊或失职造成的，也可能是因为CPA出于利益刺激或管理层的威胁失去原则而采取违规或不当的审计行为导致的，但无论如何它都与CPA的特定审计行为密切关联；如果其水平较高（会计信息含量与上市公司的真实情况相符，信息有决策价值）则体现出CPA的审计行为严谨得当，不误导投资者；反之，如果其水平较低（会计信息本身存在错误与虚假的情况，CPA未能尽职审计导致信息没有决策价值）即会计信息质量低下，则可能说明CPA审计执业不到位，审计行为不当，审计质量低下。

（3）制度环境与会计信息质量的关系

① 特定制度环境的状况决定与制约着会计主体披露相关会计信息质量的实际水平。从经济学的角度而言，组织中的人都具有两重属性，即追求利益的经济人与满足社会精神需求的社会人。作为有限理性的“逐利”的经济人，其日常行为倾向主要是取决于其经济后果即行为有无效果或效率，事实上在市场经济社会环境下一定的行为必定会导致相应的经济后果。而某项行为的经济后果如何又在相当程度上受当时的制度环境的影响。由于制度是社会中所有个人所遵循的行为规则的集合，特定制度安排确实为人们决定采取何种行为方式提供了前提。如同其他事物一样，提供会计信息的行为与特定社会制度环境安排存在密切关系。而作为社会人，CPA的行为自然离不开相应某一时期社会的制度安排。宋艳（2006）研究发现如果一定时期的制度安排鼓励当事人提供高质量会计信息，并对实施此行为的主体给予奖励，反之予以制裁，那么上市公司提供的会计信息质量应当能令人满意；另一方面，如果市场环境不仅不褒奖高质量的会计信息披露主体，甚至妨碍主体提供高质量的会计信息，甚至那些提供虚假会计信息的主体反而还能够获得巨额违规违法收益，则长此以往，证券市场上投资者获得和传递的将是虚假成分居多的会计信息。因此，现行制度环境的作用在于通过利益与成本诱导个体的行为。如果当个体的审计行为不符合既定的制度与规范时，法律应当能提供足够有效的强制规范，比如通过惩罚使得审计主体避免出现不合法与不经济的行为。如今提供真实、有效会计信息是我国制度环境下的规范性要求，主要是通过

《公司法》、《会计法》、《证券法》、《股票发行与交易管理暂行条例》、《上市公司信息披露指南》和各项会计准则与制度等得以体现。在其他条件不变的情况下，严格规范的法规与监管制度环境会对上市公司会计信息的披露会产生正面影响。不过，由于现行的制度执行、监管与惩罚力度不明确，规制对象也够不具体，使得常常出现受益者、授意者不受罚，无关者“代人受过”的现象。这说明在我国目前证券市场经济的法制设计与执行方面的制度环境不够完善，监管机制不健全，相应地，我国许多上市公司会计信息质量仍然较低。

② 上市公司会计信息质量会反作用于并促进现行制度环境的变化。证券委员会国际组织（IOSCO）以及中国证监会确立的证券市场监管目标都是致力于保护投资者权益、促进市场公平透明、减少市场系统风险。其核心内容就是要充分保护投资者的知情权，因为投资者权益中知情权是其他权益能否得到保护的前提与基础，假设不能获取知情权，就不可能实现正确的决策权，而没有正确决策权也就不可能获得充分的收益权。在目前的证券市场上，投资者与上市公司常处于信息不对称状态。外部投资者对公司毫无所知，而上市公司内部人作为控制人，拥有绝对的优势信息，上市公司内部人就可能做出种种逆向选择和失德行为，损害投资者的利益。所以，为了维护我国证券资本市场的有序与稳定，我国的证券市场监管制度环境的目标也是致力于投资者权益保护，其根本途径也是通过建立起有效的信息披露体系，提高上市公司会计信息披露质量。

事实已经证明，高质量的会计信息披露是资本证券市场健康发展必需的微观制度基础。而会计信息由于自身在证券市场上具有的独特解释功能与定价功能而能够对投资者权益的保护产生实质性影响，因而上市公司会计信息质量及其经济后果的差异必然会累积起来对我国证券市场制度环境变化会产生不同程度的影响。主要理由如下：会计信息的解释功能主要是基于会计信息观的思想，而其定价功能则是与会计信息的估价观相关。前者是以有效市场假设为前提的针对会计信息与股票价格关系的一种研究范式，著名学者

Beaver认为在市场不完全和不确定性的证券市场上，几乎不存在使企业获得真实收益的有效方式，会计信息的功能就是向投资者传递有利于判断和传递经济收益的“信号”。果真如此的话，则就有观察到投资者收到信号后，对未来股票各种价格可能状态的概率分布的合理估计。相比较而言，国内学者赵宇龙（2002）借鉴Ball和Brown的研究方法则发现会计盈余在中国证券市场也含有对投资者决策有用的信息。此外，陈晓等（2006）也实证检验了我国A股盈余报告具有的信息含量。而后者（估价观）则认为借助构建一种股票估值模型就可为投资者提供关于股票内在价值的信息。如Fama和French强调了会计信息的价值即权益报酬率能够预测股票内在价值和未来收益。而Fehltham和Ohlson假设会计处理满足净剩余的条件，并提出了将股票价值与股东权益、账面价值和未来盈利相联系的股票估值模型，发现了会计账面信息对确定股票内在价值的直接作用。信息观和计价观研究目的都在于证明会计信息在股票计价上的价值。孙燕东（2009）认为若证券市场确实有效，或者说股票市价与按剩余收益模型计算出来的内在价值相一致，那么信息解释功能和定价解释功能虽然角度有差异但结果是相同。

一般来说，如果上市公司管理层提供了高质量的会计信息并经过CPA规范的审计行为的鉴证之后，则会计信息的市场反应则是因为其具有充分的信息解释功能与定价功能而迅速被投资者解读与接收，其市场价格与自身价值便会更加接近，投资者也会因为做出了正确的决策规避了投资风险而获得了更多的收益或减少了更多的损失，如果更多的投资者获益，他们就会对我国证券市场的走势会更有信心，中国证券市场的制度环境会更有秩序、更为适合上市公司与投资者的参与。反之，如果会计信息质量低下，投资者无法因此做出正确的投资者决策，自然难以规避风险而获得预期收益，对投资市场及其监管失去信心，证券市场投资者参与的交易量低迷与对相关管理法规存在漏洞的不信任，则又会加剧证券市场制度环境的更加混乱与无序。

4.2.2 制度环境、审计行为与会计信息质量三因素引致效应的传导路径

研究制度环境、审计行为与会计信息质量三因素引致效应的传导路径就是分析基于投资者保护的不同制度环境如何对证券审计市场 CPA 的审计行为产生影响与反应；分析不同制度环境如何提供约束审计行为来间接地对上市公司会计信息质量产生影响。继而探讨证券审计市场 CPA 审计行为的偏向与差异是如何影响与约束上市公司的会计信息质量。由于上市公司的会计信息质量直接影响投资者的决策，从而影响公司的市场价值波动，公司价值波动最终会影响公司绩效，而公司绩效直接体现出投资者的利益。因此，三因素引致效应传导的最终目的是充分保护投资者的权益，以维持资本证券市场的有序稳定与健康发展。三因素引致效应传导路径框架可见图 4-4 所示。

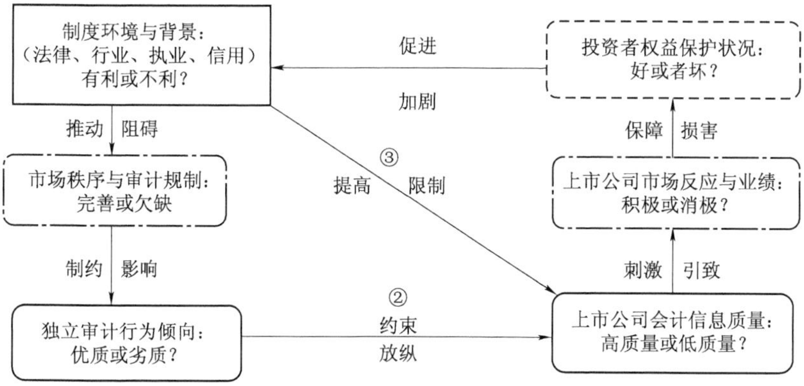

图 4-4 制度环境、审计行为与会计信息质量效应传导路径图

1. 引致效应的初始阶段：制度环境对审计行为的直接刺激与限制效应

（1）影响审计行为的制度环境动因。我国制度环境对审计行为的直接刺激与限制效应的根本动因就是在我国经济市场化变革的背景之下，为了维护我国证券市场的透明、稳定、效率与可持续的发展，为了进一步规范法律、审计等直接组织的鉴证与监督行为的基本职能，致力于保护投资者合法权益的目标。其中投资者权益的保护是我国证券市场监管的终极目标，是制度环

境发挥对审计行为调整、限制、推进等影响效应的深层次诱因。而规范 CPA 审计行为的目标则是初步引致效应的次级层次的动因。而解决代理成本问题的委托代理理论的现实需求，则是我国上市公司微观制度环境——必须进行公司治理结构制度安排变革的基本原因。没有这些成因的刺激与发育，就不可能出现和形成或存在相应的经济、法律、行业监管、中介组织介入和社会信用建设等制度环境，也就不可能产生既定制度环境下的 CPA 具体审计行为的种种影响效应。

（2）制度环境对审计行为直接引致效应的起点。如前文所述，由于我国目前的证券市场制度环境主要包括：法制环境、政府管制环境、行业监管环境、证券市场执法环境和社会信用环境等子环境。因此，三因素引致效应的运动起点是：诸多相关的制度环境及其结构秩序，这些制度环境的综合作用会使得与审计行为相关的证券审计市场秩序与审计规制环境发生变化，即改革后的社会经济市场化、国际化程度与证券法律制度完善程度直接决定了证券审计市场的秩序是否有序，也直接决定了审计规制体系的完整与否，因而，证券市场上市公司面临的宏观制度环境及中观制度环境可以直接或者间接地推动或阻碍证券审计市场秩序的改善与审计行为的指导原则——审计规制体系的完善。

（3）制度环境对审计行为直接引致效应的核心环节。在现有制度环境中与审计执业行为关系最为密切的环境主要有国家及省区层次的证券法制（立法与执法）环境和证券审计行业监管制度环境，它们的变化与 CPA 的审计行为选择变化存在着密切的关系。三因素引致效应的初始阶段的核心环节与内容就是证券审计市场环境对审计行为的影响效应。具体而言，一方面，制度环境可能赋予管理当局权威与力量，比如《公司法》就规定上市公司董事会有权决定选择审计机构与审计人员，这种主动挑选的权利在审计市场博弈中无形之中使得公司管理当局（董事会）占有业务约定谈判的优势地位与审计费用定价权，从而可以对 CPA 施加压力与影响，并可能最终导致 CPA 不良审计行为的出现。另一方面行业监管制度环境的改善也有可能因为改变审计鉴证服务的工作性质，改变 CPA 对于审计客户的利益依赖，而赋予审计主体充分宽松的审计执业地位与足够独立性的力量。

(4) 制度环境对审计行为直接引致效应的表现形式。鉴于我国较为复杂社会经济发展背景，证券市场上市公司和CPA面临的制度环境事实上是一个影响因素众多的庞大系统，既包括国家法制、政府管制、行业监管、社会信用等宏观制度环境，也包括各省市区的法制、地方监管、地方信用状况等中观制度环境，还包括个体上市公司自身所面临的具体公司治理结构等制度环境。每一类型的制度环境都会在不同程度上对审计组织和审计主体的行为产生不同的直接或间接影响效应。比如宏观制度环境中的市场化程度、法律环境既可以直接约束CPA行为，也可以通过对改变客户公司的环境来间接影响CPA的执业行为。因为必须一定市场环境和法制环境下公司才能顺利运营，它们的行为秩序、行为方式和对待外部审计的态度都与市场秩序和法制环境相关。如果市场交易的秩序规则和透明的法制环境能对企业形成良性约束时，企业相关利益方就会因为造假成本大于造假收益而缺乏要求CPA弄虚作假、虚报业绩的动机，CPA也不会受到来自客户企业的强大压力，更有可能端正其审计行为保持其独立性。微观的制度环境则主要是指CPA面临的客户公司的治理结构及其效率。而客户公司治理环境是CPA必须直接面对的，其约束对象仅仅是某一具体的CPA和事务所。公司治理结构中经理人的控制力及其与股东之间的权利制衡关系如何，直接决定着经理人对CPA的影响力。在经理人是内部终极控制人的情况下，CPA的聘请和解聘权利实质上掌握在经理人手中。经理人将利用这种权利对CPA进行威胁，迫使CPA与之合谋，迫使CPA采取不当是审计行为最终提供虚假的审计报告，影响CPA审计行为的独立性与质量，从而实现自身侵占股东利益的动机。因此，笔者借鉴了阿兰·斯密德（2004）状态——结构——绩效的分析框架，来说明上述制度环境的分类及其对审计行为的影响效应其表现形式，内容见表4-2列示。陈小林（2007）认为众多的CPA面临的宏观环境中其表现是各有不同，证券市场运行秩序状态可能有序或者无序，法律监管可能健全或者不健全，行业监管可能有力或者无力，信用氛围可能良好或者较差。实际上，证券市场交易的具体状态，本质上取决于当前市场秩序、法律和法规等制度结构，不同制度结构形成不同的交易秩序，对 CPA 产生不同的约束和限制力，从而导致审计行为独立性与专业行为能力差异。同理，某 CPA 面临的微观制度环境中，客户公司的股权状态是制衡或者是失衡、董事会治理是有效或是无效，内部人控制状况是否存在，企业最终究竟出现哪一种治理状态，事实上也是依赖于客户公司的治理制度安排，包括产权关系、股权结构、董事会组织制度等，不同制度结构衍生不同的治理状态，对 CPA 具体行为产生不同的连带影响。因此，CPA 执业中其行为将表现出不同审计性质与状态。

表 4-2　　制度环境对审计行为直接引致效应与影响的表现形式

制度环境类型	基本状态	制度结构	对审计行为的影响效应
宏观制度环境	法律法规健全或弱化	国家法制结构秩序	审计行为规范或失范
	政府干预多或者少	行政治理结构秩序	审计行为合规或违规
	行业监管力度大或小	证券行业管理结构	审计行为有序或无序
	社会信用氛围好或差	社会诚信机制与结构	审计行为优良或恶劣
中观制度环境	区域法制环境状态好或差	省区法制机制秩序	审计行为优质或失败
	区域政府管理水平高或低	省区行政管理秩序	审计行为高效与低效
	区域执业监管环境优或劣	省区监督秩序结构	审计行为职业或低质
	区域信用发展环境好或差	省区信用建设秩序	审计行为守信或失信
微观制度环境	股权制衡或失衡	股权与产权结构	审计行为独立性高/低
	董事会治理效果高或低	董事会权力结构	审计行为独立性高/低
	监事会治理效果有或无	监事会权力结构	审计行为独立性高/低
	内部人控制情形是或否	经理人控制权结构	审计行为质量高或低

2. 引致效应延伸阶段：审计行为对上市公司会计信息质量直接信号传递与约束效应

（1）影响会计信息质量的审计行为成因。影响任何一种社会行为可能都会有多方面的因素，而作为证券市场的重要参与力量审计组织的审计行为，因为其对上市公司会计信息质量有实质性影响，因而其审计行为也有多方面的成因。① 我国证券审计市场市场结构失衡的现状是审计执业行为失范的首要原因。我国证券审计市场结构目前出现的是供过于求的买方市场，是指会计师事务所提供的审计供给大于上市公司对审计市场的需求，审计市场形势与审计收费价格主要是由买方（公司委托人——董事会）来决定，它是以审计市场的消费者——上市公司董事会为导向的市场或其他客户导向的市场。现如今我国证券审计市场仍属于买方市场，审计委托方的地位与控制力大小直接关系到掌握着会计师事务所的选择权及审计业务收费的决定权的大小，理由是：审计委托方不仅可以随时在资本证券市场上寻到会计事务所及其所属的 CPA 来向自己提供审计服务，无疑在委托业务的谈判中会处于强势的主导地位，会享有更多的话语权，因此比较容易找到迎合管理当局意见的会计师事务所与 CPA；而且作为提供中介服务业务的会计师事务所，却处于相对弱势的不利地位，加之事务所之间面临激烈竞争，为争取到审计客户与自身的生存和发展，会计师事务所往往不得不往审计收费上给予较大的优惠，从而迫使 CPA 在审计执业时屈服于被审计单位，提供缺乏执业道德与独立性的审计行为，并成为被审计单位提供虚假会计信息的“帮凶”。这说明独立于审计的买方市场地位形成了审计委托方单位对事务所的自主选择权，加之审计服务收费不公允和不合理一起构成了迫使 CPA 采取不当审计行为的重要原因。② 证券审计市场存在着大量低质量的审计需求是影响低质量审计行为供给的直接原因。在资本市场出现的诸多审计失败的案例中，我们可以发现 CPA 屡次发生不良的审计行为，这和当前我国证券审计市场诸多上市公司管理层对虚假审计信息的巨大需求有直接的关系。事实上会计师事务所的服务作为一种产品，与市场需求有很大关系，若市场需要高档优质产品，生产者就会朝提供优质产品的方向发展；反之，生产者就会向提供假冒伪劣产品的方向发展。显然证券市场上大股东对低质量的审计服务的旺盛需求是产生低质量会计信息的根本原因。这又和我国资本市场制度环境存在着市场化程度不高、上市公司缺乏诚信文化、企业融资动机不纯等不健康因素有着十分密切的关系。③ 地方政府的过度行政干预是 CPA 提供被人为异化的审计行为的重要外部诱导原因。在我国的行政管理体制中，省级政府具有的相当的行政管制权利比如所在地区的企业上市的审批权等，为了维持地方局部利益，地方政府往往有强大的利益动机通过影响独立审计市场供求关系来干预企业的上市行为，政府过度的推荐事实上形成了对 CPA 提供的审计行为选择的外在压力，CPA 自然会放弃独立性，降低审计服务质量。况且地方政府为了出政绩，只好不断地主动或被动提高本地区的经济实力，无疑就需要推动企业上市到资本市场筹集大量的资金来所造经济增长点以维持地方经济建设的强大需求，因此，省级地方政府不得不通过非市场的政府寻租活动，来包装、重组那些本不够上市条件的企业，人为降低审计质量，提供不真实的会计信息来“辅导”它们上市，并且这些企业在上市后还需要通过粉饰会计报表来不断地狂圈股民钱财，而要想真正实现提供低质量会计信息和粉饰会计报表的目的又必须靠给 CPA 制造政府干预的压力，扭曲审计行为来实现。④ 我国证券审计市场寻租活动背后产权制度缺陷是 CPA 无法保持审计行为独立性的根本原因。证券市场审计寻租活动是指会计师事务所及其 CPA，通过不良的审计服务行为，即为了获取自身的利益得到证券市场审计垄断权而迎合审计客户的特殊需要，或者为了不正当地获得一种额外利益或好处的行为，去帮助上市公司披露虚假会计信息。这些审计寻租现象的出现可能有法规不健全、审计法律体系漏洞和市场监管乏力等原因，但最本质原因却是在于当前的企业产权制度安排存在缺陷；如我国相当一部分上市公司中，外部审计委托人往往是上市公司的经营管理层，企业权力高度统一，即管理层作为实际控制人会按相关法规要求聘请会计师事务所来审计管理层自身的行为，可如此畸形的产权制度缺失使得 CPA 无法独立地针对上市公司会计信息、进行客观、公允的鉴证与评价；而且还有资本市场上中小投资者尽管数量众多但由于单独个体所占的资本份额很小，在其利益保护方面实际上存在着种种制度性障碍，再加上实施所有者监督职能的所得收益远远低于其成本。所以说，一方面 CPA 因所有者虚置摆脱了来自审计真正委托者的有力约束，在巨大的经济利益的诱惑下势必屈从于经营者的要求而丧失独立性，以便获取超额收益，而另一方面管理层出于私利需求会产生向公众隐瞒真实会计信息的动机，当被审计单位与独立CPA进行合谋时，审计寻租现象就有可能发生，结果必然造成社会经济资源浪费和社会福利损失。

（2）审计行为对上市公司会计信息质量的直接信号传递与约束效应的起点。我国证券审计市场的CPA的审计行为对上市公司会计信息质量产生的引致效应与影响，其产生的前提与基础就是基于会计信息的不对称的两权（所有权与经营权）分离之后的委托代理理论。在委托代理理论中，基于各自利益的刺激与驱动，所有者（投资者）与经营者之间要实现的目标是存在着本质性的差异的，前者是为了实现经理人个人利益最大化，而后者则是为了实现股东利润或财富最大化。两权分离会增加资本市场的交易成本、降低资本配置的效率，导致资本证券市场的混乱与无序。为了解决所有者与经营者间基本利益目标的冲突带来的代理成本与效率低下等问题，就客观上需要引入社会中介组织——会计师事务所及其成员并充分发挥其独立、客观、公正的审计鉴证行为职能。由于审计行为的产生实质上是为了消除信息不对称现象，通过审计监督提供透明的会计信息来解决委托代理问题，因而研究审计行为对上市公司会计信息质量的直接信号传递与约束效应其起点就是确认众多投资者有无需要了解透明会计信息的动机与目的。

（3）审计行为对上市公司会计信息质量直接信号传递与约束效应的核心环节。与实体产品类似，作者以为现代企业会计准则制定权合约安排是一个完整的系统，包括三个子系统：会计信息的规范指导系统、会计信息的生产加工系统和会计信息的质量检验系统。其中会计信息质量检验系统的运行主体是CPA；CPA审计执业行为的质量最终决定着会计规则制定权合约安排系统向社会输出的会计信息质量。CPA的审计行为对上市公司会计信息质量引致效应是指审计执业中选择不同的审计行为实际上体现着具有向投资者直接传递会计信息质量高低的信号以引导其作出正确决策的作用，或者具有限制与阻止投资者采取不适当投资者决策的约束效应①。为保证对外披露的审计信

① 会计信息是一种特殊的商品，其质量检验主要是由独立审计进行，通过对会计信息合法性、公允性的检验，鉴证会计信息来源是否符合会计准则或制度等标准，产生过程是否存在违规或舞弊情况，是否存在技术性错误等问题。

息与会计信息的客观性、合法性、可比性、完整性，除了要求被审计对象必须遵守相应的会计准则、相关会计信息披露制度等法规制度之外，还要求CPA在执业过程中，必须严格遵守独立审计准则的相关规定，对需要披露的会计信息进行独立、客观、公开、公正的审查与鉴证。只要CPA完全按照现行的法律及其他制度环境的要求与条件，比如按照证券审计行业的法规制度环境、行政管制环境、新的国际审计准则（执业准则、职业道德准则、质量控制准则、诚信约束等）的要求执行审计业务，即借助外部刺激与CPA的内部需求两个方面，能够对被审计对象——上市公司年报所需披露会计信息的合法性、公允性进行鉴证与评价，利用合规、客观、公正、诚信的审计执业行为来有效地约束会计信息的披露质量，从而也能够保证审计行为的直接成果——审计信息的真实性、合理性。

（4）审计行为对上市公司会计信息质量直接信号传递与约束效应的表现形式。CPA审计行为与上市公司会计信息质量之间之所以具有信号传递与约束效应事实上因为二者之间存在着一个内在的因果关系，CPA的审计行为是影响会计信息质量的主要诱因，因而，投资者对公司会计信息质量的评价实际上取决于CPA具体审计行为的选择倾向与选择方式。由于CPA客观上可以有各种不同审计行为选择，因而它们对会计信息披露质量的引致效应也存在不同的表现形式。具体效应表现形式可见表4-3所示。

表4-3　　审计行为的会计信息质量影响效应

未审会计信息状态	审计行为分类	外在状态	行为性质	对会计信息质量的影响效应
管理当局提供诚实信息报告	详略程度	详细审计行为	审计成本高	高质量会计信息+
		简略审计行为	审计成本低	较高质量会计信息-

续表

未审会计信息状态	审计行为分类	外在状态	行为性质	对会计信息质量的影响效应
管理当局提供虚假信息报告	独立性程度	独立审计行为	执业性质优良	高质量会计信息+
		舞弊审计行为	执业性质恶劣	低质量会计信息-
	合规性程度	合规审计行为	审计规范性强	高质量会计信息+
		违规审计行为	审计规范性弱	低质量会计信息-
	技术含量	有执业技术审计行为	高效率执业	高质量会计信息+
		无执业技术审计行为	低效率执业	低质量会计信息-
	胜任能力	达到执业资格审计行为	有专业胜任能力	高质量会计信息+
		未具备执业资格审计行为	无专业胜任能力	低质量会计信息-
	道德水平	遵循职业道德的审计行为	道德素质高	高质量会计信息+
		违反职业道德的审计行为	道德素质低	低质量会计信息-

由上表可知，由于CPA的审计是针对上市公司提供的未审计会计报告进行鉴证与评价的，而未审计的财务报告信息一般可分为：提供诚实报告与虚假报告两种不同性质的报告类型，因此，针对不同的报告类型采取不同的审计行为，自然会有各种不同的审计后果（提供已审计会计信息质量存在差异）。如果针对管理当局提供的诚实会计信息，CPA没有动机去采取不良的审计行为，只有工作的详略之分，经审计过的会计信息质量整体较高，其影响效应是正面的。而如果针对管理当局提供的会计信息在性质上是虚假的报告，则依据不同外部与内在原因，我国CPA有可能产生不同的行为动因，最终会

采取更多可能的审计行为，具体情况可以有：是否具有独立性、是否具有合规性、是否具有技术性、是否具有专业胜任能力和是否具有职业道德等五种审计行为分类，而且每一种分类具有不同的外在执业行为状态及其行为性质；相应地每一种 CPA 的审计执业行为状态都对一一应着相应水平会计信息质量影响效应。也就是说，每一种审计行为状态都会对所审计上市公司会计信息直接产生不同程度的、不同形式的影响与效应。

3. 引致效应的递进阶段：制度环境经由审计行为约束对上市公司会计信息质量的间接影响与促进效应

（1）制度环境经由审计行为约束对上市公司会计信息质量产生间接影响与促进效应的动因。制度环境是指某一时期围绕一系列约束人们行为的、各种规则所构成社会的制度安排，最终决定与制约着人们的具体的、最终的行为方式。事实上，在我国证券市场上提供高质量会计信息的行为与当前我国社会的市场经济条件下，推进证券市场上市公司运作与监管方面市场化、法制化、透明化等制度环境建设密不可分。近年来，我国政府及有关部门对于改善现有制度环境作出了大量的工作，比如有关管理部门先后制定并发布了数十项针对上市公司信息披露质量方面问题的相关会计法规与制度、制定与变革了若干项用于规范和约束审计行为或审计质量的一系列法律与行政方面的制度安排，这些措施与环境建设的确为提高我国的会计信息质量提供了充分的条件，而且的确从整体上有效地提高了我国上市公司的会计信息披露质量和水平。反过来，公开披露的会计信息具有相关经济后果，其实理论界已从多个角度进行了验证。况且公司会计信息质量提高，必将改变原有市场环境下各利益团体的利益安排，投资者自然希望透明信息来保护自己的利益，而利益受损的团体将不会为追求高质量的会计信息而自愿放弃既得利益。显然，仅仅依靠会计准则与会计制度本身，可能无法显著地改变公司会计信息质量状态。因此，为了实现有效保护投资者合法权益的最终目标，致力于通过改善现有证券市场的制度环境与条件，借助于各种可行途径比如进一步规范与约束 CPA 的审计执业行为，来努力提高上市公司会计信息质量与水平，是制度环境经由审计行为约束对上市公司会计信息质量的间接影响与促进效应的主要原因。

（2）制度环境经由审计行为约束对上市公司会计信息质量的间接影响与促进效应的起点。有的研究者将会计信息作为一种相对独立的产品，既有“生产者”也有“消费者”。生产或消费任何会计信息的主体或经济人，其实都期望能从中获取利益。那么和提供或使用会计信息有直接或间接关系的制度安排与相应的制度环境背景比如证券市场法制环境、政府的干预程度、社会信用氛围等因素，无疑会决定着上市公司会计信息提供与消费的性质、方式与输出质量等内容。因此，制度环境经由审计行为约束对上市公司会计信息质量的间接影响与促进效应的起点应该是我国证券市场现有制度环境对审计市场主体的制约程度与影响力度，因为如果没有制度环境对审计行为的约束功能，就不可能将制度环境的软约束与现实的会计信息质量的硬要求有机地结合起来，充分地发挥制度环境对上市公司会计信息质量的间接影响与推动效应。

（3）制度环境经由审计行为约束对上市公司会计信息质量的间接影响与促进效应的核心环节。对于管理当局提供的诚实会计信息报告而言，CPA需要按正常执业准则履行审计业务就可以实现审计目标，因而没有采取不当审计行为的动机、意愿和必要性，因而，无论在何种制度环境下，CPA审计行为受到何种影响与约束，对于经其审计过的会计信息质量不会产生实质上的影响，也就是说制度环境不会经由审计行为对上市公司提供透明度高的会计信息质量产生任何间接影响效应。而对于管理当局提供的会计报告信息如果是虚假的会计信息报告，则CPA就有可能在现行的制度环境影响下，受到重大的影响与约束，通过采取不同性质与动机的审计执业行为，从而间接地影响与促进上市公司提供的会计信息质量水平发生变化。因此，制度环境经由审计行为约束对上市公司会计信息质量的间接影响与促进效应主要是针对被审计对象提供虚假会计信息报告的情况下产生不同的影响效应。这些效应的影响过程可见图4-5所示。

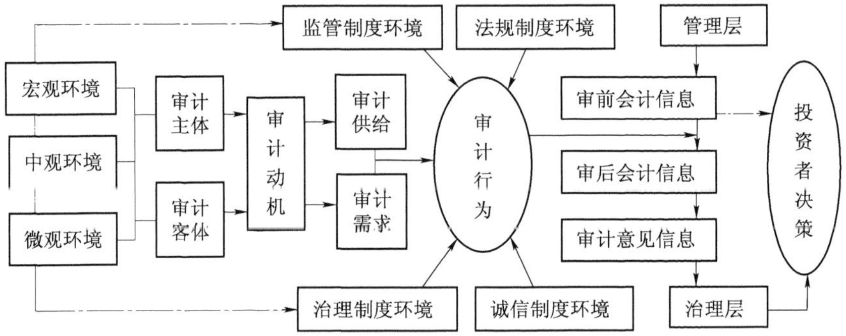

图 4-5 制度环境经由审计行为对公司会计信息质量的影响过程

（4）制度环境经由审计行为约束对上市公司会计信息质量的间接影响与促进效应表现形式。从哲学等社会科学的观点来看，我们知道，任何事物的存在与发展都必须具有一定环境与条件，都必须具体问题具体分析，同样对与我国的证券审计市场而言，无论是 CPA 的审计行为还是上市公司的信息披露质量都与我国现阶段有关证券交易与资本运作所面临的制度安排、充分保护投资者权益的预期管理目标及其该环境下各种因素的合成作用存在着密切关系。在我国证券市场上相关制度环境、审计行为和上市公司会计信息质量等三因素之间实际上形成了“三位一体、效应关联”的紧密关系。因此，制度环境不仅可以以法规制度、执法能力、政府管理及其行业监管与职业道德诚信教育等形式直接影响与约束 CPA 的执业行为及其审计质量，还可以通过颁行一系列强化会计信息披露的行业管理制度安排和改进公司治理结构直接影响到上市公司的会计信息披露质量，而且制度环境还会经由审计行为约束对上市公司会计信息质量的提高发挥着间接地影响与促进效应。

因为其影响因素极其复杂与多变，我国证券市场的制度环境经由审计行为约束对上市公司会计信息质量的间接影响与促进效应表现形式可谓多种多样，丰富多彩。而且在我国现有的制度环境的作用之下，上市公司管理层年终时究竟向投资者提供何种性质的财务会计信息报告，对其后产生的 CPA 的审计执业行为和上市公司会计信息质量的影响效应有极为着重要的意义。因为只有管理层提供虚假的会计信息报告时，才有必要分析并抑制多种形式的恶质、舞弊的审计行为的出现；反之，如果公司提供诚实会计信息报告，是投资者所期望的信息，是资本市场稳定的关键因素，CPA 无舞弊造假的动机，审计行为失范的必要，会计信息质量总是高的。所以，作者以为探讨基于上市公司管理层提供虚假会计报告的情况下，证券市场的制度环境变化究竟是如何借助于影响 CPA 具体审计行为的选择，来寻找制度环境对上市公司会计信息质量有何实质性间接影响与引致效应才真正具有积极的现实意义。

概括而言，如果上市公司管理层提供的是虚假或不诚信的会计信息报告，则在不同的制度环境下，经由不同的审计行为可以间接对会计信息质量产生不同的会计信息质量。比如对于虚假的会计信息报告，就法制环境的变化对审计行为及其会计信息质量状况的影响而言，可能存在着各种效应不同的行为组合。

首先，在法制体系健全与执法环境良好的情况下，如果 CPA 采取合乎法规的审计行为，通常可以查出并建议管理层调整报表信息的虚假内容，上市公司对外披露经审计过的、经调整过的会计信息，投资者获得的会计信息质量就会较高。如果管理层拒绝调整错误信息，CPA 往往会提供非标准意见的审计报告（即向中小投资者提供的是审计结论为消极的审计信息），则投资者便不会信赖低质量的会计信息及其主体。

其次，在法制体系健全与执法环境良好的情况下，如果 CPA 采取的是违反法规的舞弊审计行为，也就说现有法制环境不能约束 CPA 的执业行为取向，CPA 通常不能或不愿查出会计报表信息的虚假内容，这样提供给投资者的会计信息自然不可信赖，其质量水平必然很低。

再次，在法制体系存在缺陷与执法环境比较糟糕的情况下，如果 CPA 因为在各种不完善的制度环境及自身经济利益刺激等外部压力之下采取违反法规的舞弊审计行为，在该种情况下，可以肯定 CPA 的审计行为不能侦察、检查与剔除出会计报表信息中重大错报与漏报的内容，这样由于制度环境对审计行为制约功能的失效，审计前后的会计信息内容一致，依然是虚假的会计信息充斥其间，在投资者看来，这样的会计信息质量水平自然很低。

最后，如果 CPA 出于委托人的要求或职业道德的约束等原因，则也有可能采取较高质量的审计监督行为方式，取代法制环境的软弱与糟糕的状况，来对上市公司会计信息质量产生间接的正向影响效应，即在法制环境不理想的情况下，优质的审计行为可以通过客观、公允的审计鉴证与监督来约束上市公司管理层的盈余管理行为，以有利于公司提供更高质量的会计信息，来获得中小投资者的信任与青睐。在其他如政府行政干预程度、行业监管严厉程度、社会信用建设状况、公司治理结构等方面的制度环境因素存在不同选择的情况下，同样存在着类似的制度环境借助审计行为对公司会计信息质量的实质性的间接影响效应。

第5章 制度环境、审计行为与公司会计信息质量关系的实证研究

本章的实证研究将利用我国股票市场的2009年度截面数据以定量化的方式分别验证制度环境是否对公司会计信息质量产生正面影响、审计行为是否对公司会计信息质量产生积极影响、制度环境是怎样通过约束审计行为共同对公司会计信息质量产生正相关的影响或效果，并得出相关的研究结论与政策启示。

5.1 研究假说

在目前研究资本市场的理论界，投资者保护理论的主流思想是以LLSV（1998-2002）为代表的法律论。他们认为国家法律制度是决定投资者保护水平差异的重要因素，对解决投资者权益保护问题有重要影响。后来Ball, Kothari and Robin（2000）研究1985—1995年的数据发现在会计稳健性方面普通法系国家（美、英、加等国）和成文法系国家（法、德、日等国）确有实质性区别。因为普通法国家更多通过公开披露和契约方式来缓解会计报表编制者和使用者之间的信息不对称状况；而成文法国家的信息不对称则主要不是使用外部契约而是借助内部私人沟通来缓解。因此，在契约中使用公开提供会计报表数据的特征将导致普通法国家企业盈余信息较成文法国家的盈余信息更为稳健。作者在2002的后续研究发现即便是普通法系国家或地区，会计盈余的稳健性也存在明显差异。比如三位学者以香港、马来西亚、新加坡和泰国四个普通法系的亚洲国家或地区1984—1996年的数据为样本研究发

现：其会计信息稳健性却更接近于成文法系国家的会计信息稳健性。他们的解释是亚洲国家企业的财务会计报告更多时候会受到政治的影响，并且会往往更多的使用私人信息而不是公共信息来解决企业信息不对称的问题。接着Raonic, McLeay & Asimako poulos（2004）等研究了一些国家企业信息披露制度、司法执行力和资本市场的影响程度对会计稳健性的影响，发现盈余管理行为对负面消息的敏感度会随着司法执行力度的加强而迅速增加。Bushman and Piotroski（2006）又对国家法律制度与政治制度对会计稳健性影响的进行了研究，认为如果不考虑法律起源等因素，司法体系效率高的国家，企业的盈余管理行为会更迅速传递负面信息。国内学者朱松和夏冬林（2009）运用制度环境指数和经济发展水平等宏观指标研究了我国上市公司影响因素，发现如果法制体系越完善与市场化程度越高，政府对企业的介入行为就越少，地区经济发展就越好，企业会计信息就越具有稳健性。为从量化角度说明与证明制度环境对会计信息质量的影响及其相互间的关联关系，因此，本书提出了第一个假设：

H1：在其他条件相同的情况下，不同地区或不同性质的制度环境改善（如各省区法律制度环境对投资者保护程度的改善）可以进一步改善与影响上市公司会计信息质量。即上市公司面临的制度环境越良好，其与高质量会计信息之间的正相关关系就越强烈。

从哲学的观点来看，任何事物都不是孤立、静止，而是永恒运动且相互联系的，也就是说，世界上许多事物都是相互联系、相互以来而存在的，因此，一定的社会行为必定会产生一的社会后果。作为我国证券市场的重要力量，会计事务所及其CPA的行为比如与其审计对象的市场反应与其会计报表信息密切相关，CPA审计执业行为优劣直接决定着审计行为结果正确与否，决定审计失败与否，而审计失败的现实后果又会直接影响着证券市场中会计信息的可靠性与否，影响投资者对市场的现状和发展变化做出客观的判断与合理的估计，最终影响着证券市场上市公司经营活动的有效运行。

其实审计质量与会计信息质量之间确实存在某种内在联系。比如韦伦伯格（1999）研究发现高质量审计是为投资者提供可靠信息的前提。而布希曼和史密斯（2001）则认为高质量审计能够较好地确保会计信息的披露质量，并有利于降低管理层报告的误差与偏见的可能性，从而为投资者识别投资机会、监督管理层和减少投资者间的逆向选择提供了更有利的条件。袁园、刘骏（2005）研究发现根据会计准则制定权的合约安排，对通用会计准则执行和剩余会计准则制定及实施，会计信息质量行使的监督与鉴证行为是由独立、客观、公正的CPA来进行。这一制度安排自然产生了对CPA职业服务的需求，引发了一批会计师脱离企业会计领域，以超然独立的身份、态度来提供这种服务，形成CPA这一中介职业。CPA是会计准则制定权合约这一制度安排是否有效的主体保证力量，其发挥作用的关键是其审计执业行为的独立性程度。CPA审计行为独立性对会计信息质量的影响是通过对审计质量的影响而发生作用的，也就是说，在其他条件不变的情况下，CPA审计执业行为的独立性愈强，审计质量就愈高，而高质量的审计行为又是防止企业提供低质量会计信息需要借助的极为重要的外部手段之一。在审计专业性与会计信息质量关系方面，王艳艳和陈汉文（2006）以上市公司2001—2004年间数据为样本，研究发现我国审计质量对会计信息透明度其实存在不同程度的影响，比如四大审计的上市公司会计信息透明度显著高于非四大会计师事务所审计的上市公司。于李胜等（2008）对同期上市公司经验数据研究发现业务收入前八位的会计事务所可以通过提高公司预期现金流和降低公司的信息风险来影响权益资本成本，而且会计师事务所的声誉与权益资本成本负相关，意味着中国独立审计质量具有信息价值。王鹏和周黎安（2006）的研究则发现那些接受“四大”审计的公司与之前的信息比较表明盈余在增加、控股股东对股东资金的占用在降低。由此可知，我国上市公司会计信息质量不仅受到会计准则等制度环境的影响，还受到审计监督质量是否提高的影响。因为高质量审计行为能有效督促上市公司改进会计信息质量，改善契约和监督效果，提高会计信息质量与投资者投资效率间的敏感性，真正降低道德风险和逆向选择。上述理由充分说明在既定制度环境之下，CPA独立、公正审计行为必然会产生正面审计后果与影响，因此，本书第二个假设就是：

H2：在其他条件相同的情况下（制度环境相同区域），CPA 审计执业行为质量或强度与上市公司会计信息质量之间存在显著的正相关关系。

近十余年来，如 La Port et al（1997、1998、2000）和 Johnson et al（2000）等的文献发现公司的盈余管理的确是随着投资者保护的法律、行政、行业监管等制度环境因素的变化而发生了变化，不过，这些研究的对象是跨国环境下企业行为，而没有考虑经济转型国家的制度环境变化对企业会计信息披露行为可能产生的效应。不久，Kwon（2007）研究发现独立审计行为对会计信息质量的影响程度实质上取决于各国的法制环境状况，尤其是在法制环境较差的国家或地区审计行为的影响程度会更大，由此认为独立性较强的审计行为可作为政府法制的替代机制发挥作用。但我国证券市场上的大多数上市公司产权是政府控制，事实上政府需要帮国企融通资金和解决就业问题，因而政府行为及其管制环境无疑会对资源配置以及上市公司的财务行为包括会计信息披露质量等产生重要影响。张玲、刘启亮（2009）发现公司的控制人性质对盈余管理或会计信息质量的影响比较显著，却对于宏观制度环境、有关控制人性质的公司治理环境是如何影响审计行为及其对会计信息质量的研究则较少。作者认为在法制和政府行政干预环境影响下，可能导致公司出现盈余管理或会计信息质量差异，相应地审计行业专业优势是否有足够的空间去发挥作用也必然不同。此外，鉴于公司产权性质和审计执业行为质量会对会计信息质量产生不同影响，所以公司产权性质也会影响审计行业行为效果的发挥，而审计主体行为效应如何又会直接影响到会计信息的报告质量。

另外，Bushman、Piotroski 和 Smith（2004）的跨国实证研究发现在较强的行政干预政治背景下，企业管理者为了减少政府部门的干预企图，往往选择盈余操纵行为，从而直接影响到会计信息披露质量。同样，樊纲、王小鲁（2007）研究发现在宏观制度环境相同的情况下，如所在地区行政干预程度存在明显差异，客观上不仅会催生公司管理层的不同预期，还会影响会计信息披露行为与质量。在法制环境良好的地区，民营产权控制的公司既担心司法体系过度干预，又必须付出成本希望与官方建立联系，以获得更多庇护，所以，为了取得股东等利益相关者的信任，公司面临相当大竞争压力，就很有可能导致大幅运用盈余管理，如此就间接使得审计行为更有可能会发挥对会计信息质量的影响效应。而且本书第四章其实也从理论上阐明了众多制度环境不同组合会促使 CPA 通过改变审计行为来影响上市公司会计信息披露水平。因此，本书提出了如下第三个假设：

H3：在其他条件相同的情况下，证券市场的制度环境（形式与内容）的变化可借助于对审计行为的约束即通过影响与提高审计行为的质量来间接影响该公司会计信息的质量。比如法制水平高、政府干预程度低、监管力度大、信用氛围好的制度环境与高质量的审计行为具有正相关关系，同时高质量的审计行为与上市公司会计信息高质量也具有显著的正相关关系。

5.2 研究设计

5.2.1 研究变量选取与说明

1. 被解释变量

本章的被解释变量选择的是上市公司会计信息质量这一综合变量，主要理由是上市公司的会计信息质量如何，从根本而言是受到上市公司管理层所面临的制度环境及 CPA 的审计执业行为选择等外在制约因素，会计信息质量是前述影响因素的外在表现形式，也是投资者权益是否得到保护或受到保护程度的衡量标准与解释尺度。不过，会计信息质量也是一个可以体现为不同质量特征的综合性的指标与变量。依据国际财务会计准则概念框架的规范来看，基于准则制定机构的视角，对外报告的会计信息的相关性和可靠性是衡量会计信息质量高低与否的两个最重要标准与尺度。在经验研究中，会计信息质量一般是通过盈余属性进行测定。Francis 等（2004）的研究认为盈余属性可划分为：应计利润、可预测性、平滑性、持续性、相关性、及时性和稳健性等质量特征。不过，在运用上述盈余属性时，有可能会面临以下两个问题：一方面，这些属性相互之间可能是对立的。另一方面，这些属性可以通过盈余管理来实现。基于上述原因，作者认为应当从准则制定目标的实现程度来定义会计信息质量。如果财务报告的结果同会计准则的预期目标一致，则财务报告是高质量的。一方面，如果根据会计准则编制的财务报告为投资者提供了决策有用信息，则会计信息具有相关性；另一方面，如果会计信息未被人为操纵，且上市公司的稳健性同会计准则中稳健性原则的运用程度一致，则可判断该会计信息是可靠的。而越可靠的会计信息，对投资者保护的作用就越强。因此，本书拟从会计信息的可靠性、相关性和财务报告的信息披露含量三个维度测度来衡量上市公司会计信息质量的综合水平。

（1）会计信息可靠性指标度量

测度会计信息质量的可靠性要求企业以实际发生的交易或者事项为依据确认、计量和报告相关的会计业务，即要如实反映符合确认和计量要求的各项会计要素及其他相关信息，保证会计信息真实可靠与内容完整。因此，按目前的研究文献来看，测度会计信息的可靠性通常可以采用：盈余管理（操纵性应计利润）、盈余稳健性、财务报告重述、审计意见等方面的指标来进行更具体的体现。

① 盈余管理（可操纵应计利润）。此处盈余管理是经营者运用会计方法或者安排真实交易来改变财务报告以误导利益相关者对公司业绩的理解或者影响以报告盈余为基础的合约（Healy and Wahlen，1999），它是一个既与投资者保护紧密相关，又直接影响会计准则制定的重要问题。Shleifer and Vishny（1997）以及 La Porta，Lopez-de-Silanes，Shleifer and Vishny（2000）证明了投资者保护是一个影响公司政策选择的关键性制度因素，而 Leuz，Nanda and Wysocki（2003）则发现投资者保护是公司盈余管理行为的重要决定因素，公司对投资者保护的重视程度越低，控制权收益越大，公司的盈余管理程度就越高。可见盈余管理是投资者保护在现实经济中的具体体现之一，如何度量是盈余管理实证研究的起点和关键。近 20 年来国内外研究成果对公司是否存

在盈余管理主要是以操控性应计利润和报告盈余在特定水平区间的不连续分布来衡量，前者可采用应计利润总额、应计利润分离和具体应计项目等方法；后者则采用盈余分布法。本书计划采用应计利润分离法测度上市公司的盈余管理，主要基于采用DD模型和Jones模型分别测度应计质量，同时对此模型进行修正以测度上市公司层面会计利润可操纵性应计质量大小。

② 盈余稳健性的度量。Ball，Robin & Wu（2003）、Ball & Shivakumar（2005）等学者研究发现只有高质量的会计信息或者说高质量的财务报告，其会计信息含量才是稳健的，而且稳健的信息有助于提高公司治理水平，降低信息不对称分布，并充分发挥投资者保护的作用。在我国证券市场和现代企业制度建立和发展过程中，内部人控制尤为严重，外部投资者特别是中小股东和债权人对稳健性原则的需求可能更为明显。毛新述、戴德明（2008）的研究发现从实证角度证实会计信息稳健性可以降低股东和债权人的预期回报。关于盈余稳健性的经验测度方法主要有：盈余/股票报酬关系测度、盈余/应计利润测度、净资产测度和其他稳健性测度。对盈余测度测度的经典模型是巴苏模型（Basu，1997），该模型将稳健性解释为导致盈余反映坏消息比好消息更快的属性，并首次提出了通过会计盈余对经济收益（以股票报酬率作为替代变量）的分段线性回归（简称Basu模型）来测定盈余稳健性。上市公司层面稳健性指标一般采用Basu的测度方法，此方法使用Basu模型，运用每个公司样本的时间序列数量，以盈余为因变量股票回报为自变量进行反向回归，而得到每个公司的稳健性指标。

$$\frac{EPS_{j,t}}{P_{j,t-1}}=\beta_0+\beta_1 \cdot D_{j,t}+\beta_2 \cdot R_{j,t}+\beta_3 \cdot D_{j,t} \cdot R_{j,t}+\mu_{j,t} \tag{1}$$

其中，$EPS_{j,t}$为公司j在t年的每股收益，同时使用年初股价$P_{j,t-1}$进行平减。$R_{j,t}$定义为会计年度t的股票回报。$D_{j,t}$为哑变量，当出现盈余坏消息（$R_{j,t}<0$）的情况下等于1，好消息（$R_{j,t}>0$）情况下等于0。回归系数β_3测度公司的稳健水平，期望为正值并且显著。在此基础上可以构建了一个公司层面的稳健性代理变量（$Conservatism_{FIRM}$），以反映坏消息相对于好消息的反映比率。$Conservatism_{FIRM}=(\beta_2+\beta_3)/\beta_2$，然而，$Conservatism_{FIRM}$在捕捉公司会计稳健性程度方面具有太大噪声。Basu、Pope 和 Walker、Givoly 和 Hayn 及其他人计量稳健性时使用组合方法，采用混合截面回归，这样能够有效减少估计 β_2 和 β_3 的误差。因此，为避免公司层面稳健性测度的计量问题，作者在式（1）中加入多元化程度（MULTI）的交叉变量，分别以年度、固定效应模型和混合回归模型等方式检验多元化对会计稳健性影响。本书用盈余或应计利润测度来衡量盈余稳健性。

③ 财务报告重述。财务报告重述是指上市公司因为管理层舞弊或者受到外界压力（审计与监管）不得不在已经向外界公布年报之外，再次向投资者或市场提交经调整过的信息披露行为。如果企业出现此类行为就可基本断定该公司的会计信息可靠性较差，也说明该公司的会计信息质量较低，信息披露行为有违规或不公允之嫌，因此，该指标可以作为会计信息可靠性的减分项目。

④ 审计意见类型。雷光勇、翟思珝（2006）认为投资者保护可以通过提高审计监督质量与外部监管、健全的法律制度安排来实现，不过，由于后者很难衡量，对于中国新兴的证券市场而言，相应制度安排存在有很大漏洞与缺陷，只能通过分析与投资者保护相关的政策法律的完善程度判断。审计质量的高低通常则可通过审计意见类型来衡量，而且出具“非标准无保留审计意见”的程度与频率，往往预示着 CPA 保持独守性、抵御客户压力的程度，而此情况通常意味着 CPA 提供了更高的审计质量。因此，对于不同的审计意见，实际上是可以从反面证明上市公司会计信息的可靠性程度，只要是 CPA 出具了非标准审计意见，一般可断定会计信息可靠性值得怀疑。故而作者本章以 CPA 是否出具“非标准审计意见”来作为会计信息可靠性的减分项目。

（2）会计信息的相关性度量

会计信息质量的相关性要求，需要企业在确认、计量和报告会计信息的过程中，充分考虑使用者的决策模式和信息需要。即企业提供的会计信息应当与投资者等财务报告使用者的经济决策需要相关，有助于投资者等财务报告使用者对企业过去、现在或者未来的情况做出评价或者预测。而是否有助于信息使用者评价企业预期现金流量的数量、时间和风险，是从会计角度判断公司是否促进投资者保护的标准之一。如何判断公司通过财务报告提供的会计信息是否有用呢？主要衡量方法有：第一是把会计盈余信息与股票的价格联系起来，观察会计信息的公布是否导致证券价格的变化；第二是把会计盈余指标与同期股价联系起来，观察会计指标对股价及其变化值的解释能力。前者称为盈余的信息含量，后者则称为盈余的价值相关性。

① 盈余信息含量的度量。学者 Ball 和 Brown（1968）研究发现：反映在收益数字中的信息是否有用，要看观察到的股票价格是否是随盈余报告的公布而调整。换而言之，充分有效的市场中股票价格其实包含所有历史信息。所以假如盈余公告真的拥有信息含量，投资者就会调整对股票盈余可能与回报的预期，并迅速做出无偏反应。当然，证券市场对信息的反应既可以表现为股票价格波动，还可以体现为交易量增加，以此方法可以检验年度盈余的信息含量。对财务报告会计信息含量的测度方法主要有：平均累计超额回报（CAR）分析、股票价格方差分析和盈余反应系数法（ERC）分析等三种。我国学者赵宇龙（1998）、程小可等（2004）利用 CAR 方法检验了年报信息的信息及其市场反应。本书也借鉴了这种方法。我们在评价上市公司的财务报告的信息含量时，使用年报信息代替财务信息，并分别计算了单个公司的 CAR 和盈余变化-超额收益比率：

年报盈余的信息含量（INFO）测度。计算公司年报的 CAR（+1，+5），以年报公布日为第 1 日，若该股票当日停牌，则以年报公布次日第 1 日。CAR 计算使用市场模型：

$$CAR_j = \sum_{d=1}^{5}(R_{j,d} - E(R_{j,d})) = \sum_{d=1}^{5}(R_{j,d} - \hat{\beta}_j \cdot R_{m,d}) \qquad (2)$$

上式中，$R_{j,d}$ 为考虑现金分红再投资的个别日收益率，$R_{m,d}$ 为第 d 日考虑现金分红再投资流通市值加权的 A 股市场平均收益，$\hat{\beta}_j$ 为公司 j 在 2009 年度市场数据估计的贝塔系数。以 CAR 与公司的未预期盈余（UE_j，$UE_j = EPS_j$，

$t\text{-}EPS_j$，$t-1$）相对比率作为公司年报信息含量的测试指标，即 $INFO_j = \frac{CAR_j}{UE_j/P_{t-1}}$ 其中，P_{t-1} 为公司上年末股票收盘价。

② 盈余价值相关性的度量。盈余的价值相关性是会计盈余解释和预测市场回报的能力，实证研究中使用的基本方法是计算会计盈余与市场回报的相关程度，即盈余反应系数（ERC）[①]。Baruch Lev（1989）发现尽管此类研究结果普遍支持盈余信息有用性假设，不过问题是拟合度普遍偏低（R_2 一般为 2%～10%），后来 Ball 和 Kohtari（1991）发现：风险变化条件下，超额回报与公司规模负相关，与非预期盈余正相关。国内陈晓等（1999）、王化成等（2007）利用这种方法检验了年报信息的有用性及其信息质量。本书以公司当年未预期回报（UR）与未预期盈余（UE）的比率作为年报盈余的价值相关性代理指标。

$$REVE_j = \frac{UR_j}{UE_j/P_{t-1}} \quad 其中：\quad UR_j = R_{j,t} - \hat{\beta}_j \cdot R_{m,t} \tag{3}$$

$R_{j,t}$ 为会计年末前 8 个月到年末 4 个月（-8，+4）股票考虑现金分红再投资的收益率，

$R_{m,t}$ 为会计年末前 8 个月到年末 4 个月（-8，+4）股票考虑现金分红再投资的 A 股市场收益率（流通市值加权）。

（3）会计信息披露质量的度量

截至目前，国内外理论界对信息披露质量评价并未形成较为一致的看法。Partha Sengupta（1998）、Gerald J. Lobo & Jian Zhou（2001）、Kenneth W. Shaw（2003）和 Brown & Hillegeist（2007）等学者的成果表明当今对信息披露质量的研究方法有三：一是依靠行业标准体系即对美国投资管理与研究协会（AIMR）及其分支机构美国财务分析联合委员会（FAF）所发布的分析师

① ERC 是盈余反应系数（Earnings Response Coefficient）是英文字母缩写，亦称盈利反映系数，具体计算方法是将研究窗口中的股票超额收益对非预期盈余进行回归，来分析盈余变化对超额收益所产生的影响。

评估指标（包括公司年报、季报、新闻信息及股东委托书等）和投资者关系等信息进行的客观公允及时地评估。二是采用公开信息自建信息披露指数，如 Botosan（1997）就自建信息披露指数：包括背景信息、历史业绩摘要、主要非财务指标统计、计划信息及管理层讨论与分析。Francis et al.（2008）借鉴其方法，研究得到基本相似的信息披露指数。三是采用其他替代指标，如 Hsiu-I Ting（2008）采用公司声誉指数、Jonathan L. Rogers（2008）采用股票市场的流动性作为信息披露的替代指标。

本书信息披露指标主要侧重于针对公司非财务信息披露及自愿性信息披露程度的测量。从公司使命与章程、股东、董事会及董事、激励与约束、监事会、社会责任与遵循、审计意见与风险管理机制七个方面分 48 个具体条目对上市公司信息披露状况进行评价。本书对信息披露水平变量定义如下：较差为 0，中等为 1，良好为 2，优秀为 3。

需要注意的是在确定各会计、审计和制度环境等指标权重时，本书运用了 AHP 方法，选取了北京大学、中国人民大学、对外经贸大学、南开大学等学者及审计署、企业实务人员，发放了 20 份专家调查问卷，得到有效问卷 18 份，通过对以上 18 份位专家的 AHP 问卷进行逐一计算及随机一致性检验，得到了每一位专家对于会计、审计和制度环境等指标的权重赋值，并对这些专家的权重进行再平均得到最终会计、审计和制度环境等指标体系的权重。

2. 解释变量

（1）制度环境变量指标的选择

以往的理论研究者把制度分为正式制度和非正式制度目的只是为了便于理论分析，在现实社会生活中，正式制度与非正式制度互相转化和互相影响，使它们之间的界限可能是模糊的，它们对经济发展的“共同影响”是很难分割的。本书的分析并不刻意去区分正式制度和非正式制度的经济后果即不考虑制度的形式差异对投资者权益的保护、对审计行为和对上市公司会计信息质量的影响。但是由于制度环境变量存在着多维性和复杂性的特征，为了更全面性、更清晰地的反映这一变量的内在涵义与外延效用的性质，本书作者以为基于投资者保护的公司制度环境的变量指标的设计可主要由国家层次的制度环境、省区市区层面制度环境和公司层面的微观制度环境等三个方面的制度安排构成，利用相关模型把这三个层次的制度环境变量计算出一个合成的制度环境变量，此种划分便于进行量化研究。不过，因为国家层面制度环境指标数据主要是适用于时间序列的数据分析，而本章实证部分的选择数据是横截面数据，且在其他情况不变的情况下，从宏观层面考察一国证券方面的法律法规、执法效率以及证券市场监管等制度安排对投资者保护的影响效果是一致的（数量方面度量），因此，借鉴主流研究方法，本章制度环境指标分析中主要是选择中观层面（各省市区）制度环境即按地区范围的制度环境相关变量来对我国各省市自治区证券市场的制度安排环境状况进行度量与分析，微观公司治理制度环境则拟作为控制变量进行研究与分析。省区层面制度环境变量指标分解如下：

① 法制环境（local Law_Envt）。樊纲、王小鲁、张立文和朱恒鹏（2009）指出，各地“市场化指数”值与当地的人均 GDP 之间存在明显的正相关关系。由于两位作者只能获得 2007 年的法治指数，将 2009 年的数据用 2007 年的指数替代不是很合适，因此，本书采用 2007 年的法治指数做被解释变量，以当年地区人均国内生产总值的自然对数做解释变量回归，调整后的 R 平方是 60.4%，方程是 $INVPRO=-9.271+1.683\times LNGDPP+\varepsilon$，系数的 t 值在 1% 水平上显著。此处作者利用该方程估计 2009 年各地区的法治指数，并以此衡量法律对投资者的保护程度。法律对投资者的保护既包括法律制度本身，也包括执法力度和效果。

② 地方政府治理（local Gov_Gove）。在一个市场经济国家中，法律制度的执行效果直接受政府治理能力的影响，因为行政管理既有可能保障法规执行的公正性，或者也有可能践踏司法的公正性；而且在全国的法制环境基本统一的情况下，地方政府介入市场与企业的程度不同，对上市公司与 CPA 的影响就存在着明显的差异。因此，能有效地影响上市公司管理者与 CPA 行为的行政管理力量应该是地方政府的治理程度与环境。Qian（1995，1996）和

McGregor（2001）就认为地方政府干预企业可能增加了企业的成本，因为政治家会用公司的资源来服务政治和社会目标，乃至其自身的目标。

③ 中介组织发育（Midd org Deve）。中介组织是指由 CPA 组成的会计师事务所、律师所组成的律师事务所和不同券商组成的证券公司等中介组织，他们共同构成我国要素市场体系运转的重要组成部分与支持力量，即这些组织的业务行为及其成员的活动与上市公司经营活动能否正常进行存在着密切关系，一个地方的中介组织发展程度与水平既受到该地的法律制度与会计师行业管理制度的影响，同时其自身发展程度与水平又会影响和推动着该地资本证券市场制度环境的变化，因此，本书选择了各省份中介组织发育程度并以此作为影响该省份证券市场制度环境的主要变量之一。

④ 地方信用制度环境（Local credit index）。地方信用制度环境指数主要是指用来反映全国各省市区在是否已经通过了相关的地方性有关企业及个人信用管理法规、是否建立有关企业及个人的征信体系和是否实现信用信息查询全国联网等方面的地方信用环境建设情况，通过赋值打分，将其作为影响我国证券市场及 CPA 执业行为的重要地方制度环境因素。

（2）CPA 审计行为（质量）变量指标的选择

为了更好地衡量审计执业质量指标，DeAngelo（1981）从审计质量的影响因素方面界定了审计质量的内涵，即审计执业行为的质量是 CPA 发现并且消除财务报告中错弊客观评价审计对象状况的能力，取决于独立性、专业胜任能力和保障功能的联合作用。

① 审计行为独立性审计独立性是指 CPA 能够独立进行审计业务并提出独立审计意见的能力，它反映了 CPA 个体意志的行为价值的内在稳定性。也是指 CPA 不受那些削弱或纵是有合理的估计仍会削弱 CPA 做出无偏审计决策能力的压力及其他因素的影响。Goldman 和 Barlev（1975）最早提出了审计人员的行为与管理当局的压力之间的冲突模型，该模型中 CPA 偏差行为的发生取决于两个方面的因素：一是管理当局给 CPA 施加压力的可能性；二是 CPA 对管理当局压力的抵制能力。管理当局给 CPA 施加压力的倾向主要为：无保留

意见的重要性、公司的状况和管理当局的道德水准。CPA 的力量取决于服务的性质和对客户的依赖性，服务性质是指 CPA 的服务是否对管理当局感觉到独一无二的价值。同时法律与行业监管以及职业道德也是影响独立性的重要制度因素。因此，本书作者认为衡量审计行为性质好坏或者质量高低的首要指标是审计的独立性。为了更好地衡量独立审计行为的质量可具体设置的独立性的次级指标（三级指标）为如下：

a. 审计收费溢价。客观而言，审计费用作为 CPA 经济收入的来源，无疑是支撑对其审计行为与质量的高低的主要物质基础，对其影响之大是不言而喻的。隶属于美国会计师协会（American Institute of Certified Public Accountants，以下简称 AICPA）的 Cohen 委员会（1978）调查发现：大多数有会计职业经验的人士认为过低审计费用确实是审计程序和时间预算执行的障碍因素。而且低额审计费用导致的成本、时间压力是其提供低质量审计行为的最关键原因。后来，Tread way 委员会 1987 年也得出了相同的见解。尽管理论界对审计质量与审计收费的关系看法仍存在差异，不过多数人的研究发现审计费用与审计行为质量呈正相关，即审计收费越高的事务所，审计质量较好。此外，张立民（2004）研究发现审计收费确与审计质量正相关，且是审计独立性的一个关键约束因素。宋衍蓄、殷德全（2005）也发现审计质量高的事务所往往审计费用报价也高。

b. 客户重要性。客户重要性是指会计师事务所对鉴证客户的经济依赖程度，具体是以该客户审计费用占事务所收入总额的比重来衡量。比如 De Angelo（1981）就通过经济学理论分析说明了审计质量会因 CPA 对重要客户妥协而受到影响。这也从侧面说明审计客户支付的大额审计费用很可能会直接或间接地影响 CPA 审计执业行为或质量。

c. 审计任期。审计任期是公司所聘任的事务所为其提供审计服务的累计年份。因为审计任期的长短是可能影响或者改变 CPA 的审计倾向或职业怀疑态度的直接诱因，因此审计任期是影响审计行为是否具有独立性与公正性的一个重要因素，作者认为审计任期是衡量 CPA 审计行为的重要变量。

d. 非审计服务。近年来，安然、世通等跨国公司财务丑闻与注册会计师舞弊案发生后，社会舆论焦点曾纷纷指向丑闻频出的会计师事务所。因为是他们向其审计客户提供诸如税收、IT 系统、兼并收购等一系列非审计服务，并从中获得远远高于审计业务的不菲收入，导致人们质疑他们审计执业过程中的立场是否客观与中立。为此，美国 SEC 迅速立法禁止 CPA 提供大部分非审计服务。监管者认为 CPA 宁愿牺牲独立性以维持购买高额非审计服务的客户。我国虽然没有明确立法禁止 CPA 不能同时兼任鉴证与非审计业务，但 2001 年证监会颁布《公开发行证券的公司信息披露规范问答第 6 号——支付会计师事务所报酬及其披露》明确规定上市公司年报中须按财务审计费用和财务审计以外的其他费用进行披露，旨在通过市场机制约束 CPA 的行为。

② CPA 专业胜任能力 De Angelo（1981）、李树华（1999）等学者的研究发现 CPA 的审计质量高低其实取决于 CPA 收集审计证据的专业胜任能力强弱，也就是说专业胜任能力越强，审计质量越高。习惯而言，通过对 CPA 的行业专长、事务所的专业化程度以及事务所所有员工中 CPA 所占比重、年龄结构、学历结构、审计人员流动性等因素进行评价是衡量 CPA 专业胜任能力的基本方法。本书专业胜任能力拟设置的指标为：

a. CPA 的行业专长。Deis 和 Giroux（1992）研究发现审计行业专门化与审计质量具有正相关关系。Keefe 等（1994）发现 CPA 在其具有审计专门化的行业中更显著地遵循了审计准则，行业专门化程度强的 CPA 具有更高的审计质量。Craswell 等（1995）认为有审计行业专门化的会计师事务所能提供更高程度保证水平。Owhoso 等（2002）发现 CPA 在其具有专业性的行业里更容易发现被审计单位的财务报表错误。一般而言，国外经验研究基本支持审计行业专门化对审计质量具有促进作用的结论。

b. 行业评价。行业评价是 CPA 执业声誉的业界看法，也是 CPA 执业水平的外在评估标准之一。如 De Angelo（1981）研究发现事务所专业化程度是用来测量审计质量高低变量之一；因为事务所规模越大，与每一特定客户相关系的准租占事务所整个准租总和的比重越小，事务所进行投机舞弊可能性就愈小，预期审计质量会越高。对此章永奎、刘峰（2002）的研究认为在识别盈余管理并提供更客观审计意见的能力方面大规模事务所明显要好于小事务所。后来漆江娜等（2004）的研究也证实国际“四大”的审计质量确实显著高过国内所。本书行业评价是以按业务收入递减原则将上一个营业年度“年业务收入”作为事务所排名的基本依据，并用事务所上年度 CPA 人数、CPA 年龄构成及学历构成等作为辅助指标，该指标是反映事务所专业胜任能力重要依据。

c. CPA 所占比重。雷光勇，刘丹（2006）认为 CPA 所占比重是衡量事务所专业胜任能力的核心指标，并运用该指标对国际“四大”与国内所的专业胜任能力进行比较，得出国际“四大”该指标要远大于国内所，但国内所 CPA 所占比重呈现逐年上升的趋势。本书 CPA 所占比重指标的内容是指会计师事务所拥有的 CPA 人数占全部员工的比例，该比率是衡量事务所专业胜任能力的核心指标。会计师事务所 CPA 人数、全部员工数分别取自中国 CPA 协会发布的 2010 年会计师事务所综合评价前百家信息中的 CPA 人数和从业人员人数（2009 年度数），非百强会计师事务所则通过各自的网站查询。

③ 审计保障功能审计保障功能是指反映会计信息使用者因 CPA 审计行为失范遭受经济利益损失而能够得到某种程度补偿的机制或能力。Chow, Kramer & Wallace（1988）研究发现独立审计执业需求的保险动因与价值在于审计失败后 CPA 能以某种方式弥补投资者的损失。O'Reilly et al.（2000）进一步研究认为此动因前提包括：一是法律制度有允许投资者可从独立审计方得到某些损失赔偿的规定；二是会计师事务所及 CPA 有足够资产来弥补投资者的损失。因而，审计保险功能可用如下指标来衡量：

a. 会计事务所或上市公司所在地区的法律完善程度。CPA 需面临的法律责任一般包括民事、行政和刑事等责任。事实上，在现有环境下必须有让 CPA 承担民事责任的制度设计，投资者才能因为得到现实经济补偿而受到保护。审计保险需求的动因在于在完善的民事法律制度的约束下，CPA 必须弥补投资者的部分损失。而且樊纲、王小鲁《中国市场化指数——各地区市场化相对进程2009年报告》研究发现上市公司或会计师事务所所在地区市场化指数越高，说明投资者保护越好，审计的保险功能越大。

b. 会计师事务所的资产规模。CPA拥有资产的价值是审计失败后对投资者损失提供补偿的前提与基础，CPA的赔偿额其实就其执业的保险价值，如果CPA的资产不足以弥补投资者损失，其行为的总价值就低于正常值。此外，如果CPA的资产不足以补偿，投资者对审计价值的评价随着CPA资产的减少而减少。所以，Dye（1993）的研究发现如果投资者要求的赔偿额超过了CPA的期末资产，其赔偿的最大额度是其全部资产，因而CPA赔偿责任仅限于其期末资产规模，即CPA资产规模越大，投资者得到补偿就越多。

3. 控制变量

基于本书研究目的与特点，本章实证部分选择了三类共计21个变量作为控制变量。

（1）上市公司的公司治理结构方面的控制变量。这里的公司治理结构也就是公司层面的制度环境，主要是公司这一微观主体所面临独立空间范围内的制衡环境，即用于调整公司治理层与管理者层及其他利益相关者之间的权利与义务关系的一系列制度安排。

① 企业控制权性质。该指标是指某公司持有股份最多的股东是否归国家或政府控股还是私人控股。该指标反映企业资产所有权归属基本情况（是否国有控股）；由于国有企业的经营者通常受现有的法律法规制约而不能公开合法地拥有自己的经济实体，如此就难以将公司股东的利益直接转移给个人。他们对上市公司侵占目的通常是代表国有大股东实现自己财产的保值增值目标以及应对上级部门的业绩考核，有强烈利益动机利用高质量信息去掩饰真实转移资产的目的。反之，非国有企业经营者（也是所有者）则有强烈动机利用上市公司的低质量信息及审计报告来控制其他实体以获取私利。因此上市公司企业性质或控制权性质可能会对CPA行为及会计信息质量具有更显著的影响。

② 控制权特征（第一大股东占有的产权份额）。该指标是用以反映公司

资产处于何种最终控制状态，即上市公司是否由内部人控制或一股独大现象；衡量公司治理结构是否存在潜在问题与控制漏洞等。公司控制权掌握在大股东手中则其可能决定公司会计政策与屏蔽掉透明公允的会计信息，第一大股东占有的产权份额越大，则控制权越强，对外报告与披露的信息内容与质量要求就更高。

③ 股权集中度。该指标主要是指第二至第五大股东的持股额之和占公司全部股本额的比例。Left wichetal（1981）、Fama & Jensen（1983）等研究发现依据代理理论可知管理者侵犯投资者利益可能性与股权越分散有着直接关系，原因是如果股权越分散，单个股东鉴于成本因素保护其利益的行动就愈难以实现，其获取的利益就愈小。Shleifer 和 Vishny（1997）指出公司的股权集中化可以使大股东具有足够的激励动机去收集信息并有效监督管理层，从而避免了股权过于分散情况下的“搭便车”现象，也有利于增加对上市公司会计信息的充分可靠地供给，从而满足更多利益相关者的会计信息需求。

④ 高管人员持股比重。该指标说明董事会治理效率不仅受内部治理结构影响，而且还受到高管的专业能力与尽职程度的影响。假如高管有较高持股比重就有动力刺激其为股东利益努力工作，会提高董事会的监管效率。况且董事、经理人等高管倾向于放弃收益高且风险高的投资项目，而选择收益较低风险较小的投资项目，主要原因是他们在公司中没有剩余索取权的吸引与约束，自然会与股东利益最大化相背离。反之，就会有足够动机尽职工作追求双高投资项目，使自己与股东目标合二为一。因此，董事会和经理层等高管人员的持股比重越高，其利益就紧密相连，就越有利于提高公司的内部治理水平、审计行为和信息披露质量。

⑤ 董事会权力制衡度。该指标指上市公司董事长与总经理二职是否分设。现代公司制度赋予董事会的主要职能是负责公司重大问题的决策和对于经理层经营行为的监督与制衡和经营绩效的评估与约束。若董事长和总经理职务没有分设就意味着是总经理自己监督并评估自己，自然会更多考虑自身

利益而忽视股东利益（张宗新，2009）。而且 Molz（1988）研究也发现如果董事长和总经理二职没有分设有可能削弱董事会监督与控制职能，管理层往往选择屏蔽不利于自身的信息，最终导致会计信息质量下降。

⑥ 独立董事的比例等指标。该指标是指公司董事会中独立董事人数所占的比重。作为抵制经营者机会主义行为的重要力量，如果独立董事在董事会中的比中越大，往往会更有利于强化公司内部治理结构，会更有可能约束经理人增加信息透明度。Left Wichal 等（1981）、Fama 和 Jensen（1983）等的研究都发现经营者的投机行为多少与独立董事在董事会比例高低是成反向变动关系的，独立董事多的公司往往会自愿披露充分信息。接着，Forker（1992）更进一步地证明了独立董事比例高与会计信息质量高呈正相关关系，还会降低管理层屏蔽信息不当得利的可能性。

（2）上市公司运行状况方面的控制变量。上市公司通常隐瞒信息或者违规披露信息的主要动机之一就是试图掩饰公司经营活动的失败，从而通过减少信息披露或者虚假信息披露来进行盈余管理。因而，如果上市公司经营状况良好，获利能力较强，那么它增加充分的会计信息供给、提高会计信息披露质量的行为倾向将更为强烈，因为此时上市公司已经没有必要进行需要耗费大量成本的盈余管理，况且还可以通过增加额外信息的披露来改善自己在投资者和监管机构中的经营形象，为未来可能的再融资创造更优越的商业环境。如李耀松等（2005）就发现业绩好的公司会计信息披露质量高。

（3）上市公司的经营规模方面的控制变量。上市公司经营规模也可作为会计信息质量的相关影响因素之一。因为经营规模指标的大小往往自然隐含着诸多有用信息（Chow 和 Wong-Boren，1987），如上市公司的规模经济程度；上市公司所能够承担的生产信息的成本和要件，包括提供高效信息所需要的人力、IT、管理经验等。一般规模越大的公司，其经营环节、内部控制的制度安排与运作程序也就更加规范，对信息做出的反应也越快捷和准确。

鉴于公司治理的结构、公司运行的状况与公司的规模大小等方面指标都是可能影响会计信息质量的因素，因而，本书把控股股东性质、控制权性质、股权集中度、高管持股比例、董事会权利制衡度、独立董事比例、资产收益率、资产负债率、营业收入增长率、总资产规模（年末总资产取自然对数）和行业虚拟变量等具体指标一起作为上市公司会计信息质量评价的控制变量。

4. 研究变量的符号与定义

本书研究变量的名称、符号与取值的方法及其定义可以概括为如下表 5-1 所示。

表 5-1　　主要研究变量的名称、符号与定义

变量	变量名称	符号	变量定义
被解释变量	会计信息质量：	*Acco_Q*	分别由可靠性、相关性、信息披露等的指标来反映 2009 年度上市公司会计信息质量状况。综合打分赋值计算而得。
	可靠性	*Reliability*	体现企业报表如实反映符合确认和计量要求的各项会计信息的信赖程度。
	相关性	*Relevant*	体现企业提供的会计信息与会计信息使用者的经济决策需要相关联的程度与水平。
	信息披露	*Disclosure*	该指标侧重于衡量非财务信息披露及自愿性信息披露度的程度与水平。
解释变量	变量 1. 省区制度环境	Environment	主要是由中观环境下 4 个子指标来合成体现 2009 年度各省区上市公司制度环境的质量。综合打分赋值计算而得。
	地方法制环境	*local Law_Envt*	反映 2009 年我国各省市投资者保护方面的法制健全程度。中国大陆地方保护的调查报告 2004. 各地区的法治指数，$INVPRO=-9.271+1.683\times LNGDPP+\varepsilon$

续表

变量	变量名称	符号	变量定义
解释变量	地方政府治理	*local Gov_ Gov*	① 各地区实际利用外资直接投资额 ② 各地区实际利用外资直接投资额增长率 ③ 各地区非国有经济固定资产投资额占全部固定投资额比重
	市场中介组织发育	*Midd org_Deve*	2009年各省CPA/CPA总数和LAWER人数/ LAWER总数；各省券商数目/全国券商数分别反映各省市区当年的律师、会计师数与行业协会（券商数目）等中介组织的发展水平与程度，数据取自《中国统计年鉴》(2010)。
	地方信用环境指数	*Local credit index*	各省市区域内信用建设状况，反映上市企业所面临的信用状况。对各省市信用立法、征信系统发展程度与信用信息化建设水平取数相加。
	变量2. 审计行为质量	Audit_B	主要是由独立性、专业胜任能力、保障性等三个指标来合成体现报告期2009年度审计行为的质量状况。综合打分赋值计算而得。
	独立性	*Independent*	CPA不受那些内外部因素的影响而能够保持无偏审计决策与行为选择的能力。
	专业胜任能力	*Professional*	CPA具备能够恰当地从事上市公司财务报表的审计执业工作能力。本书通过对CPA行业专长、事务所专业化程度以及事务所员工中CPA所占比重等因素进行综合评价获得CPA专业胜任能力数据。
	保障性	*Assurance*	反映会计信息使用者因审计行为失误遭受经济利益损失而能够得到补偿的程度。

续表

变量	变量名称	符号	变量定义
控制变量	控股股东性质	*State*	当年企业控股股东是否国有性质或产权是否公有？控股股东是国有性质时，*State* = 1，民营或其他情况时，*State* = 0。
	控制权特征	*First owner*	第一大股东的持股比例或程度，数据来源取自数据库资料。
	股权集中度	*Concentrate*	第一至第五大股东的持股比例之和，用于反映企业股权的集中程度，数据取自数据库资料。
	高管持股比例	*Management*	公司高管（董事会成员和经理人）持有股之和占总股本的比例，数据取自数据库资料。
	董事会权利制衡度	*Duality*	即指董事长与总经理 CEO 两职是否分设，如董事长兼任总经理时，Duality = 1，其他情况为 0。
	独立董事比例	*Indirect or*	独立董事人数在公司董事会中所占的比重，公司是否存在股权激励。
	资产收益率	*ROA*	2009 年度净利润 EBIT÷2009 年平均资产总额，表示企业报告期经营状况好坏。
	资产负债率	*LEV*	2009 年末负债总额÷2009 年资产总额，用于反映企业报告期偿债能力的大小。
	营业收入增长率	*Growth*	2009 年末营业收入比 2008 年末收入的增长比率，表示企业报告期主要经营活动成长趋势。
	总资产规模	*Size*	2009 年末总资产取自然对数，用于反映企业规模大小对于会计信息质量的影响。
	行业哑变量	*Industry*	公司所属行业虚拟变量，12 个行业设置 11 个虚拟变量。

5. 样本数据的来源与选择

（1）样本数据的来源

本章所有取得的上市公司的2009年度年报公告数据均来自中国证监会网站、上海证券交易所网站和深圳证券交易所网站，以及CCER数据库，国泰安数据库CSMAR、巨林数据库等，并根据色诺芬公司CCER提供的公司治理数据库，获得了公司最终控股股东的相关数据。根据国泰安数据库CSMAR、巨林数据库、中国CPA协会网站与会刊获得了有关CPA审计监督行为质量的大量数据来源，如事务所收入和CPA人数。根据大量统计和调查资料，采用"主成分分析法"，计算出了制度环境、审计行为、会计信息质量等指标与变量的指数。

（2）样本数据的选择

基于我国制度环境影响因素的复杂性与多维性及其对于证券审计市场的审计主体及其行为有着深远的实质性影响之重要背景，本书涉及变量组成内容有多层次与多元性，以及在取得相关原始数据方面存在的巨大的工作量和本人有限的时间、工作精力与能力等现实原因，本书实证部分拟主要采用2009年这一单年份的横截面数据来研究与量化衡量我国证券市场制度环境下的制度安排变化对CPA审计行为的影响与关系。

本书选取了2009年度在上海证券交易所和深圳证券交易所进行交易的所有公司作为初始样本。为了达到研究目的，我们执行了以下筛选程序：（1）剔除了含B股或H股和创业板的上市公司，这些公司面临境内外双重监管环境，与其他上市公司不同；（2）剔除了金融行业上市公司，因为这些公司存在行业特殊性；（3）剔除了财务数据不全的公司；（4）剔除了由非百强事务所审计且无法获得CPA资料的企业。（5）为了控制异常值对回归结果的影响，剔除了1%分位数和99%分位数以外的极端值数据。最后，我们获得了来自2009年度我国内地31个地区的1 215家公司的截面数据（即有效样本观测值数目合计为1 215个）。

5.2.2 研究模型构建

1. 建立模型的思路

本书的选题思路是在于研究在我国现有宏观制度模式的约束下，研究基于投资者保护的制度环境、审计行为和公司会计信息质量三者之间的联动影响效应与内在关系。为此，本书需建立以下用于探讨投资者保护目的下制度环境、审计行为与上市公司会计信息质量之间相互关系的非线性模型。该模型应该能够研究与说明如下问题；

（1）用于分析不同证券市场制度环境是如何影响我国上市公司的会计信息质量，如试图用制度环境单因素条件来分析和验证其对与上市公司会计信息质量的影响。

（2）用于分析我国证券审计市场 CPA 的审计行为是如何对上市公司会计信息质量水平造成影响，包括试图用 CPA 审计执业行为这一单因素条件下来分析和验证其对与上市公司会计信息质量的影响。

（3）用于分析不同证券市场制度环境是如何与审计行为一起影响上市公司会计信息质量的变化，包括试图用制度环境与 CPA 审计执业行为两因素在不交叉以及交叉等两种情况下来分别计算、验证和分析其对上市公司会计信息质量的共同性影响。

2. 基本研究模型

参照 Warfield 等（1995）、Fan 和 Wong（2002）、Francis 等（2005）、Wang（2006）的做法，本章的实证研究主要采用如下回归模型，其中模型 1 和 2 分别是制度环境和审计行为质量同会计信息质量之间的单变量回归模型；模型 3 和 4 分别是多变量回归模型，其中前者是多元变量不交叉回归模型，后者是考虑了多元变量且交叉回归分析的模型，是本书进行相关分析和检验所依据的最主要模型。

$$
\begin{aligned}
Acco\_Q_{i,t} = {} & \beta_0 + \beta_1 Environment_{i,t} + \beta_2 State_{i,t} + \beta_3 Firstowner_{i,t} \\
& + \beta_4 Concentrate_i + \beta_5 Management_{i,t} + \beta_6 Duality_{i,t}
\end{aligned}
$$

$$+ \beta_7 Indirector_{i,t} + \beta_8 ROA_{i,t} + \beta_9 LEV_{i,t}$$

$$+ \beta_{10} Growth + \beta_{11} Size_{i,t} + \sum_{n=12}^{13} \beta_n Industry_{i,t} + \xi_{i,t} \quad (\text{模型 } 1)$$

$$Acco\_Q_{i,t} = \beta_0 + \beta_1 Audi\_B_{i,t} + \beta_2 State_{i,t} + \beta_3 Firstowner_{i,t}$$

$$\beta_4 Concentrate_i + \beta_5 Management_{i,t} + \beta_6 Duality_{i,t}$$

$$+ \beta_7 Indirector_{i,t} + \beta_8 ROA_{i,t} + \beta_9 LEV_{i,t}$$

$$+ \beta_{10} Growth + \beta_{11} Size_{i,t} + \sum_{n=12}^{13} \beta_n Industry_{i,t} + \xi_{i,t} \quad (\text{模型 } 2)$$

$$Acco\_Q_{i,t} = \beta_0 + \beta_1 Environment_{i,t} + \beta_2 Audi\_B_{i,t} + \beta_3 State_{i,t}$$

$$+ \beta_4 Firstowner_{i,t} + \beta_5 Concentrate_i + \beta_6 Management_{i,t}$$

$$+ \beta_7 Duality_{i,t} + \beta_8 Indirector_{i,t} + \beta_9 ROA_{i,t} + \beta_{10} LEV_{i,t}$$

$$+ \beta_{11} Growth + \beta_{12} Size_{i,t} + \sum_{n=13}^{24} \beta_n Industry_{i,t} + \xi_{i,t} \quad (\text{模型 } 3)$$

$$Acco\_Q_{i,t} = \beta_0 + \beta_1 Environment_{i,t} + \beta_2 Audi\_B_{i,t} + \beta_3 Environment_{i,t}$$

$$\times Audi\_B_{i,t} + \beta_4 State_{i,t} + \beta_5 Firstowner_{i,t} + \beta_6 Concentrate_i$$

$$+ \beta_7 Management_{i,t} + \beta_8 Duality_{i,t} + \beta_9 Indirector_{i,t} + \beta_{10} ROA_{i,t}$$

$$+ \beta_{11} LEV_{i,t} + \beta_{12} Growth + \beta_{13} Size_{i,t} + \sum_{n=14}^{25} \beta_n Industry_{i,t} + \xi_{i,t}$$

（模型 4）

其中，β_0 为截距，β_1 至 β_{13} 为回归系数，$\xi_{i,t}$ 为残差项。为了减轻异方差问题对回归结果的不利影响，本书对所有回归结果的 T 统计量进行了 White（1980）异方差调整。

5.3 多变量回归模型的描述性统计

通过对 2009 年制度环境、审计行为与会计信息质量多元回归模型中主要变量进行描述性统计，统计结果如下表 5-2 所示：

表 5-2　　　　主要变量描述性统计

	样本量	均值	标准差	最小值	四分之一	中位数	四分之三	最大值
Acco_Q	1 215	0. 566	0. 061	0. 318	0. 525	0. 565	0. 608	0. 702
environment1	1 215	0. 636	0. 167	0. 033	0. 546	0. 677	0. 756	0. 876
Audi_B	1 215	0. 610	0. 080	0. 321	0. 559	0. 612	0. 664	0. 830
enviindex	1 215	0. 389	0. 117	0. 014	0. 323	0. 392	0. 473	0. 684
state	1 215	0. 389	0. 488	0. 000	0. 000	0. 000	1. 000	1. 000
Firstowner	1 215	0. 363	0. 145	0. 092	0. 243	0. 345	0. 477	0. 750
concentrate	1 215	0. 501	0. 146	0. 182	0. 387	0. 504	0. 605	0. 885
managenment	1 215	0. 032	0. 101	0. 000	0. 000	0. 000	0. 001	0. 587
duality	1 215	0. 149	0. 356	0. 000	0. 000	0. 000	0. 000	1. 000
indiretor	1 215	0. 362	0. 045	0. 273	0. 333	0. 333	0. 375	0. 556
roa	1 215	0. 040	0. 059	-0. 278	0. 012	0. 035	0. 067	0. 241
lev	1 215	0. 504	0. 188	0. 077	0. 364	0. 515	0. 648	0. 997
growth	1 215	0. 095	0. 403	-0. 709	-0. 122	0. 045	0. 201	3. 473
size	1 215	21. 667	1. 098	19. 046	20. 866	21. 587	22. 395	24. 948

从 2009 年度 1 215 个样本主要变量的描述性统计结果来看，制度环境指数的均值和标准差分别为 0. 636 和 0. 167，最大值和最小值分别为 0. 876 和 0. 167；审计行为变量的均值、标准差、最大值和最小值则分别为 0. 610、0. 080、0. 830 和 0. 321；会计信息质量指数分别为 0. 566、0. 061、0. 702 和 0. 318；制度环境的均值、标准差、最大最小值之间绝对值均是最大的，意味着制度环境因素变化幅度较大，而这与 2009 年我国的证券市场各项制度在不断深化改革与发生变化以及世界金融危机对我国经济输入不利性影响这一客观情况是相符的；制度环境与审计行为的交叉变量标准差与最大最小值之间绝对值也是相对较大，但是小于单一制度环境变量的差值，说明制度环境与

审计行为在共同影响会计信息质量时比单一制度环境变量的影响更为稳健。同时，在全国范围内制度环境最好的东部沿海地区的制度环境指数（如上海0.876、北京0.795、广东0.755）明显高于中西部内部省区的制度环境指数（西藏0.032、青海0.205、甘肃0.211），相应地，位于东部沿海地区的CPA审计行为质量指数与上市公司的会计信息质量指数也明显高于中西部内陆地区的相应指标，因此需要继续加快中西部市场化、政府治理、信用制度等改革进程，不断改善这些地区上市企业所处的制度环境。总体而言，主要变量的中值与均值的分布比较均衡，没有异常。

5.4 相关性分析

多元回归模型（模型4）样本总体主要变量：制度环境、审计行为与会计信息质量等变量之间的Pearson和Spearman相关性检验结果可如下表5-3所示。

从表5-3中，除了一些控制变量如Firstowner、indiretor、lev、growth、size等则与Accounting呈负相关关系以外，可以看出因变量Acco_Q与自变量environment、audi_B、environment-audit以及state和management等变量之间均呈显著正相关关系，说明上述变量在一定程度上可能影响了市场整体对上市公司的预期，在制度环境指数与审计行为指数较高地区的上市公司会计信息质量也相对较高。因此，说明公司所面临的法制建设、行政管制、市场监管和公司信用状况等制度环境及其接受CPA审计行为的质量大小均是影响上市公司会计信息与质量的重要因素之一。那些会计信息质量较高的上市公司往往是在制度环境比较良好的东中部地区，也是那些审计执业环境优越、CPA审计行为端正的地区。此外，Concentrate、Duality和ROA等控制变量与因变量Acco_Q之间具有相关性但是不显著，说明股权集中度、管理层权利集中程度以及资产报酬率大小等因素的变化与会计信息质量之间存在某种联系但可能对其不能产生实质性的影响。

表 5-3 制度环境、审计行为与会计信息质量等主要研究变量相关系数矩阵

	Acco_Q	environment	audit	enviroaudi	state	Firstowner	concentrate	Manage	duality	indirector	roa	lev	growth	size
Acco_Q	1	0.113***	0.096***	0.140***	0.070**	-0.030	0.024	0.148***	0.021	-0.053*	0.007	-0.101***	-0.097**	-0.090***
enviro	0.119***	1	0.137***	0.887***	0.111***	0.102***	0.138***	0.154***	0.120***	0.000	0.066**	-0.064**	0.029	0.038
Audt_B	0.111***	0.120***	1	0.565***	0.083***	0.092***	0.114***	0.185***	0.048*	-0.044	0.038	-0.098***	-0.025	-0.101***
Envi_A	0.150***	0.839***	0.600***	1	0.141***	0.118***	0.165***	0.223***	0.129***	-0.022	0.080***	-0.098***	0.013	-0.021
state	0.073**	0.125***	0.084***	0.158***	1	-0.203***	-0.052*	0.372***	0.213***	0.053*	0.099***	-0.134***	-0.012	-0.295***
Firstow	-0.031	0.082***	0.101***	0.105***	-0.209***	1	0.743***	-0.108***	-0.049*	0.028	0.100***	0.009	0.053*	0.224***
corate	0.014	0.133***	0.131***	0.166***	-0.054*	0.745***	1	0.118***	0.008	0.026	0.212***	-0.063**	0.086***	0.165***
manage	0.104***	0.154***	0.134***	0.209***	0.250***	-0.240***	-0.125***	1	0.197***	0.084***	0.126***	-0.133***	0.005	-0.183***
duality	0.010	0.122***	0.047*	0.129***	0.213***	-0.047*	0.006	0.113***	1	0.029	0.047	-0.085***	0.011	-0.153***
indirect	-0.033	-0.004	-0.046	-0.033	0.046	0.031	0.043	-0.021	0.021	1	-0.014	0.009	0.033	0.032
roa	-0.033	0.087***	0.067**	0.112***	0.099***	0.095**	0.233***	0.147***	0.051*	-0.020	1	-0.369***	0.225***	0.108***
lev	-0.098***	-0.074***	-0.108***	-0.105***	-0.139***	0.014	-0.063**	-0.097**	-0.086**	-0.004	-0.390***	1	0.107***	0.328***
growth	-0.095***	0.015	-0.015	0.007	-0.035	0.051*	0.101***	0.024	-0.001	0.034	0.356***	0.060**	1	0.057**
size	-0.102***	0.030	-0.122***	-0.049*	-0.297***	0.203***	0.131***	-0.056*	-0.154***	0.026	0.088***	0.345***	0.112***	1

注：***，**，*分别表示 1%，5%，10%的显著性水平。右上角为 Pearson 相关系数，左下角为 Spearman 相关系数，括号内为 p。

5.5 回归结果分析与说明

从表5-4制度环境、审计行为与会计信息质量等主要变量的多元回归分析结果比较可以看出，无论是单变量回归分析还是多元回归分析的情况下，自变量制度环境、审计行为质量与因变量会计信息质量之间均呈现显著正相关关系，说明上市公司所处的证券市场制度环境、CPA的审计行为等因素的确与上市公司会计信息质量之间存在着内在联系，一定制度环境内（不同地区、不同产权性质）的不同法制、政府、中介和信用等部分内容均会在不同程度上直接或间接影响着公司管理层的披露动机，影响着他们所提供的会计信息的质量与水平。同样，在既定制度环境下（不同环境下）的CPA不同质量的审计行为也同样与会计信息质量之间显著正相关。因而这些结果与本书的研究假设1、2、3均相符。

表5-4　制度环境、审计行为与会计信息质量等主要研究变量的多元回归分析

	模型5.1		模型5.2		模型5.3		模型5.4	
	系数	T值	系数	T值	系数	T值	系数	T值
Intercept	0.622***	13.700	0.607***	12.500	0.603***	12.490	0.612***	8.530
environment	0.042***	3.570			0.040***	3.380	0.026*	2.310
Audi_B			0.039*	1.780	0.027*	1.920	0.012***	3.130
Enviror-audit							0.023*	2.160
state	-0.005	-1.170	-0.004	-1.010	-0.005	-1.200	-0.005	-1.210
Firstowner	-0.026	-1.280	-0.025	-1.190	-0.028	-1.360	-0.028	-1.360
concentrate	0.022	1.070	0.025	1.200	0.022	1.070	0.022	1.060
managenment	0.077***	3.650	0.080***	3.780	0.073	3.460	0.073***	3.440
duality	-0.002	-0.430	-0.001	-0.150	-0.002	-0.430	-0.002	-0.430
indiretor	-0.096**	-2.270	-0.094**	-2.210	-0.092***	-2.180**	-0.092**	-2.170

续表

	模型 5.1		模型 5.2		模型 5.3		模型 5.4	
	系数	T 值	系数	T 值	系数	T 值	系数	T 值
roa	0.010	0.230	0.007	0.160	0.010	0.240	0.009	0.230
lev	-0.013	-1.010	-0.017	-1.290	-0.013	-1.000	-0.013	-1.000
growth	-0.013**	-2.440	-0.013**	-2.410	-0.013**	-2.410**	-0.013**	-2.400
size	-0.002	-1.040	-0.001	-0.640	-0.002	-0.990	-0.002	-0.990
行业	控制		控制		控制		控制	
样本量	1 215		1 215		1 215		1 215	
Adj R-Sq	0.059		0.049		0.059		0.057 9	
F 值	3.900***		3.400***		3.790***		3.63***	

注：***，**，*分别表示1%，5%，10%情况下的显著性水平。

5.6 研究结论

本章利用了2009年度的1 215家上市公司的样本，检验与证实了我国证券市场参与主体面临的复杂的、不同地区的公司制度环境与公司会计信息质量之间、我国证券审计市场不同程度的CPA审计行为质量与公司会计信息披露质量之间和包含审计行为质量在内制度环境与会计信息质量之间的内在关系，在控制了相关变量之后，制度环境变量与会计信息质量变量、审计行为质量变量与会计信息变量之间有着显著的正相关关系，研究结果显示本章研究假设是正确的，也直接证明了前面章节理论阐述的客观性与正确性，而且研究结果表明了制度环境较差的中西部地区省份的上市公司的会计信息质量明显低于东部沿海改革开放程度较高的省区的上市公司会计信息质量，国有性质企业的会计信息质量要好于民营上市公司会计信息质量，因此，一国的制度环境的变化可以改善或者阻碍在该环境下的上市公司会计信息质量。

同时，促进一国的证券审计市场CPA的审计行为的端正与执业质量的提升也会明显有助于提升公司会计信息的披露水平。研究还进一步的发现如果考虑公司所处的制度环境以及 CPA 执业行为的质量的综合因素，两个变量对会计信息质量的交叉影响的效应事实上要小于制度环境变量、审计行为变量分别单独对公司会计信息质量的影响程度。

第6章　公司会计信息质量的制度环境改善与审计行为调整的策略建议

6.1　英美公司会计信息披露与审计行为约束制度变革的经验与启示

6.1.1　英美公司会计信息披露与审计行为约束制度变革的基本经验

在2002年安然公司等系列财务欺诈案曝光之前，美英等国的会计准则运行机制被誉为国际会计体制的典范：发达的市场环境、规范化的法律制度、制度化的行业监管体制、发达的注册会计制度和独具特色的公司治理结构等都曾是各国效仿的对象。然而，2002年以后美英社会却出现了安然公司、世通公司等系列财务欺诈案丑闻。人们对这些案例反思后得出的共性评价是：公司治理中审计委员会控制失灵，CPA缺乏独立性，这导致公司会计监督失效；以行业监管为主导的会计监管体系缺乏独立性，法律责任制度缺乏威慑力，这使强制实施机制失灵；股票期权制度和市场预测的压力对会计舞弊产生激励；会计准则的规则化，缺乏高效率执行的约束力、会计信息披露机制出现失灵。作者以为其主要原因是欧美等国上市公司审计监督、激励机制失当与监管缺位等制度环境不协调所致，还有就是根植于西方民族文化的崇尚自利的企业道德和诚信意识与正式会计制度的价值取向并不协调，致使上市企业缺乏自我执行会计准则的动机与约束，其表现为低质量会计信息披露行为的推力强而监督力弱。而且这些国家制度和市场均是外部强制机制和激励机制，以及完全有效市场并未出现，投资者缺乏对会计信息质量水平的识别能力。如果公司层次会计监督、道德和文化约束不能抑制公司不遵从会计准则行为，企业缺少了遵从会计准则的机制约束，以股权激励为主的激励机制作用最终会突破制度约束，必定会出现低质量会计信息披露行为。英美公司会计信息披露与 CPA 审计行为制度环境变革的概况如表 6-1 所示。

表 6-1　英美公司会计信息披露与 CPA 审计行为制度环境变革的概况

制度变革	英　国	美　国
法制体系构成	自律管制型证券法体系的代表性国家。证券法规主要由《公司法 1948》、《公司法 1981》、《公司法 1989》组成，及与金融、证券有关的其他法规《防止欺诈投资法 1958》、《保护储户法 1962》和《金融服务法 1986》（2000 年修改后称为《金融服务和市场法》、《保险公司法 1982》和《银行业法 1987》等构成，目前已经形成了健全的证券行业投资从业行为的规范。	主要法制体系包括：《证券法 1933》、《证券交易法 1934》、《公用事业控股公司法 1935》、《信托证券法 1939》、《投资公司法与投资顾问法 1940》、《证券投资保护法 1970》、《内幕交易制裁法 1984》、《内幕交易与证券欺诈执行法 1988》《私人证券诉讼改革法 1995》及《2002 年萨班斯-奥克斯利法案》等构建了完善的上市公司与 CPA 审计执业行为规范的法律框架。
证券行业监管	在自由市场经济背景下，英国证券交易所实际上行使着维持证券市场日常管理的职能，目标是实现参与方在证券市场上的公开、公平与公正投资活动。	美国 SEC 负责对证券行业参与者的投资经纪行为的监管。2002 年后在社会公众的呼声和政府的压力下，行业自律监管的目标发展为维护公众利益成为主要目标并兼顾行业利益。

续表

制度变革	英国	美国
CPA审计行为管制	自1853年英国爱丁堡会计师协会成立至今，实行CPA行业自律监管体制，历经150多年，2003年后已形成行业自律监管为主、独立监管与政府监管为辅的体制。安然事件后，英国政府决定全面检查CPA行业监管制度，从而推出全新的独立监管框架。	1886年美国公众会计师协会成立，纯行业自律，经过120年与政府监管的摩擦，现在独立监管为主、行业自律监管与政府监管为辅的体制。2002年美国颁布萨班斯法案，成立公众公司会计监管委员会（PCAOB），对CPA行业实行独立监管，强化了政府监控。
信息披露规范	1970年成立正式会计准则制定机构：会计准则筹划委员会，1990年成立会计准则委员会ASB等民间组织负责制定会计行为包括信息披露的规范拟定与监管。	1933年证券法规定实行财务公开制，是最早的信息披露制度。1973年会计准则委员会APB负责制度会计准则，会计信息披露目标不以税收为导向，致力于保护股东利益。披露内容与方式更客观公允，违规责任更明确严厉。

因此，英美等国基于投资者保护的会计与审计行为约束等制度环境变化的方面经验主要有：在法律和制度环境相对健全的情况下，投资者利益得到保护可能性较高，市场有效性在逐步增强，会计信息市场激励与约束机制就会产生互补和替代的效应；而在会计审计准则和市场管理制度完善的情况下，政府管制行为也在趋向规范化。一般情况下，公司会计准则、审计准则执行行为及其成果主要取决于证券市场的政治、法律、诚信、公司治理制度等宏微观制度安排。当外部法律和政治环境与证券运营秩序协调时，公司会计信息披露的过程与结果就会更加透明；当管理层激励和投资者关注的市场收益目标高度一致时，企业推动股价上涨的动力会更高，管理层对市场评价十分在意，这些激励因素可能会促使管理层为了迎合市场评价而采取可靠的会计

决策。主要表现是：一是上市公司往往主动地披露公司更多的财务信息，而自愿性信息披露成为企业与投资者互惠的选择；二是企业利益相关者积极参与会计准则的制定，通过游说准则制定机构以争取有利于自身的宏观会计政策；三是通过会计创新进行盈余管理也是企业提供会计信息常用手段，这种创新又推动会计准则创新与会计信息质量的不断提高，借助于会计信息的透明度来实现投资者保护的目的。

6.1.2 英美公司会计信息披露与审计行为约束制度变革的主要启示

首先，上市公司会计信息披露质量的提升其实是一个涉及多维层面、复杂、系统性、长期的治理工程，是一个国家证券市场相关法律、政治、诚信、监管、上市公司、审计中介机构等各方面制度环境全面改善的综合性经济后果。因此，财务会计报告信息质量问题是一个社会性问题而不只是会计领域问题。嵌入性理论[①]分析表明，从不完善到完善，情境架构及其会计准则、审计准则执行机制的发育是一个伴随着整个社会制度、市场结构、文化教育和社会关系及企业制度演变的过程，会计审计系统的人为设计性并不能超脱现实社会背景。目前各国都没有达到产生高质量会计信息的社会条件，会计信息治理与质量提升必然是一个长期性、动态化、系统性的社会治理过程，是相关制度环境逐步变化的综合过程。

其次，制度化监管体系及其环境的建立与完善与否是证券市场会计信息质量能否得以有效保障的必要条件与核心制度安排。欧美等国证券市场监管制度完整体系的共同特点是：① 进行会计监管的主体者通常具备独立监管的职业条件，即具有足够的独立性特征；② 监管执行者本身同样必须接受监管约束，且监管行动必须具备相当的透明性；③ 无论是直接监管企业还是监管

① 此概念最早见于经济史学家卡尔·波拉尼（Karl Polanyi）1957 年的论文《作为制度过程的经济》中，该理论认为任何行动都是嵌入在社会情景结构之中，经济过程实质上是主体与情境的互动过程，对经济行为策略的理解应该始于对行动者情境的分析，对经济行为的管理也就应着手对其所处的情境结构的再造。

CPA，监管直接目标都是通过鉴别上市公司会计信息质量的客观状况与水平，来判断能否减少会计与审计准则未能执行的风险，最终保护中小投资者的利益。

再次，会计师事务所CPA审计执业行为的规范性与质量水平是影响与约束上市公司对外会计信息披露质量的重要因素，是保障上市公司提供高质量会计信息的最后屏障与“防火墙”。因为高质量审计行为可以使得虚假会计信息的无处遁形，最大限度地降低或者发现企业会计信息在披露方面的风险与原因。

最后，英美CPA行业监管体制的变迁，在早期主要是诱致性变迁，后期是诱致性制度变迁与强制性制度变迁的交替进行，CPA行业需要借助政府力量才能实现有效监管，政府监管与行业自律监管的密切配合是CPA行业监管未来方向。

综上所述，各种制度环境分析与独立CPA的审计执业行为是有效会计信息治理的最关键领域与重要工作，对其进行深入分析与探讨具有重要的理论与实践意义；同时，就这些问题提出相关探索建议与对策也是对本书前述章节分析的制度度环境与审计行为存在的若干问题进行概括与总结的逻辑选择，基于此，作者将我国证券市场面临的制度环境应如何进行全面改善与CPA审计执业行为应如何调整作为本章阐述与分析的重要内容。

6.2 改善我国证券市场公司会计信息披露质量与CPA审计执业制度环境的可行策略

6.2.1 变革证券市场法律体系，建设“强约束力”型法制环境

1. 进一步完善保护中小投资者权益的现有法律制度系统

（1）继续借鉴他国投资者权益保护的立法经验，建立中国特色投资者保护法律体系（legal system）。投资者权益保护一直以来就是各国资本市场发展

的一个核心课题。各国资本市场的发展史，实际上就是投资者权益保护的斗争史。目前阶段，我国经济发展形态正在从商品化和货币化阶段向公司化和证券化阶段转化之中，其中投资者权益保护是否到位，已经成为影响我国国民经济和资本市场能否正常运行、持续发展的中心环节。尽管 2005 年 10 月 27 日，《中华人民共和国公司法》、《中华人民共和证券法》（以下简称《公司法》、《证券法》）修订案同时获得第十届全国人民代表大会常务委员会第十八次会议通过。新《公司法》、《证券法》建立健全了投资者保护机制，极大地提高了投资者权益保护的水平，谱写了投资者权益保护新篇章。但是 20 多年来，我国资本市场投资者权益保护的法律制度体系存在严重缺陷或不足、广大中小投资者群体缺乏强有力的法律武器来维护自己的合法权益等法制环境不理想的现状并未得到有效的改变，其主要表现有：① 缺乏以投资者权益保护为主要目标的专门的法律制度规范；② 投资者法定权益的具体规定虚置现象比较普遍；③ 有关法律制度对投资者平等原则贯彻不够；④ 有关法律制度偏重公法保护而缺乏私法救济；⑤ 法律制度与法律执行不平衡，执法效率不高等。这些种情况凸显出我国投资者权益保护正陷入法律制度瓶颈的困境，成为我国资本市场持续低迷的根源之一。而英美日等国家西方市场经济发达的国家则因为投资者保护立法方面的丰富经验，使得这些国家的投资者保护已经形成了比较完善的法律立法体系与良好执法制度环境，如美国 20 世纪 30 年代年就颁布了《证券法》、《公司法》等法律，2002 年颁布了《公众公司会计改革和投资者保护法》。这些完善的法制体系为所在国家证券市场经济稳定、持续地发展提供了良好法律保障和制度支持，使其证券市场长期发展趋势波动较小、运营稳定，相应地，证券市场投资者保护状况比较良好。因此，我国投资者保护立法机构应借鉴英美等国家的立法经验，既要帮助中国企业成长，同时也要致力于关心和保护股民利益，以已颁行的《公司法》、《证券法》、《投资基金法》等法律规范为基础，结合中国国情，尽早研究并制定有中国特色的《中小投资者权益保护法》，建立起严格、公正、符合中国国情的法律监督体系，为中小投资者合法权益的保护提供有力的法律屏障，确保中国资本市场健康可持续的发展。

（2）消除现有法律体系中矛盾或模糊的相关法律条文与具体制度规定。我国目前的法律、法规建设经过改革开放30多年来的建设和发展，可谓是日臻成熟与完善，但与西方市场经济较发达的国家相比，有关保护投资者权益的法律法规事实上存在着不小的漏洞、具体条文不够细致、定性处罚多于定量惩罚的确是已经存在的客观事实，因此，法律中的漏洞为许多人大开方便之门。因此，在我国这样这样一个发展中社会市场经济国家，要想真正地保护投资者的利益必须高度地重视证券市场的相关法律制度体系的设计与执行。而目前而言我国证券投资者保护的法律体系中存在的突出问题是相关的法律、法规有很多，但相互之间存在着一些相互矛盾与冲突的规定，这样造成了审计执业人员在审计鉴证时无所适从，难以遵循一致且明确的执业标准；司法部门在处理审计失败等案例时也难以有十分准确的判案尺度，使得矛盾的审计行为有存在的空间。因此，作者以为国家相关部门如全国人大、证监会、银监会、保监会、审计署、财政部等部门应该就本部门制定或者涉及本部门执法行为的相关法律法规结合改革开放实践中不断出现的涉及损害投资者权益的新情况、新问题或新矛盾进行研究与沟通，应该针对《证券法》、《公司法》、《投资基金法》、《会计法》、《注册会计师法》、《商业银行法》、《上市公司监管条例》、《证券公司管理规定》等法律法规中的一些模糊与表述不清的条款进行修订以便于相互衔接，不断完善保护中小投资者权益的法律制度安排，以便未来在我国能够建设起具有“强约束力”型法制环境，使得我国上市公司信息质量得以真正地提升，中小投资者权益能得以真正保护。

（3）增强现有法律对违规行为的制约力度，加大违规行为的成本与代价。我国投资者保护方面的法律与法规存在漏洞与缺陷的表现之一就是现有法律法规在针对损害投资者权益的相关方如上市公司管理层、内部人、监管机构与人员、证券公司及其代理商等证券市场参与主体的合谋、舞弊、欺诈等种种违法、违规行为缺乏严厉与到位的惩罚规制，换而言之，我国现有投资者保护的法规缺乏足够的约束强度。例如我国《公司法》、《会计法》和《证券法》等有关法律规定，由财政部门和证监会分别负责对会计行为进行监督和行政处罚，情节严重的才移送司法机关须接受刑事处罚和民事处罚。其中《会计法》第四十三条规定，伪造、变造会计凭证、会计账簿，编制虚假财务会计报告，构成犯罪的，依法追究刑事责任。由县级以上政府的财政部门予以通报，可以对单位并处五千元以上、十万元以下的罚款；对直接负责的主管人员和其他直接责任人员，可以处以三千元以上、五万元以下的罚款，对其中会计人员由县级人民政府财政部门吊销会计人员从业资格证书。《中华人民共和国证券法》的第一百九十三条规定，发行人、上市公司或者其他信息披露义务人未按照规定披露，或者所披露的信息有虚假记载、误导性陈述或者重大遗漏的，由证券监督管理机构责令改正，给予警告，处以三十万元以上、六十万元以下的罚款。对直接负责的主管人员和其他直接责任人员给予警告，并处以三万元以上、三十万元以下的罚款。《会计法》和《证券法》等法律的突出问题主要在于没有给出会计人员违规情节轻重的衡量标准，从公开的处罚案例看，处理较重者不过二百万元左右，负有责任的高管人员被判处有期徒刑很少超过四年。而且我国尚未建立股东集体诉讼制度，少数股东的诉讼行为即使获得少量的借鉴赔偿，对公司违反会计标准、提供低质量会计信息和审计信息的行为难以构成实质性的威慑力。相比而言，美国2002年颁布的《公众公司会计改革和投资者保护法》规定，在公司定期报告中若发现因实质性违反监管法规而被要求重编会计报表时，公司首席执行官（Chief Executive officer，以下简称CEO）/首席财务官（Chief Finance Officer，以下简称CFO）应当返还给公司12个月内从公司收到的所有奖金、红利，其他形式激励性报酬以及买卖本公司股票所得收益；如公司CEO/CFO事先知道违规事项，但仍提交承诺函，最多可以判处10年监禁，以及100万美元的罚款；对于故意作出虚假承诺的，最多可以被监禁20年并判处500万美元的罚款。2006年，世界通信公司总裁伯纳德·埃伯斯（Bernard Ebbers）最终被判处25年徒刑。这说明我国法律制度规定处罚力度和实际执行的力度均过小，难以对违反从会计标准的、低质量会计信息披露行为构成心理震慑与现实压力，因此，在立法环节加大对违规责任人的处罚力度是十分必要的。未来全国及地方各级人大应根据我国市场经济改革中发现的各类复杂问题与体制层面的内在矛盾，进一步适时地应我国经济发展的情势需求连续地修订《宪法》、《刑法》、《证券法》、《公司法》、《投资基金法》、《会计法》、《CPA法》、《审计法》、《商业银行法》、《上市公司监管条例》、《证券公司管理规定》、《上市公司会计信息质披露制度》、《上市公司风险管理指南与内部控制制度规范》、《上市公司年报披露规定》和《票据法》等经济法规，增加并突出或强化现行的证券法规制度中十分缺乏的具有足够惩罚力度的法律条款与实施细则，增强影响会计信息披露质量的因素如会计信息报告虚报、审计鉴证不公允、不合法等违规行为的制约力度（包括市场禁入条款），加大影响投资者权益的各类违规行为的成本与不良行为的代价，减少法律法规中模糊条款，更广泛、更充分地地培育会计信息主体、信息需求市场和审计执业市场，并尽最大努力保持会计、审计市场供求平衡，改善上市公司会计信息披露质量，满足投资者信息需求。

（4）严格落实法律规范的执行工作，真正净化既有法律制度环境。经济人假设告诉我们，市场经济通常主体会基于理性去产生行为，采取规避法规制约的寻租行为的前提是寻租预期收益要大于其被制裁的成本。故此，彻底制止管理层损害中小投资者利益而追求超额社会福利或私利的寻租行为，可行的途径就是成倍扩大寻租成本，导致寻租净收益为负时，才能根本上抑制管理者舞弊或不良审计行为及后果的发生。从目前形势来看，加大监督与惩办力度，赋予寻租者“一切全无”、“悔恨终生”巨额代价与高昂的成本，无疑是一种有效措施。因为如此可怕后果，当事人而言无疑将是一种“达摩克利斯之剑[①]”，其寻租行为发生的机率将大大降低。因此，加大制裁惩罚力度绝不能只是面子工程，而应落到实处，国家法律部门、市场监管部门以及

① 其英文是 The Sword of Damocles，起源于古希腊传说：迪奥尼修斯国王请他的大臣达摩克利斯赴宴，命其坐在用一根马鬃悬挂的一把寒光闪闪利剑下，意指令人处于危机意识状态，或提醒其时刻存在的危险，心中敲起警钟等。http：//baike. baidu. com/view/8767. htm。

CPA管理部门等密切配合，依法从事，严厉打击独立审计中造假或欺诈行为，对每类寻租行为规定详细的处罚细则，加大惩处深度、广度，使作假和欺诈行为一旦被查实，无论当事人还是其所在事务所均遭受惨重损失，形成足以威慑利益相关方潜在违规行为的格局。必须真正执行或严格执行既定法律规范的明确规定，净化我国现有的法律制度环境，而且司法部门、监管部门、行政事业职能部门的执法人员在具体查处证券市场违规行为的执行过程中执法严格、严厉、严明，不徇私枉法，才能有效遏制监管机构人员的寻租行为或审计行为失败状况的发生。

（5）积极疏通民事赔偿渠道，努力完善民事法律与规章制度。英国、美国、德国等国家在实体法和程序法上对利益相关方所有违规操纵和欺诈行为都有有利于投资者权益保护的比较全面、详细的民事赔偿法律制度安排，那些股市受害者（中小投资者）基本具备了主张法定的、合法权利的条件和积极性，对于上市公司管理层与CPA的违规行为产生了相当的法律威慑作用。比较而言，我国的投资者保护方面的法律体系则仍然比较缺乏这方面的法律规定，也就还没有一起成功的投资者因为上市公司的违规行为而遭受损失提起诉讼并得到积极补偿的民事赔偿诉讼案例，这使得违规者的违规收益与违规成本严重不对称。既然相关方违规经济收益远大于违规成本，证券市场上是虚假财务信息的泛滥情况也就是顺理成章的情况了。因而，应该从法律上确立股东代表集体诉讼制度、上市公司管理者义务举证免责制度和设立投资者保护基金制度。其次，就CPA而言，如果犯了审计行为失范、审计质量低下的错误就理当承担责任明确的经济责任和比较严厉的赔偿经济损失，不然，他们即使没有合谋造假的偏好，也会有合谋造假的冲动；如果现行法律制度对CPA的审计违规行为界定了比较严格明确的民事赔偿法律制度规定，使其违规行为的成本显著增大，违规的边际利润为负数，则CPA在其执业时就会对其违规行为有所顾忌。再次，就上市公司管理者而言，如果提供虚假会计信息可能受到查处的成本远小于潜在的市场收益，则其必然偏向虚假与违规的行为，提供低质量会计信息；反之，如果我国民事法律规章制度规定比较明确与完善，投资者权益受损时民事赔偿渠道通畅，则其违规行为就会受到充分威慑与实际制裁，其提供低质量会计信息的动机就会受到明显地抑制，投资者权益保护的法律规章制度环境就会得到显著改善。

2. 努力推进中国企业信用行为规范的法制建设进程

我国企业信用状况的突出问题在于企业在日常经营活动中不遵守合同、协议中自身所作承诺的失信、失德的行为情况比较严重，其行为动机是企业的失信行为能够使得当事人获得短期可观的经济利益，这无疑是企业管理层所采取一种的机会主义策略的深层次原因。而企业之所以常常偏向失信行为选择，主因在于法制系统不完备、执法过程不严格、惩戒力度不大，或失信的近期获益远远高于失信成本，相关方对潜在可观的失信行为的经济利润的追求，客观上往往会造成企业对失信行为趋之若鹜，而对其负面后果则毫无顾忌。因此，只有把企业诚信治理问题纳入到国家法律框架之内，才真有可能对失信企业的不良行为起到足够的约束、警示和惩戒等威慑作用。用法律制度设计的完善来惩戒企业的信用失范行为，积极引导和规范企业诚实守信行为。因此，国家信用管理部门应注意：

（1）积极推进企业诚信与信用方面的立法工作。经济最发达的美国早在20世纪60年代末就开始制定与信用相关的法律制度，到目前为止已经颁行了《诚信借贷法》、《平等信用机会法》和《公平信用报告法》等15部法律在内的较完整的企业信用法律规范体系，为近一百年来美国市场经济的有序发展与企业信用秩序稳定作出了重要贡献。比较而言，我国企业信用法律体系方面存在的主要问题是在现有立法中有关企业信用行为规范的法律条文即诚实信用原则性规定较强，但具体化的微观实施细则就比较欠缺，可操作性较低。例如目前有关企业诚实守信原则的规范在我国的《证券法》、《公司法》、《经济合同法》、《民法通则》、《反不正当竞争法》、《商业银行法》等诸多法律中都有所规定，但缺乏专门针对上市企业不良信用行为进行规范的法律法规。因此，为了净化我国证券市场上市企业的诚信制度环境，我国的政府机构与信用管理机关需要共同努力，不断加强企业诚实信用立法的具体化工作，真正做到“有法可依”，为有中国特色的企业信息制度体系的建设提供充分的法律基础与有利的商业经营条件。

(2) 加大信用立法中对企业诚信违规行为的制裁力度。西方发达国家企业诚信行为总体比较良好的原因中除了其市场经济发展历程较长、讲诚信与信誉的宗教文化观念的影响之外，还有一个很重要的原因在于这些国家的信用法制环境比较良好，对失信行为的执法力度较强，对失信者的具体处罚往往很重，如美国对制售假冒伪劣产品的违法活动罚款可高达200万美元，或承担10年监禁刑责，严重的事件对有前科的罚款最高额为500万美元，并监禁20年。而法国对此类行为人的罚款额度高达100万法郎，并判监禁2年；同时，还有对数次价格信用违规者实行市场退出和行业禁入制度。与国外相比，中国对于企业违法违规的失信行为惩治规定力度非常欠缺，相关法律规定的经济惩罚、行政和刑事处罚一般都比较轻，尤其是当事人失信行为如果需要判刑的其有期徒刑几乎没有超过10年，从而客观上使得我国的信用法律存在设计漏洞与缺陷，也会导致企业多会采取失信的机会主义行为。因此，为了对企业潜在失信行为进行抑制与约束，司法部门要在诚信法律体系中增补更加严厉、更细致的法律条文与具体司法规定，加大对企业失信行为的惩罚与制裁力度，从而震慑违反信用的非道德行为。

(3) 增强信用法律规范的执行力度与约束强度。我国企业失信行为频发，违规者对信用法规视而不见，毫无敬畏之感，其中一个很重要的原因在于，司法部门对企业有关失信行为法律规范的执行非常软弱，钱大于法、情大于法、人大于法的“有法不依”的现象相当的普遍，企业信用状况普遍比较差。因此，司法部门应该进一步落实诚信法制建设中的“有法可依”、“有法必依”、“执法必严”、“违法必究”的执法原则，真正体现诚信法律严肃性。在我国诚信立法逐步完备之时，最重要的就是考虑应如何加强司法部门对相关诚信法律的执行力，真正落实对失信企业及时足量的法律制裁。

3. 逐步完善和提升我国现行会计与审计领域法制环境质量

(1) 允许更多利益相关方加入会计与审计准则的制定程序，确立权益充分制衡的规制形成机制。本质而言，不同制度规范引导着行为人采取不同行为方式。所有寻租行为其实都是源于现行制度安排缺陷，导致有制度外租金的诱惑，刺激着经济人寻求非生产性的寻租，而非只是行为人的道德缺失。于是当市场面临寻租现象泛滥的局面，管理层从制度变革中探寻解决办法是唯一的途径。林毅夫（1994）认为制度变迁主要分为强致性制度变迁和诱致性制度变迁等两种形式，前者是指政府通过行政、经济和法律手段，自上而下组织实施的制度环境创新。其优点是制度环境变化的时间短、成本低；缺点是社会成员的经济福利不均衡。而后者则是指是由单个行为主体在给定约束条件下，为确立能导致自身利益最大化的制度安排和权利界定而自发组织实施的自下而上的制度环境改变，是个人或群体在响应由制衡引致的获利机会时所进行的自发性变革。由于我国中央集权统治且市场经济不发达的环境，导致我国现有约束会计信息披露行为的重要会计制度安排——企业会计准则主要采取的是强制性的制度变革方式，为了减少强制性制度变革的负面效应，增加会计准则的约束力度与可操作性，2006 年在企业会计准则体系发布后，财政部又会同有关部门就准则贯彻实施的各个环节、各项工作制定了具体实施方案，起草了会计准则应用指南。因此，我国会计准则制定机构应该实现会计制度设计方面的创新，即未来的会计制度变革可以尝试采取诱致性制度变迁，采取自上而下和自下而上双向结合的渐进性变革方式，结合我国市场经济发展的背景，会计准则委员会应更多地吸引民间行业协会的专业力量参与考虑企业业主的权益倾向，积极引导不同社会利益集团广泛参与会计准则讨论与制定，并形成各方间充分酝酿、能够相互制衡的博弈机制与民主化会计规制的制定程序，明确证监会、中国注册会计师协会等中间组织对会计准则制定和实施的支持义务，充分利用其接触实务、了解实务操作条件，为会计准则的制定提供专业参考建议。同时可以常设全国性的上市企业会计难点问题调研咨询机构，深入到基层上市公司去“体验与调查”会计人员所遇到的带有共性的难点问题，听取其意见与建议，努力提高会计审计等实务界对会计准则认可度，进一步降低企业利益相关方提供低质量会计信息的客观性与可能性。

(2) 继续完善我国审计监督的法制规范体系，提供更细致与更科学的CPA审计行为指南。审计法制是规范审计工作的有关法律与法规等规范的总称。它包括规范审计主体的法律法规和规范审计客体的法律法规及制度。新中国成立以来至2005年底，在我国已经颁布了《中华人民共和国审计法》、《中华人民共和国注册会计师法》、《中国独立审计执业准则》等规范各类审计主体行为法规的基础上，基于我国经济快速发展的客观需要和会计审计发展的新形势，财政部又于2006年初又发布了新的审计准则体系，这一制度环境的变革顺应了我国市场经济发展和经济全球化的客观需要，实现了与国际准则的实质性趋同，提升了中国CPA审计的国际地位。至今为止，经过20余年的法制建设，我国已经初步形成了比较完善的审计法律规范制度体系。它是以《宪法》为核心，以《审计法》为母法并辅之以《注册会计师法》、国家审计准则、独立审计准则和内部审计准则等审计法规和以《会计法》、《税法》、《公司法》、《破产法》、《证券法》和企业会计准则（制度）等为主要审计依据的法制体系。近5年来，针对上市公司、会计师事务所和证券监管部门，财政部与中注协等机构有计划、有步骤地开展了大规模的培训工作等等措施，并取得了显著成效，有力地促进了新旧审计准则的平稳过渡、顺利衔接，进而为完善我国社会主义市场经济体制、深化改革开放、实施“走出去”战略奠定了坚实的会计与审计基础。但是，审计准则在审计执业行为实践中也出现了诸多的问题与障碍，比如CPA因为审计市场同行间的激烈竞争、重大经济利益诱惑与威胁、CPA自身审计职业道德的缺失、审计及相关专业的技术素养较低、外部行政干扰多和监管机构的压力大等方面的情况与原因，使得CPA行为失范情况屡见不鲜、性质愈来愈恶劣，审计行为的总体质量并不乐观，而这些情况的出现其实本质上是源于我国审计法规与审计准则体系并不完整，存在着若干重大漏洞与缺失所致，因此，为了提供更加完善的审计规范体系与制度环境，我国审计准则制定机构需要继续研究我国审计准则实践中出现的新情况、新问题与新障碍，加强与国际会计准则委员会和国际会计师联合会的沟通，积极修订或制定更具操作性的审计准则规范，以便为CPA的审计行为提供更细致与更科学的执业指南，并提供有利于规范上市公司管理者行为与CPA在审计市场的审计执业行为的良好法律制度环境。我国CPA审计法律规范的制度环境结构的相关内容可见图6-1所示。

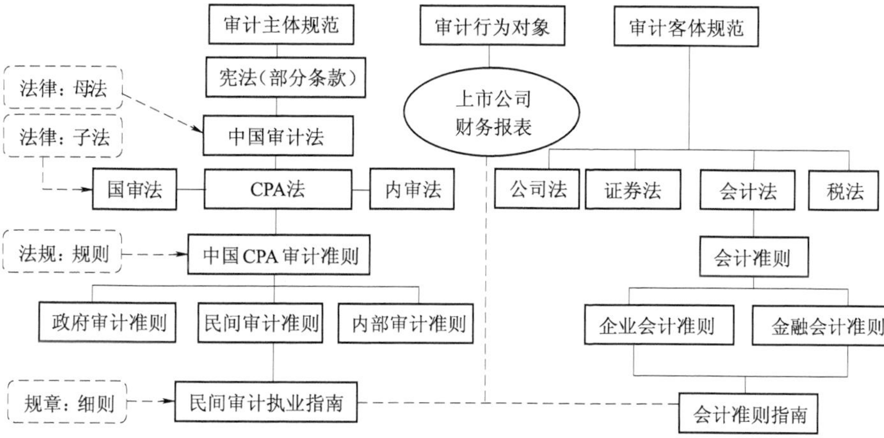

图6-1 中国CPA审计法律制度环境结构图

6.2.2 改革政府行政治理制度，建设“服务导向”型行政管理环境

我国传统的政府行政治理（administrative governance）制度主要是中央集权型、干预型、指导性明显的管理特征，这种“强势政府、弱势企业”的经济管理模式虽然具有执行力强、信息传递快的优势，但是最大的弊端就是政府行政指令僵化职能过大导致地区间国有企业经济效率与效益极低，运营成本则很高，行政干预色彩过强的政府管制环境由于企业市场经济的交易成本过大，而使得企业传统上对于投资者权益保护缺乏积极主动的行为动机。因此，为了改善全国证券市场的政府行政管理制度环境，我国各级政府必须加快转换职能即由以行政干预为导向的“强势政府”职能转换为以服务企业为导向的“弱势政府”或“服务型政府”职能，并尽快建立起依法行政的“以支持企业自主经营与自我发展为目标的服务导向型政府”为特色的政府行政管理制度体系。例如，随着我国《行政诉讼法（1989）》、《国家赔偿法

（1994）》、《行政处罚法（1996）》和《行政许可法（2003）》等法律的陆续颁布与实施，为规范与约束各级地方政府的行政行为提供了十分明确而清晰的法律规范体系与指南。尤其是随着我国政府服务市场经济主体职能的不断转变和绿色 GDP 经济发展理念的日渐深入人心，将使得政府逐步减少国有控股乃至民营上市企业的直接干预或间接干扰。作者以为在持续深层次的经济改革的推动下，随着我国政府补贴制度和税收制度的日益规范化，还有涉及政府往来财政资金流动管理的规范第 16 号《企业会计准则——政府补助准则》的出台，无疑将会使得企业会计收益信息质量和透明度大大提高，会计政策选择的公允化程度也将会得以真正地提高。因此，我国证券审计市场管理层应该支持政府部门继续进行行政机关管理职能和治理制度的改革，简化政府过度行政管理的职能、简化对专门业务的审批程序、简化对企业的行政管理手续、减少对上市公司的行政干预，继续推进企业与事务所的做大、做强的发展战略，尽早确立与完善以服务上市公司为核心目的的“服务导向”型行政管理环境。

6.2.3 促进行业监管制度创新，建设“平衡协调”型审计执业环境

作为我国证券市场的重要制度环境之一独立审计市场的 CPA 执业行为的管理制度安排，其变革与创新工作近年来一直是财政部等国家相关职能部门、CPA 行业的主管机构——中国注册会计师协会及其各级地方注册会计师协会和各个会计师事务所的管理者们重点关注与努力改进的课题。因为 CPA 行业审计执业行为的重要制度安排与约束机制——行业监管的他律制度与个体会计师事务所及 CPA 行为的自律制度等因素的变化密切相关，只要其中有一种或几种因素发生变化与缺位，比如 CPA 行业协会的监督管理缺位、故意偏袒或者监管软弱无力、事务所内部管理混乱、内部质量控制华而不实和 CPA 毫无自省意识和缺乏自律能力等情况，便可能为 CPA 的公正、客观的审计执业行为出现造成巨大的制度障碍，自然也就无法为 CPA 高质量的审计执业行为提供和谐有利的审计执业环境。因此，我国的证券审计市场的管理层应该高

度重视审计行业的行为控制制度，全面加快行业监管他律制度与自律制度的创新，建设与形成一种CPA日常执业行为能够得以充分且多元层次约束的“平衡协调”型审计执业环境。

首先，完善注册会计师协会约束其会员执业行为的管理制度体系。中国注册会计师协会是注册会计师行业的全国组织，接受财政部、民政部的监督和指导，相应地，注册会计师地方组织接受当地财政厅（局）和中注协的监督和指导。中注协的权力机构和常设办事机构主要包括：最高权力机构——会员代表大会；代表权力执行机构——理事会与常务理事会；常设执行机构——秘书处常设执行机构；其他专门机构——专门委员会与专业委员会。其主要职能之一就是尽早对其会员的行为进行不断调整与规范。对于CPA执业行为而言，这种理应接受的、来自事务所外部的被约束与控制的制度规定就是执业行为的他律管理制度；当然，CPA他律制度还包括：中国证监会对审计执业行为的规范和CPA所在事务所合伙人对会计师低质量审计行为的抑制与管理的具体规章制度等内容。未来这种他律制度环境还可以通过吸收与增加更加广泛的社会力量如新闻媒体、社会公众、潜在投资者、政府CPA的业务指导等方面的充分参与，加快对CPA可能提供的恶劣的、不良的执业行为的管理机制继续创新（更新约束内容、扩大处罚范围、增强处罚力度等）等方面的内容进行改善与优化。

其次，尝试实施CPA执业行为的自省规则与自律机制的革新。在证券审计市场中的CPA执业行为的自省与自律制度是指CPA在《注册会计师法》、《审计执业准则》、《注册会计师执业道德准则》和《后续教育准则》等相关法规的软硬件环境的约束之外，运用个人的道德修养、家庭或事务所集体文化传统、宗教信仰等内在因素对自身的审计执业行为符合或违反会计师日常行为规范等情形进行相关客观、认真地反省与反思，通过审计准则制定机构与事务所管理层制定与颁布一系列会计师个人行为调整与约束的管理办法，以个人的反省与约束来最大限度地抑制那些证券审计市场可能常会遇到的不良审计执业行为。

最后，进行 CPA 执业行为的自律制度与他律监管制度相互协调的创新。在 CPA 执业过程中，要想真正地对其行为起到充分的抑制作用，就必须将 CPA 执业行为的自律制度与他律监管制度进行相互协调的创新。因为 CPA 的执业行为最终会受到不同层次、不同方向、不同性质制度的影响，否则其行为的最终结果必然是 CPA 在审计执业中发生严重偏向。因此，CPA 的管理部门应主动地推进 CPA 他律制度与会计师的自我约束行为相协调，以事务所的监督与管理为中间环节或媒介，力争使得 CPA 的执业行为失范时会同时受到来自个人道德反省制度与他律监管（来自行业协会的他律与事务所管理层的他律）制度的一致性约束。

6.2.4 优化公司治理结构框架，建设“权责和谐”型管理控制环境

公司治理是一组规范公司利益相关方的责、权、利的制度安排，是现代企业中最重要的制度架构。它包括配置公司经理层、董事会、股东和其他利害相关者之间权利与义务的一整套关系。通过这个架构，企业可在合法、合理、可持续性的基础上实现股东价值最大化，防止经营者对所有者利益的背离，并致力于公平对待公司的每一个利益相关者。因此，一家公司的公司治理结构其实真实地反映了该企业的文化、政策、如何处理利益相关者之间的关系及其价值观。其存在的意义与目的主要是为了解决外部股东、内部股东、董事会与高级管理人员的权责关系，帮助董事会在开展业务过程中，秉承董事会的战略，有效地管理风险，实现股东利益最大化。近十余年来，伴随着我国市场经济改革的不断探索与推进，我国资本市场发展中陆续暴露出来了诸多严重影响我国证券市场繁荣与进步的问题和矛盾，包括公司内部产权关系界定不清晰、不明确，公司治理结构不合理、不完善，公司监管机制不健全、不完整等原因，其中公司治理结构畸形、薄弱、亟待优化等问题一直是我国证券市场发展中最突出的问题——上市公司会计信息披露质量不高的最主要原因，大多数上市公司存在着所有人缺位、内部人控制公司权利的现象，内部人凭借自己对公司财产的实际控制权寻求权力租约，以损害其他利益相

关者的利益来追求自身利益的最大化，凭借实际控制权来对会计人员及其他人员施加影响与压力，根据自己的利益偏好不遗余力地进行盈余管理。从证券市场的改革与发展的实践来看，我国公司治理改革及其相应的会计监管改革为利益相关者从非合作博弈到合作博弈提供了更加宽泛的交流平台。公司治理效率提高的核心在于建立能真正代表所有股东，独立于大股东和经理层并对其有效制衡的董事会，一个可以规范上市公司会计信息披露行为的、完善的公司治理结构是保护投资者利益是重要条件。为了尽快建设好“层级结构优化”型企业制度环境，相关各方必须从治理对象的源头入手、改善公司治理结构的现状，努力优化上市公司治理结构的制度安排与具体实施策略。其一，持续推进公司控制权市场等外部治理机制的健全和完善。比如我国政府行政管理部门应该研究、制定、颁布一些公司治理改善的目标、权力、义务和责任都更为具体明确的法律与法规，进一步威慑相关经营者和董事会守法与制裁违法者，保护投资者合法利益，建立与维护有利于形成有效的公司治理机制的有秩序的法律市场与环境。同时，改革董事会组成制度，强化上市公司董事会的独立性，增强监事会的监控职能，确立董事会与监事会在公司治理中的双核心地位。其二，政府、证监会和证券委要共同研究如何继续完善公司控制权市场或职业经理人市场。如需要逐步改变董事、经理主要是由行政渠道产生的现状，大力发展和繁荣我国职业经理人市场，更多地通过商业与市场竞争的方式来公开选拔与聘任公司管理者，确保其权益与义务相互对应、相互协调和相互整合，致力于实现公司内外利益相关者之间的利益相互制衡与平衡的根本目标。其三，加速培育理性成熟的机构投资者，改善公司股权结构，建立与强化上市公司的准入与退出机制，严格约束上市公司过快发展，防止企业过度融资，努力保持资本市场稳定。其四，需要充分发挥新闻媒体与公众舆论的社会监督功能，加强社会对上市公司经营者日常管理与发展战略规划的约束与整合，通过强化外部治理力量来健全公司股东权利与义务相均衡的控制结构，真正、可持续、全方位地改善企业治理制度环境。

6.2.5 构造立体市场监管体系，建设“动态制衡”型监督制度环境

我国证券市场发展过程中上市公司会计信息质量方面暴露出来的问题与弊端不少，如管理层为少数人的私利，故意使得会计信息披露不当、人为制造虚假低质量的会计信息、主观扭曲与减少会计信息的使用价值、证券管理机构严重失职与盈余管理的现象比较严重；这其中一个很重要的原因就是当事方的个人行为包括上市公司管理者、公司治理层、中介机构、民间审计等组织或其他利益相关方，受到的相关方面的监督与制衡程度差异太大，或者说是十分缺乏真正的监督、制衡与约束。一般而言，在任何经济社会中，经济主体的行为只要是涉及享有经济利益权利与义务的，如果缺乏有力度的监督与制衡，则意味着其行为往往会偏向追求个人的私利，即“绝对的权利意味着绝对的腐败”。如果相关方的行为得不到有力的监督与约束，则现有的制度都无法真正地使得相关方的权益得到充分保障、相关责任义务得到有效的履行与并能够正确地被加以使用。同时，监督制度安排也是能否维护我国证券市场运行秩序与健康的关键因素，因此，为了进一步促进证券市场经济的健康发展，端正上市公司管理层、证券市场监管者和审计执业者等相关方的市场参与行为，真正落实对投资者的权益保护，国家、市场管理者与参与者等各方均需重视监管制度的安排，强力推动立体式的、动态化的证券市场监管制度体系的改革，建设“动态制衡”型监督制度环境。这里所谓立体式监管体系事实上就是指利益相关方在监督他人的同时，其经济行为应该受到来自他方的约束与监控；监管参与方不存在监督缺位及约束的真空的情况。此监督方式实质上就必须体现出监督的人应该被人监督、约束他人的人应同时被他一方或各方所约束的指导思想与行为原则，即未来证券市场的监管制度安排应该是多方参与的、交互式、连续式、相互制衡式的、致力于全方位调控的、管理与控制职能兼备的监督制度环境体系。

作者以为我国未来证券市场立体式监管体系首先应积极组织与形成多层次、多角度的监管制度安排，主要内容包括：坚持公司内部监督（内部审计

监督、员工意见与建议）与外部监督（行政管制、部门管理、独立审计、市场监管、司法惩戒、媒体监督与公众网评）结合；自上而下监督（法律规范、行政管制、司法制裁、市场监管、部门管理、税务稽查、董事会审核）与自下而上监督（内部意见、内部审计、提交内控自评报告与管理层年度述职）相结合；硬件监管（法律规章颁布与执行）与软件监管（信用推广与传统文化熏陶、新闻监督、公众口碑）相结合；法律规范监督（有关证券市场运行的法律规章的颁布及执行）与职业道德伦理监督（职业道德规范、团队合作与传统文化氛围）相结合；正式制度监管（法律制度、行政制度、组织制度、会计制度、审计制度等）与非正式制度监督（文化熏陶、道德约束、公众口碑等）相结合。其次，我国未来证券市场立体式监管体系应该是一种相互制衡型的监管模式。即必须坚持任何监督都要在监督别人时接受他人的监督，在该监管体系中不存在监管的真空领域与相互制约作用的失衡，从而最大程度低压缩监管功能缺位及当事人行为失范的空间。

6.2.6 培育企业信用责任意识，建设“诚信和谐”型商业文化环境

诚信和谐型商业文化的建设，是改善我国证券市场制度环境的最重要的影响因素之一，它可以为企业微观制度环境——公司治理结构的优化提供有力软件支持，可以为企业市场竞争、管理民主化进程和利益相关者积极参与会计治理提供社会文化等方面的软环境基础。作者以为积极培育上市公司履行企业信用责任的意识，建设“诚信和谐”型商业文化环境，首先应做好如下三个方面工作：

1. 以政府为主导尽快建立起全国性的上市公司历史信用记录信息数据库

上市公司出现提供虚假会计信息损害投资者权益行为的非诚信行为其前提是信息不对称，因此治理非诚信的行为，我们应从源头开始遏制，加强企业信用资信的建设，使公司历史信息公开、透明与真实，消除和减少会计信息内外差异，力争形成一种诚信企业将获得更多社会经济利益而失信企业则得不到任何正面收益的制度保障机制。如可由政府主导发起，各行业紧密配

合，筹建全国性的企业信用档案数据库，利用政府部门在调查、整合、发布信息以及社会公信力方面先天优势，充分发挥政府经济运行的调控监督作用，实现企业信用信息的网络整合，全面推进各行业信用建设平衡发展，完善行业信用评价体系与商业信用环境。

2. 以民间为主体建立起具有独立性的上市公司信用状况评级系统

企业诚信行为是否能够产生除了其历史信用信息的约束之外，还必须建立客观的社会评价标准，定期发布信用评估报告作为威慑力量。因此，我们可以借鉴国外信用评价的经验，利用民间信用中介机构，从第三方的角度来独立认定上市公司当前的信用状况于水平，不过应该避免2008年美国金融危机暴露出的民间信用中介机构既作为审核者又作为咨询者双重身份的弊端。

3. 以公开媒体为主渠道建立起上市公司社会声誉信用评价与显示机制

引导上市企业积极履行其自身的社会责任和信用责任，实现建设“诚信和谐”型企业文化环境的目标，还需要借助公开信息媒介如报纸、杂志、期刊等平面媒体和公开网络、电子邮件、传真、电视、视屏等电子媒体，定期、及时、快速的发布企业信用状况与记录等诚信信用信息，建立起社会公众媒介关于企业信用的评价与显示机制即信用信息公开平台和渠道，向社会开放。因为公共媒体“无冕之王”的独立监督社会地位能有效地消除企业的机会主义行为，改善公司内外信息不对称现状；还能够能起到重塑企业公民道德，对有不同信用行为的企业起到惩恶扬善的激励与警示作用。此外，公共媒体的客观信息评价与报告有利于真正尊重、保障和落实企业对投资者承诺的公司信息的知情权。

6.2.7 推进会计信息披露变革，建设“实时透明”型信息传播环境

我国证券市场上市公司会计信息质量的提高除了前述法制环境、政府行政管制水平、公司治理结构、诚信道德建设等影响因素之外，还包括一个很重要的微观制度环境——信息传播环境的改善即上市企业的信息披露制度规范应该如何进行变革与创新。具体制度变革措施包括：

1. 继续推进关于会计准则与审计准则的国际化进程，不断完善我国企业会计信息披露规制的系统化建设

我国证券市场监管机构应尽快健全各类针对上市公司会计信息披露质量进行治理的各项法律法规，从制度安排上压缩上市公司盈余管理空间，努力探索企业会计信息披露的新程序与新范围，改革现行财务会计信息报告的形式、内容和方法，对外公告的信息应该是更多注重披露和体现以风险管理与内部控制为导向的企业运行状况的分析性信息，客观地反映源于内外不确定性的公司财务与非财务信息揭示不清的状况；从而保证企业会计信息可比性和信息市场有效性，更好地满足更多利益相关者日益多元化的信息需求。

2. 中注协应努力加强会计信息中介机构的执业行为与质量的管理和监督

作为会计信息的中介机构——会计师事务所是交换沟通会计信息市场供需双方的纽带，在会计信息市场上具有沟通交换功能。但现实情况是我国企业会计信息的需求方人数众多、背景多元，抗压力差、独立性缺乏，因而对会计信息的处理与运用往往不够得当，为了便于供需双方获取所需要的恰当会计信息，我国证券审计市场上迫切需要更多合格优质的国内外信息中介咨询机构来帮助投资者充分理解会计信息含义并作出正确的决策。比如中注协应努力加强会计信息中介机构的执业行为与质量的管理和监督，通过对会计信息进行分析、审查和检验，为投资者和债权人等信息需求者输送相关可靠及时的高质量会计信息，充分发挥会计信息应有的市场信号、定价确定与决策参考等积极价值。

3. 加强国家级会计信息公共平台的建设与管理

这里的会计信息公共平台是指以深市、沪市两大证券交易所为主体的各地证券交易机构联合组建的全国一体化的上市公司会计信息发布体系、全国性新闻媒体为主体的会计信息衍生传播体系与社会公众或社会舆论对上市公司公共会计信息可靠性的验证监督体系，增强公众公司会计信息的产生、传播与使用的时效性与它们对中小投资者等利益相关者个人而言的质量、便利性与透明度，充分发挥会计信息的经济含义与积极的决策参考价值。为此，

未来就需要我国资本市场的管理者、上市公司的监管者与公司内部的治理部门共同努力，以及尽力打造、有效管理与不断完善上市公司会计信息的公共平台，积极建设“即时透明”型信息传播环境，为我国上市公司会计信息整体质量的提升提供强大的、充分有效的财务信息资源的支持。

6.3 我国 CPA 审计行为渐进调整与持续优化的建议与构想

6.3.1 CPA 审计执业与行业竞争体制的渐进调整与协调发展

1. 审计执业行为的制度约束力量——审计规制的现代化与国际化

审计规制是指明文规定的各种有关审计的法律、法规及准则等审计执业法规与职业制度，它是审计理论和实务的重要组成部分。审计规制从内容上看既包括国家对审计机构、审计业务方面的法律规定，也包括审计机构本身执行审计业务应遵循的各种准则与规则。因此，审计规范体系是由审计立法体系和审计执业准则体系两大类别构成的。本书的审计规制则主要是指用以规范与约束 CPA 审计执业行为的法律、法规与规章制度的总称。为更好地适应我国市场经济发展与会计准则实施的客观需要，自 2006 年 2 月由财政部在原有已发布的独立审计准则等一系列审计规制的基础上，又重新修订与补充了新的审计规制内容，正式颁布了相对完整的、有中国特色的民间审计执业准则体系，意味着我国已经建立起一套既顺应了国际趋同大势，又能推动市场经济发展要求的审计准则体系与制度安排。实施了 4 年多新准则，在提高 CPA 审计工作质量、降低审计风险、维护资本市场秩序和保护投资者权益等方面，发挥了重要作用。在此基础上，我国审计准则委员会 2010 年 10 月 31 日审议通过了中国注册会计师协会新修订的 38 项审计准则，拟定 2012 年 1 月 1 日起正式施行。显然，最新审计准则与制度的出台真正地实现了与国际审计准则的持续全面趋同，它既是我国 CPA 行业实施国际趋同战略取得的又一项重大成果，又为快速推动我国CPA行业国际化发展提供了重要的技术支撑。这充分说明为了给高质量的审计执业行为提供强有力的制度约束力量，我国相关审计规制的研究与制定机构需要继续努力，不断研究我国注会行业就审计规制实施中存在的种种问题与审计实务中面临的不同风险，继续坚持学习与借鉴国际审计准则体系的要求与最新成果，积极创新审计规制安排，努力拓展审计准则的适用范围，为我国CPA的端正高效的审计执业行为提供充分的指导与制度支持，全力推进规范与提高中国CPA行业审计行为质量的审计规制的现代化与国际化，使得未来我国新修订的审计准则等规制体系，结构更加科学，内容更加全面，风险导向更明确，更易于CPA的使用和执行，以从制度上有利于约束CPA审计执业行为，有利于提高审计效率与上市公司的信息质量，有利于促进我国资本市场的健康发展。

2. 审计执业行为业务支持力量——审计执业方法体系创新的持续化与动态化

从纯技术的角度而言，一个CPA的审计执业行为能否发生偏差、能否出现不良的行为后果，其中最关键的因素就是审计行为的实务支撑力量是否存在着不足、执业手段是否存在瑕疵、审计方式是否存在漏洞等情况。具体而言就是指直接支撑审计行为的审计执业方法体系存在一系列缺陷与问题，比如CPA审计执业时缺乏恰当的方法来获取适当的审计证据；或者针对一定的审计目标而言，具体审计程序的选择不当；或者审计报告中审计意见披露方式不妥当；或者公开审计信息的报告手段不恰当；或者审计行为的评价方式存在着不全面与不客观的情况。因此，作为能够改进与影响CPA审计行为质量与后果的重要因素之一，证券审计市场中审计执业方法体系与应用程序的确需要依据中国证券审计市场的发展现实与复杂情况去适应、去变革和去发展。具体内容如下：

（1）在对审计执业行为的执行方法方面，应该变机械性遵循程序为灵活性组合运用程序。即在审计执业程序的路径方面，可根据审计对象的具体状况与性质，在执业中将审计准则规定的固定审计程序路径与可替代程序路径有机结合；在审计执业基础导向方面，将审计过程中的执业行为导向由内部控制评价为审计的基础改变为以风险评估与内部控制评估相结合为审计的基础；在具体审计程序的应用方面，将传统的以审计观察法、详细检查法与实地调查法为主的审计方法改变为以职业判断为基础，主要采用先进的抽样审计与重点突破的审计方法；在审计技术应用手段方面，将传统的账面审计执业行为变更为主要采用计算技术进行电算化审计执业行为。提供这些审计执行方法与程序的变更使得CPA审计执业中所采用的方法体系，能够根据外部审计情况的变化，持续性地变化与不断地创新，从而能够使得CPA执业中获得更加充分与适当的审计证据，更好地保持独立审计行为在技术上的先进性，并最终可能为上市公司会计信息质量能够获得公正的鉴证结论提供支持足够的实务支撑。

（2）在最终审计意见类型的确定机制方面，应该针对现行审计报告的固有局限性推进审计意见信息披露范围与方式的变革。社会审计意见的信息是CPA审计行为的最终成果，也是评价被审计对象会计信息质量主要标准。因此，在审计执业中需要扩大审计信息报告取证范围，将被审计单位内部审计监督得到的建议与CPA外部审计的最后结论相结合，得出综合审计意见，以尽可能客观、公正、全面地评价CPA审计执业行为优劣或质量的好坏；同时，最终审计结论应是将CPA执业项目组内部进行调查与鉴证得到的审计内部意见，与执业同期相关方面如司法部门、证券监管部门、新闻媒体和中小投资者起诉等外部渠道对被审计单位违规行为的不同程度的揭露有机结合，提供调查与佐证资料来证实CPA审计执业的结论是否客观与公允。

（3）在CPA审计行为质量的报告体系建设方面，应变革现行审计结论的评价报告方式。换句话说，CPA的审计执业行为质量优良与否与事务所、上级主管协会、证监会和政府组织的事后对CPA执业行为的评价密不可分，因为由外部评价决定的CPA的执业声誉实际上与其未来长期潜在受益直接相关联①。因此，CPA的管理机构应该变革现行的审计行为质量的主要由中注协组织来评价的单调报告方式，积极推进违规CPA审计行为质量的报告体系建

① 徐正刚．中国市场结构研究［M］．大连：东北财经大学，2007（9）：167-169.

设，鼓励CPA的优质行为，约束其劣质不良行为。即对CPA的审计行为质量评价可以采取由被审计单位对其审计行为的局部评价报告与会计师事务所项目组对其审计行为的全面报告相结合；将外部单位对CPA审计行为的基本信息评价与其审计执业道德、审计沟通技巧与管理咨询能力等衍生信息评价相结合。当然，为了使得外部单位对CPA的审计工作成果的评价更加客观公正，还需要CPA就自身的审计行为进行自我评价，并和外部单位综合性或公允性的评价相结合；由社会公众新闻媒体对CPA审计执业行为评论与监管机构对会计师执业行为质量的评价相结合；由实际投资者对会计师执业执业情况的评价与上市公司管理层对会计师的执业质量的评价相结合；由会计师事务所定期对某位会计师审计执业行为和工作成果进行结合综合业绩报告，与同时期各个审计项目组集体对CPA审计执业行为的分部报告结合等。通过这样一系列的审计执业行为质量的评价，来最大限度地形成CPA的执业声誉机制，并利用它来有效地支撑优良的审计行为。

3. 审计执业行为的市场推动力量——引入多样化的市场竞争战略

从中外审计行业的发展实践来看，审计市场的审计主体间的竞争状况如何事实上是影响审计执业行为质量高低与否的重要因素和外部推动力量。而是否提供高质量审计行为通常受到审计市场CPA能否接受客户支付的价格和CPA的执业道德、职业声誉及其专业特长等因素的制约（夏冬林，2003）。在我国当前的证券审计市场上，国内本土事务所招揽客户主要采用的是价格竞争手段，只有“四大”国际会计师事务所常采用专业特长或执业声誉竞争进行审计市场竞争的战略。实际上，审计收费的价格差异并非我国事务所竞争的唯一手段，因为低价竞争的直接后果是审计行为偏离审计目标，往往导致审计失败。而多样化的、以专业特长与职业信誉进行的合法、合规、透明的审计执业市场竞争行为不仅有助于保证事务所的经济收益、增进事务所的执业实力，也更有可能能保证CPA的日常审计行为规范与质量（周红，2005）。如采用高质量声誉而非价格参与审计市场公开竞争的事务所，其前期投入的大量不可逆转投资可以看作其不会机会主义行事的重要担保，有助于消除客户对审计服务质量的不信任。而且CPA如果是以丰富的行业专业知识背景来竞争更能对审计质量提供有力的保证，还可以带来行业内的规模经济，并有助于审计执业成本的降低以及事务所行业市场份额的扩张。为了确保对中国证券审计市场会计师事务所的高质量审计执业行为提供足够的市场推动力量，国家相关部门需要采取有效措施，积极引导多样化的审计市场竞争战略，并确保这些事务所未来能够获得市场额定回报和额外奖励（Wayhew，2001）。具体对策：（1）证券市场参与者要推动市场对高质量审计行为的需求增长，不管是声誉还是行业专长，本质上都意味着提供规范、高质量审计行为。虽然因特殊的制度环境导致市场上高质量审计服务的需求不足，但实际上股东、债权人和潜在投资者等并非不需要优质审计行为服务，而是一系列公司的财务造假行为使其不敢相信CPA审计行为的质量。（2）证券监管机构要对低质量审计服务的应给予有效的惩戒，促使已采用多样化竞争战略的事务所不轻易改变此战略。Wilson & Grimlund（1990）的研究表明，有效的市场监管惩戒行动可以导致事务所的声誉直接受损，表现为受惩年度以后的市场份额出现下降，并在获取新客户方面存在困难，即利用潜在的经济威胁来约束事务所及CPA的审计行为。因此，中注协可以尝试建立能区分事务所审计行为端正或审计质量高低的市场评价与识别系统，对会计师事务所的执业质量检查情况、惩罚记录、诉讼记录等指标进行分类与排序，并定期（如每月一次）向社会公众公布，以便在证券审计市场上向广大中小投资者、上市公司等审计客户及时传递事务所声誉与行为质量的信息，便于审计客户更客观地选择审计服务，确定适当的审计费用，为保证CPA的独立审计行为提供强大的市场推动力量与支持环境。

6.3.2 我国CPA高质量审计行为保障措施的落实与优化

1. 持续强化对审计市场CPA执业行为的管制，全力压缩审计行为失范空间

我国证券审计市场上对CPA执业行为的管制属于行业监管行为，行业监

管制度的变化对于规范CPA审计执业行为，提供审计质量，塑造独立审计执业的社会声誉等发挥了极为重要的作用，近20年来，随着我国经济发展的形势与制度改革的推进，我国CPA行业的监管主体几经变化。1988年前是由财政部执行CPA的执业行为监督管理职能。中注协自1988年成立之初就作为财政部门的下属事业单位而存在。到2002年10月之前，中注协一直担负着财政部门授予的监督和管理CPA行业的职能，代表财政部门行使监督和处罚权。2002年10月8日财政部党组会议研究决定，将原委托中国注册会计师协会行使的对CPA行业监管的行政职能收归财政部门行使。说明2002年以后财政部门重新履行对CPA行业执业行为的行政监管职责。注册会计师协会恢复行业协会的本来面目，对行业实行自律律性管理，通过同业互查、质量复核等特有稽查方式，帮助CPA大力提高执业质量。为保证高质量审计行为的落实，相关部门需要共同努力，持续强化下列对审计市场上CPA执业行为的管制，以便有效地压缩审计行为的失范空间。

（1）加快CPA执业行为产生的前提——岗位资格辞聘制度的改革。CPA的岗位资格辞聘制度是指CPA从事审计执业工作的执业资格、入职条件、工作纪律、职位辞退等方面的制度安排，也可以包括CPA在执业过程中主动撤销审计业务约定书或工作合同，主动辞去某一项目审计的主审会计师的执业资格等方面的规定。CPA执业岗位资格的辞聘制度因为其全行业标准一致的、强制性的行业资格标准是CPA执业行为产生与规范的重要前提，是保证CPA审计质量的职业基础。我国现行的CPA岗位执业资格辞聘制度主要包括：《注册会计师法》、《审计准则》、《质量控制准则》等法规中规定的CPA的考试制度、获取职业资格证书的规定、执业资格的取得条件、CPA注册批准制度、特种行业执业资格规定、丧失执业注册资格的规定等。但其中存在着一些不容忽视的问题，比如在注册资格的审查方面范围不够明确（没有进行个人信用审查的规定）、违规处罚的情形规定模糊（对CPA执业中发生的所谓严重错误的含义语焉不详）、对因不良审计行为取消注册资格的处置不够严厉（没有永久禁入的条款）而使之缺乏威慑力、CPA因审计市场的信息不透明而使得执业中主动辞退的规定往往形同虚设；这些问题最终可能都会使得CPA在执业行为发生偏误时其身份威胁与职业资格失去上毫无后顾之忧，实际上起到了对不良审计行为的纵容作用，因此，为了进一步规范CPA执业行为，作者以为我国证券审计市场与行业管理机构迫切需要加快对CPA执业行为产生的前提——岗位资格辞聘制度进行深入的改革。比如规定有会计专业教育背景的才可以参加注会统考；在对CPA执业资格的注册审批时，除法规规定须经考试合格和执业实习实践条款以外，还必须进行个人历史档案中社会信用记录、以前职业声誉等资讯的调查和核实；进一步修订相关CPA管理方面的规定，增加更严厉的违规行为处罚条款，即如果CPA出现哪怕一次恶性违规审计行为，法律都必须予以严厉的惩罚，包括终身禁入或取消执业资格；明确所谓严重错误的内涵与外延，严格落实CPA对不良审计对象的主动撤销业务约定书的制度安排；会计师事务所内部应积极加强内部控制质量程序的建设与完善，将CPA的执业工作行为业绩与辞聘制度相结合等内容。通过这些措施的落实最终使得CPA执业行为的产生能够拥有一个良好的职业前提与从业环境。

（2）加速CPA执业行为的市场准入门槛——上市公司CPA聘任制度的改进。上市公司CPA聘任制度实际上就是规范上市公司的所有者应如何选择适当的主审会计师对该公司财务报表进行审计与鉴证，也是CPA执业行为能否产生的市场准入门槛与重要条件。上市公司对CPA聘任制度设计适当与否事实上在某种程度上会影响到CPA审计行为的偏向与审计质量、影响到公司所有者的权益保护、影响到对管理当局绩效评价的适当性。截至目前，从理论上来看，关于事务所聘任权的制度安排存在着三种模式——股东大会安排模式（唐红、王善平、朱青，2006）、审计委员会安排模式和证券管制机构安排模式（黄世忠，2001）。事实上这三种模式都存在着明显缺陷与漏洞，都没有解决好公司经营决策权与决策后效果评价审查权之间的制衡问题。虽然基于委托代理理论与权责对称的理论，为了真正地保护投资者的利益，CPA的聘任与选择权应该赋予公司股东。由此，中国证监会早在1996年7月29日以证监会字（1996）1号文件的形式发布了《中国证券监督委员会关于上市公司聘用、更换事务所（注册会计师事务所）有关问题的通知》，其中的问题在于并没有股东大会聘用事务所及会计师相关程序的详细规定。而且在第一和第二种安排模式下，由于我国上市公司实行的是“同股同权”、“多数决定”的决策机制，公司的经营决策实际上由大股东或大股东集团来掌控与最终决定，负责审查公司决策及运营的有效性的事务所也是由大股东或大股东集团决定的，这相当于自己雇佣人来向社会评价与证明自己的报告期业绩，大股东利益集团不可能会选择独立性强、行为规范的事务所来鉴证自己的财务报告；其次，作为董事会的重要部门，审计委员会力量单薄，其成员（独立董事）都是改头换面的大股东代表，无法持客观、中立的立场，所以与第一种董事会模式并没有实质性差异，同样不能较好地保护中小股东权益。显然，前两种安排模式下 CPA 聘任制度存在着客观的局限性。第三种安排模式下会使管制机构或证券交易所在选聘事务所上付出更大的运营成本费用和福利成本，会因为受失去社会公正立场而寻租、受贿行为等负面因素的影响，造成更大社会损失。事实上公司股东为鼓励董事、经理人有自我监督的积极性，常把剩余控制权与剩余索取权对应起来，这种对应需要以经过审计的财务报表数据为基础。只有既是公司董事又是公司经理的人，才有动力去左右 CPA 及其发表的审计意见，维护自身权益。因而，我们必须高度重视并加快对上市公司 CPA 聘任制度安排的改革步伐，把好审计执业门槛。

因此，未来制度改革应该坚持聘任权安排中权力制衡与信誉导向原则。即合理确定适当的 CPA 选聘权利人（主体）和正确选择专业资格与职业声誉全面良好的 CPA（客体）。王善平、唐红（2007）认为使有权决定事务所聘任的人具有如下特征：① 个人利益或单位利益与公司的经营情况、财务状况的好坏密切相关，选聘者应该依法分享公司的净收益、承担公司的净损失，即必须是公司的股东；② 不拥有公司重要经营决策、财务决策的决定权。选聘者不是持有公司 50% 以上的有表决权股份的大股东，也不是对公司的重要经营决策和财务决策有重要影响的股东（如可联合其他股东而掌握公司 50%

以上的表决权的股东，或按有关章程与协议对公司董事会成员任免权、经营决策、财务决策有重大影响的股东），即应该中小股东而不能是控股股东。同时，事务所的选聘者应该得到会计、审计专业背景的独立董事会计、审计专家的善意帮助，以间接拥有判别事务所质量高低的能力和信息。唯如此，决策者才不敢乱决策，事务所选聘者才不会随意选聘，有会计专业背景的独立董事也不敢任意推荐事务所。未来在我国目前的上市公司股权结构、董事会成员结构安排下，会计事务所的聘任权应安排给公司的非控股股东、非重要股东、具有会计和审计背景的独立董事担任顾问。

（3）加强对 CPA 执业行为的经济约束因素——审计收费制度的监管与完善。审计收费是独立审计机制在证券市场运行中的一个重要且基础的环节，是调整审计市场供需双方关系的重要变量，是影响审计独立性与审计质量从而关系到注册会计师行业健康发展的关键因素。在我国，事务所审计收费由国家物价管理部门授权注册会计师协会确定行业的审计收费标准，并指导事务所的收费行为，属于政府指导定价行为。可以说，制约独立审计行业发展中出现审计质量低下、审计风险偏多、审计行为不端正等系列问题的关键原因就是 CPA 事务所总体规模小、数量多、服务同质化与市场竞争激烈，行业审计鉴证的服务收费长期偏低。而且与国际会计公司相比，我国本土会计师事务所审计收费普遍价格更低。如依据中注协发布的《2009 年会计师事务所综合评价前百家信息》前 15 家会计师事务所审计收入排行榜中，国内会计师事务所的审计收费与“四大”明显偏低。国内排名前 15 位会计师事务所总审计收入为 1 147 090 万元，其中“四大”中仅普华永道中天一家就以 260 984 万元相当于前 15 位总审计收入的 1/4，前 15 位中 11 家本土会计师事务所 2008 年度总审计收入为 335 389 万元，不到前 15 位审计收入总和 1/3①。第三就是中注协缺乏对审计行业的有效监管，表现在上市公司对审计收费的信息披露不透明；司法部门对违法违规审计行为处罚较轻。过低审计执业收费可

① 中国注册会计师协会．2009 年会计师事务所综合评价前百家信息［J］．中国注册会计师，2010.6：15-18.

能产生的如下危害：① 过低审计收费难以保障执业 CPA 能够按照必要审计程序执行审计业务，难以保证独立审计质量。依照独立审计的职业性质，CPA 其实是公众投资利益保护的鉴证者，CPA 的执业行为端正与否，执业程序尽职、质量高低与否与 CPA 经济利益能否得到保障有着直接的关系。② 过低的收费不足以支持会计师事务所吸引高素质的专业人才。过低收费不足以维持该行业工资水平，可能会引发行业优秀人才大量流失，影响 CPA 行业快速发展。③ 过低审计收费导致的审计市场低价竞争，会严重损害 CPA 的独立性，助长了行业不正之风，破坏行业健康发展之基础。因此，为规范审计收费行为，我国相关部门曾陆续发布了若干审计收费的制度规定，其中 1999 年 12 月由中注协发布了《审计收费管理办法》，规定由各地方注协根据当地经济发展水平制定最低审计收费标准。2011 年 1 月 27 日由发展改革委、财政部联合印发了《会计师事务所服务收费管理办法》，是 CPA 行业服务收费管理第一个全国性规范文件，基本内容是将 CPA 行业服务收费分两类管理，其中强制性审计服务实行政府指导价，其他服务实行市场调节价。但我国独立审计收费目前还没有确立一体化的行业指导标准，客观上加剧了事务所间的恶性价格竞争与审计市场执业秩序的混乱，最终不利于 CPA 保持审计的独立性和较高的审计质量。

具体而言，未来需要继续加强对 CPA 审计收费行为的监管，改善审计执业收费制度，具体措施包括：① 加强对各省市注会行业审计收费标准的监管。地方财政监管部门可以借鉴国际惯例，对地方注协制定的收费办法及标准进行监管，便于各省市审计市场范围内的能够确定科学和合理的审计收费价格标准，完善审计收费程序，并在 CPA 行业范围内形成良性竞争的氛围。② 加强对委托代理背景下审计收费环节的监管。可考虑设立一个与委托双方单位均无直接或间接经济关系的非营利性质的机构作为独立的第三方机构——审计委托中介机构，并由政府或行业主管部门或注册会计师协会组织、监督和管理，改变现行审计收费的模式（由事务所直接向被审计单位收取审计费用的委托和付款方式），通过切断委托人（被审计人）与审计主体之间直接经济利益往来渠道，来加强行业主管部门和注册会计师协会对审计收费的监管，防止审计合谋，提高事务所及CPA执业行为的质量，真正地增强会计师事务所执业的独立性。③加强对上市公司审计收费信息披露机制的监管。即针对我国目前上市公司审计收费信息披露的较分散、议价执行力度较弱的现状，通过修订与更新相关法规，强制性的规定公司应公开披露客观真实的审计费用及相关信息；且须明确规定必须披露的范围；对事务所审计的执业行为及时与定期核查和抽查，全面提高对审计收费信息披露的透明度；必须全面、客观、真实地进行披露企业对审计费用发生重大变化的事项及事务所的变更与变更原因；可以指定网址或指定报纸作为审计收费信息定期披露的媒介，让广大信息使用者能公开方便地查询。因此，各级注协及监管部门，应积极增强公司披露审计费用信息的监管力度，对拒绝按法定引起要求公开审计费用信息成本企业和人员严格按照有关规定予以严厉处罚，加紧建设注会行业诚信社会监督机制，为继续规范审计执业行为营造一个纯净的工作环境。

（4）加紧制定与落实对CPA不良执业行为——合谋行为的防范对策。审计合谋行为是指独立审计中CPA与其他一方或多方联合舞弊、谋取私利的与审计规范相背离的执业违规行为。雷光勇等（2004）则认为审计合谋定义为CPA丧失其职业独立性的基本要求，主动迎合被审计单位财务造假、提供虚假会计信息需要，而对财务报告做出虚假鉴证或虚伪陈述的行为，并由此产生会计合谋与财务报告舞弊的共生共存现象。这说明审计合谋行为是一种集体舞弊行为或联合违规行为，是审计市场不容忽视的现象，是影响审计质量的关键因素，是一种信息不对称情形下参与合谋方的机会主义行为，它不仅严重损害了独立审计及CPA的社会形象与声誉，而且还会使得CPA在审计市场中最终付出巨大的经济成本与社会代价。审计合谋行为按照发起人分大致包括三类情况：以CPA为主的合谋行为（CPA与委托人合谋、CPA与审计对象合谋、CPA与终极控制人合谋）；以企业控制人为主的合谋行为；双方共同发起的合谋行为。对于CPA而言，无论是主动合谋还是被动合谋行为其动机都可能来自于CPA对经济利益的过度追求，或者来自于CPA在执业谈判中的能力，其行为后果都会影响到其在审计中的行为偏向与质量，都会隐含着难以估量的审计风险与审计失败。从过去的审计市场实践来看，近十余年来，屡屡发生的审计合谋行为对我国证券市场中上市公司的投资者利益造成了巨大的损害，严重影响了我国证券市场的健康发展与声誉。因此，为了避免更大的社会经济损失，为了更有效地保护投资者的权益，为了更积极地维护与确保CPA高质量的执业行为，证券审计市场的相关方需加紧制定与落实对CPA不良执业行为——合谋行为的防范对策，即采取高额的奖励与严厉的惩罚相结合措施，明显的激励与全面的制裁相结合的机制，并灵活、机动、及时地应用与落实在审计执业过程中，来有效应对CPA的合谋行为，强化对CPA不良执业行为的治理。

2. 积极更新与推广信息化的审计手段与方法，减少审计行为的技术性失误

随着我国信息技术的科技化与现代化的快速发展进程，CPA发展高质量的独立审计行为，其保障措施之一就是我国的CPA事务所与行业协会应该积极行动起来，利用高科技手段与信息化的建设进程，模拟企业建立会计信息系统的模块化应用程序，尽快地建立起CPA执业中的人财物高度整合化、信息传递网络化和审计信息及时化的审计信息系统，真正提升审计执业信息传递的时效性。未来CPA审计应该广泛推行电算化审计执业方式。可以说网络、电子货币和新型会计核算系统及审核软件的出现，使审计执业的目标、过程与结果更加明晰、更加快捷，也使审计监督更加直观、审计鉴证行为更加规范、审计意见与报告信息更加透明。因此，确保高效、规范的审计行为就必须在审计信息系统中充分地利用现代网络数据传输系统安全、快捷的特点，真正实现独立审计信息的预期经济与社会效益，使得独立审计信息的有用性能够在经济、金融、证券投资等领域发挥真正的指导性作用。

3. 全面考核CPA鉴证业务工作的业绩，客观评价其审计行为质量

依据英国著名古典经济学家亚当·斯密的观点，我们知道在一定的经济社会中，所有的人都是追求经济利益的理性经济人。因而个人社会行为偏向

均与其周围环境中是否存在直接或间接的经济利益相关。因而，CPA 的审计行为是否存在潜在风险与最终执业的质量如何，实际上最直接相关的因素应该是其鉴证业务工作的业绩优良与否与其评价是否客观。过去，我们的 CPA 执业中之所以出现诸多的违规、违法、违纪等行为失范现象，作者以为其中一个很重要的原因就在于我国的证券审计市场中 CPA 的审计鉴证业务工作业绩得不到全面地考核与衡量。因此，未来我国证券审计市场中要想真正地落实与贯彻审计管理中激励与约束机制，客观地评价其审计行为质量，就需要全社会各种力量共同努力，来进一步地全面、连续、系统性地考核 CPA 鉴证业务工作的业绩。比如可以以独立的第三方进行 CPA 业绩评价的机构为主体，考虑吸收会计师事务所质量控制、证券监管机构监管评价、政府审计监督检查情况、被审计单位的审计反馈、新闻舆论的评论报道、投资者的正负面反应与涉嫌司法诉讼的频率等各方评价主体与多种评价途径，尝试建立能够客观、全面地衡量与测度 CPA 鉴证业务工作业绩的综合考核与评价系统，并且将此评价系统与会计师事务所的年终执业工作质量激励机制进行密切地结合，从而在我国未来的证券审计市场上对于 CPA 执业行为能够真正地做到宽严相济、赏罚分明，并使得由综合性、多元化的考核模式形成经济制约力量与社会信誉等威慑力量，最终能够对 CPA 的执业行为起到直接的、有力的约束作用。

4. 大力推动 CPA 职业道德与伦理工程建设，有效约束 CPA 审计的失德行为

职业道德与伦理是指某一职业组织以公约、守则等形式公布的，其会员自愿接受的职业行为标准，或者是指其内在日常道德伦常与理性行为的约束力度。而职业道德与伦理工程则是指 CPA 以实现 CPA 的执业道德为根本目标来集中各种资源共同推进与形成我国证券审计市场的良好道德氛围与执业环境。CPA 的审计职业道德是 CPA 等审计人员在审计工作过程中自发形成的，具有鲜明审计职业特征的道德准则和行为规范。中国注册会计师协会自 1988 年底成立以来，一直非常重视 CPA 的道德标准建设和道德教育。1992 年，中

国注册会计师协会发布了《中国注册会计师职业道德守则》（试行）。1996年12月26日，经财政部批准，中国注册会计师协会颁发了《中国注册会计师职业道德基本准则》，于1997年1月1日起施行，以代替《中国注册会计师职业道德守则》（试行）。2009年中注协修订了《中国注册会计师职业道德基本准则（the General Standard on Professional Ethics，简称GSPE）》包括总则、一般原则、专业胜任能力与技术规范、对客户的责任、对同行的责任、其他责任，以及附则等7章32条。其中一般原则主要用以规范CPA提供专业服务所应遵循的基本道德原则，即独立、客观、公正原则。独立、客观和公正是CPA职业道德中的三个最重要的概念，也是对CPA职业道德的三条最重要的要求，《职业道德基本准则》中的其他规定大多由此引申而来。为此中国注册会计师协会依然需要积极研究证券市场审计实务的职业道德缺失与缺陷问题，积极推进研究、探讨、借鉴、制定、更新与修订CPA审计执业各种的道德法律法规与具体道德行为等制度性规定，从而能够借以对CPA强大的、内在的、无形的抑制与约束力，从最根本上制止与杜绝CPA审计执业中不道德的行为。

5. 有效提升有利于规范CPA审计行为的专业素质与知识更新能力

我们知道，审计行为的外在表象如何，取决定作用的因素除了上述原因之外，真正起作用的原因，作者以为与其内在知识背景、能力、气质及其情商等专业素质与个人综合协调能力密切相关。因此，作者以为未来要想真正切实提升我国的CPA的审计行为质量，需要提高CPA个人的综合素质。主要包括：

首先，行业协会和各会计师事务所等组织应当积极引导审计人员主动增加个人的复合型专业知识背景及其沟通协作的能力，学习宽厚的经济管理及其他学科的知识，如金融财务学、数学模型、概率统计学、计算机应用知识、专业外语、社会学、心理学等方面的基本知识。对于具备证券期货执业资格或跨国企业审计资格的CPA而言，不仅要熟悉本国的法律、法规、历史、财务会计学知识，还应了解其他相关国家的法律、法规、政府政策等；还需要学习现代统计学与计量经济学方面的专业知识及其他信息技术知识，如审计程序模拟、审计信息系统应用分析等。此类扩展知识的获得将提高 CPA 的了解环境、发现问题、分析原因、判断性质和归纳被审计对象对外提供的会计信息质量高低、提供客观公允审计意见的鉴证能力。因此，审计人员必须应具备相当宽厚扎实的本专业知识以及管理、金融、统计、数学、逻辑、文学、写作、心理和礼仪等方面的专业知识背景，和扎实的事务处理能力与娴熟的沟通交流技巧。

其次，审计鉴证人员应特别注意培养有利于保持日常优良行为所必需的、特有的专业判断能力。该能力并不仅仅只局限在 CPA 执业时对 48 项审计准则的准确把握与正确地执行方面；在我国社会经济发展水平不断增长的时代背景下，未来我国 CPA 在鉴证与咨询服务方面的职能必定将越来越广泛，包括对 CPA 对被审计单位发展战略问题的客观诊断与定位、企业具体经营活动中生产成本的控制办法是否合理；营运资本的管理效率大小；各类运营风险的预测、控制与评估；战略投资适当与否；内部控制的压力与矛盾；财务管理信息的深度剖析与运用等方面，这些业务的适当处理都要求独立审计人员必须具备较高水平的财务会计信息处理、经济可行性分析与金融背景问题的分析、风险可能性的判断、审计策略选择和审计程序与行为决策落实等方面的业务能力。随着我国 CPA 审计事业不断发展，证券市场审计失误频发、审计失败频现、审计舞弊、审计道德沦丧等审计行为发生，所以，未来对审计业务风险的识别、评估、控制与监管，必将会成为 CPA 的重要专业技能，从而会有利于增强其专业判断能力，并有助于保障其执业行为的优质与高效率。

第7章　结语：研究结论与展望

7.1　研究结论

7.1.1　本书研究的主要结论与启示

1. 本书研究结论

通过本书前面章节的理论阐述（第二至第四章）、实证检验（第五章）以及对未来路径与方法的探索（第六章），可以得出如下研究结论：

（1）关于制度环境、审计行为与公司会计信息质量的研究选题是一个值得深入研究与不断探索的重要课题。无论是从我国资本证券市场的发展历程与现状的实践方面来看，还是从国内外专家学者的理论研究成果来看，任何市场主体的经济活动无不存在着特定的制度环境的约束，而在我国，基于国情与各省市地区具体情况的不平衡性，这种约束经济行为的机制与环境有着非常特殊的复杂性，既有历史形成的原因，也有现实造成的状况；既有体制技术因素，也有人文传统的要素；既有国内先天的传统障碍，也有改革开放后国外输入性的消极影响。而这些因素与障碍都会不同程度地推动或阻碍着我国证券市场的健康发展，影响着审计市场CPA审计鉴证行为倾向，影响着上市公司会计信息的公开性与透明度，最终影响着投资者权益的保护。因此，本选题的研究具有极为重要、深远、积极的价值与意义。

（2）制度环境、审计行为与公司会计信息质量之间的确存在着一定的内在联系与引致效应。第四章的理论研究与第五章的实证研究结果都显示出我国现有证券市场的制度环境变量与上市公司会计信息质量变量、CPA审计行为质量变量与上市公司会计信息变量之间有着显著的、某种直接影响的关联关系，研究结果表明了制度环境变量以及审计行为对于公司会计信息质量的影响存在着地域性、体制性、层次性差异，比如制度环境较差的中西部地区省份的上市公司的会计信息质量明显低于东部沿海改革开放程度较高的省区的上市公司会计信息质量，国有性质企业的会计信息质量要好于民营上市公司会计信息质量；法制体系健全、政府管理富有效率、直接组织赋予良好和信用制度建设进展较快速的省市区，其证券审计市场的制度环境宽松且富有秩序，这样他们对CPA的执业行为就具有有效率的制约作用，审计执业行为的约束与规范直接影响着CPA审计行为与质量，间接影响上市公司会计信息披露水平与质量。

（3）制度环境、审计行为与公司会计信息质量等主要研究变量的形成均存在着多种影响因素，显示出人们在深入研究时综合分析与全面考虑具体指标的适当性具有极其重要的价值。从前文的研究的过程，可以看出制度环境、审计行为与上市公司会计信息质量等主要研究变量都是各种更细分的指标合成的结果，其中制度环境的次级指标包括地方法制环境、政府治理、中介组织发育和信用制度建设四个维度；审计行为的次级指标包括：独立性、专业胜任能力与保障性三个维度，上市公司会计信息质量则包括可靠性、相关性和信息披露三个维度。而且该维度下还有更详细的分类指标。这说明本选题的研究变量具有明显的层次性与复杂性，在不同的空间背景下、不同的现实情况下与不同的时间段落内，进行这些问题研究时主要变量及具体组成指标的全面性与适当性，对于研究结论的客观与科学性，对于解决证券市场投资者保护难题具有积极实际意义。

（4）要顺利解决制度环境、审计行为与公司会计信息质量之间引致关系所产生的异化现象，需要积极探索与研究能够真正提高会计信息质量的办法与途径。基于人们认识与观念在客观上的明显差异性，有关制度环境、审计行为与上市公司会计信息质量等变量事实上都会产生不以人们意志为转移的行动偏向或异化的现象，这就充分说明有关资本市场与投资者保护的理论研究者们非常有必要继续积极探索与认真研究出能够真正提高我国上市公司会计信息质量的各种有针对性的办法与途径。

2. 本书研究启示

根据前文的研究过程与主要研究结论，我们可以从中得到的启示概括如下：

首先，我们外部制度环境是决定处在该环境下的上市公司会计信息质量高低的基础性条件或前提，是任何该制度下人们行为的最关键的约束因素，所有证券市场的参与者均不能忽视制度环境因素给我们任何主动改造世界的活动与行为带来的决定性的影响。因此，积极、客观、深入地分析所处的制度环境结构与因素是市场经济参与者实现其个体目标所必须高度重视的必要工作。

其次，在推进本国或本地区制度环境改善的过程中我们必须充分考虑制度环境的普遍性与特殊性的特征，不能一刀切，简单地肯定或否定一切，而必须坚持古今结合、中外结合、大小结合、内外结合等该改革原则，积极稳妥地推动本国政治、经济、社会、信用等方面制度的改革与创新，为上市公司提供有利于充分经营与竞争的空间，为市场经济参与主体提供更加宽松、透明、健全的制度环境。

最后，任何的制度的变化与改善都必须重视制度环境下参与主体的积极作用与现实的局限性。在本书中主要是指证券市场的中介组织——会计师事务所及其 CPA 的行为倾向，审计行为的变化与制度环境优劣与否密切相关，一定的制度环境决定着 CPA 审计执业的氛围与秩序，可直接或间接地约束其审计行为工作质量，而 CPA 的审计行为与执业水平如何又影响和限制着上市公司会计信息质量。但是由于存在着 CPA 个人特质、道德观念、传统文化的障碍因素差异及其特殊的社会中介地位或职业性质的复杂因素影响，CPA 的审计执业行为本身实质上也客观存在着一定的局限性即它不能也无法直接决定着上市公司会计信息披露水平的高低。因此，我们必须大力改善我国复杂的社会制度环境的同时，全面的探索如何才能更加积极且有效地调整 CPA 的执业行为，努力提升其审计执业的专业技能和道德素质，以综合治理的方式、耐心的心态、持续性的改变，从而真正实现从整体上根本性地改善我国上市公司会计信息质量，有效地提升与稳定企业的市场价值，真正实现保护中小投资者权益的资本市场发展的终极目标。

7.1.2 本书研究的创新与不足

1. 本书研究的创新点

（1）对正处于市场经济模式转型时期的中国资本证券市场的发展进程与鲜明特点进行了比较全面的分析与梳理。本书运用经济学、管理学、社会学的相关理论对投资者保护背景下我国证券市场制度环境建设、CPA 审计监督行为和上市公司会计信息质量之间的内在联系与影响机理进行延伸分析、定量检验与研究，并最终做出经济学视角的描述与解释。因此，本书的研究视角比较新颖。

（2）从相关制度因素的运行理论方面，深入阐述与分析了以法律、行政、行业监管和商业信用等制度设计与执行为主要内容的、我国证券市场投资者保护的制度环境、CPA 审计监督等外部治理机制能否对狭义的投资者（中小投资者）法律保护水平以及公司会计信息披露质量产生影响与效应，探讨出我国现实的制度环境、审计监督与上市公司会计信息质量之间存在这样一种内生机制或机理（连续引致效应的传递）能够将制度环境、审计监督与会计信息质量通过投资者保护有机联结起来，即制度环境、审计监督通过内在利益驱动、信息交流等机制影响到公开的会计信息披露质量，最终在一定程度上约束内部人，降低代理成本，提高公司价值。因此，本书的此部分研究观点比较独特。

（3）运用实证研究方法对于中国转型经济背景下制度环境、CPA 审计监督质量与上市公司会计信息质量三者之间的内在联系与影响进行多元回归分析。其中理论界对这三者之间的内在理论与实证方面的探究（特别是投资者保护与上市公司会计信息披露之间关系的）还比较少；此外本书还较多地运用了表格与流程图等形式，系统而且形象地阐述了相关的理论与观点。因而，本书的研究方式灵活。

2. 本书研究的不足之处

（1）在本书的实证部分，由于作者选择的制度环境、审计行为与上市公司会计信息质量等指标内涵的复杂性与多维度层次性，加之数据这些取数的艰巨性研究时间的紧迫性、自身知识储备和个人研究能力的有限性等原因。最终作者只选择了截面数据即2009年度上市公司年报的数据，而事实上在该类型的实证研究中截面数据可能不能够全面、客观、本质性的说明这些变量之间的规律性。因此，本书在对中国现实制度环境下CPA审计行为的监督质量与公司会计信息质量及投资者保护之间的内在联系与影响进行规范性分析和实证分析方面可能会存在一定的局限性，还有具体研究变量的各级次指标的选择方面不够适当与全面，这是本书的不足之处。

（2）有观点认为制度环境、审计行为与会计信息质量和证券市场的投资者保护目标之间是一个充满着政治、经济包括文化等多维度、多方面的多主体间的博弈过程，需要运用数理统计知识以定量化或实证的方式验证其运行方式或内在行为关系，但由于本人研究能力的限制对此问题仅能有所涉及，未能进行深入研究。此外，在理论部分的阐述中虽然比较系统，部分行文较为抽象、不够具体。

7.2 研究展望

7.2.1 研究面临的问题与局限性

第一，理论界和实务界已经有不少专家和学者，对于投资者保护及其相关课题的进行了不同视角的、多维度的探索与研究，并已经获得了大量的、有价值的成果。本书拟对相关研究成果进行整理以形成研究基础，但无法避免因为时间或者研究能力的限制等原因，可能会造成资料收集而不够全面，故需注意此领域经典文献的深入阅读与研究并注意扩大相关文献的阅读面。

第二，由于自身知识储备、研究能力、研究时间等方面客观条件的影响与限制，不能获得中国证券资本市场发展过程中，所有时期的可靠、有说服力的经验数据，对此在模型设计中予以考虑或者采用合理的替代变量。

第三，事实上作者在实证模型的设计尤其是变量设定时的确遇到了遇到一定困难，如何选择适当的细分指标变量，需要作者对国内外相关经典经济管理理论与方法进行深入的学习、研究和探讨，力求使变量选择更为科学、模型设计更为科学、研究结论更加富有解释性与说服力。

7.2.2 本研究的未来探索方向

客观而言，目前理论界对制度环境、审计行为与是会计信息质量之间关系的研究并不充分与全面，需要后续研究者们继续深入地调查、研究与探索。

1. 客观的界定研究对象

对制度环境、审计行为与上市公司会计信息质量这一课题的研究概念与目的方面需要进一步的科学界定。可通过对相关概念的理性确定与说明，使得我们的研究目的更加明确，研究体系更加具有逻辑性。

2. 扩大研究内容与范围

在制度环境、审计行为与会计信息质量这一课题的研究背景和内容方面还需要继续探索，因为在不同的时空背景下的制度环境、审计行为以及会计信息质量的结果明显存在着差异性，同时，这些指标的内容可以有各种不同的组合，并产生差异显著的经济后果与影响效应，因此，作者以为未来的研究中我们可以增加和扩大我国证券市场的制度环境、审计市场 CPA 审计行为的内涵与外延，比如考虑增加政府管理模式的全面创新、法制体系与建设的进步、企业保护民生、承担就业与可持续发展的社会责任、保护自然与人文环境、普及与提高道德水准、强化社会不同责任主体相互监督与控制的制衡体系方面的制度安排、对于会计信息与投资者保护之间互动效应研究、公司环境会计信息与投资者保护研究、社会责任会计信息的披露方式与审计监督、低碳交易会计及其信息披露等等内容，使得制度环境变量更加具有代表性，使得人们能够早日找到它对于上市公司整体会计信息质量的真正提升背后动力与有效途径。

3. 运用更科学的研究方法

过去我们在进行该选题的实证研究时，部分样本变量的选择可能不够适当或全面，未来在我们继续进行与该选题相关或类似的客体研究时，就需要我们经济借鉴国内外知名的学者专家曾经运用过的研究方法与技术，在科研中广泛运用更加科学的方法，选择更全面、更可靠的数据资料，进行更深入的、更全面的研究与探讨。

参考文献

[1] 蔡春，鲜文铎．会计师事务所行业专长与审计行为相关性的检验——来自中国上市公司审计市场的经验证据［J］．会计研究，2007（6）：29-34.

[2] 陈国富．委托——代理与机制设计：激励理论前沿专题［M］．天津：南开大学出版社，2003（4）：45-48.

[3] 陈辉．上市公司审计与中小投资者保护［D］．对外经济贸易大学硕士论文，2007：3-9.

[4] 陈胜蓝，魏明海．投资者保护与会计信息透明度［J］．会计研究，2006（10）：28-35.

[5] 陈炜，孔翔，许年行．我国的法律制度能有效保护中小投资者利吗［R］．深圳证券交易所综合研究所研究报告，2005：08-26.

[6] 陈信元，夏立军．审计任期与审计行为：来自中国证券市场的经验证据［J］．会计研究，2007（1）：23-28.

[7] 邓秋菊．如何保护中小投资者权益［J］．财经科学，2002（6）：34-36.

[8] 丁红燕，孙藏芳，王军全．浅议我国上市公司的会计信息披露［J］．山东社会科学，2006（11）：14-18.

[9] 樊纲，王小鲁，张立文，朱恒鹏．中国各地区市场化相对进程报告［J］．经济研究，2003（3）：18-23.

[10] 樊纲，王小鲁．中国市场化指数——各地区市场化相对进程报告（2001年）［M］．北京：经济科学出版社，2003：77-228.

[11] 何华．法律、投资者保护和上市公司信息披露［J］．西南金融，2007

(10): 45-46.

[12] 淮建军, 雷红梅, 赵誉谦. 近40年来国外信息披露研究综述 [J]. 经济评论, 2010 (2) 25-29.

[13] 姜国华等. 公司治理与投资者保护研究综述 [J]. 管理世界, 2006 (6): 36-39.

[14] 雷光勇. CPA资格确认与保持的经济学逻辑 [J]. 中国CPA, 2001 (2): 16-18.

[15] 雷光勇. 证券市场审计合谋: 识别与规制 [M]. 北京: 中国经济出版社, 2005.

[16] 李明辉, 曲晓辉. 我国上市公司财务报告法律责任的问卷调查及分析 [J]. 会计研究, 2005 (5): 35-38.

[17] 李树华. 审计独立性的提高与审计市场的背离 [M]. 上海: 上海三联书店, 2000: 54-57

[18] 李爽, 吴溪. 后中天勤时代的中国证券审计市场 [J]. 会计研究, 2005 (6): 41-45.

[19] 刘成立. 专业胜任能力、独立性、法律风险与审计行为 [J]. 南京审计学院学报, 2006 (3): 31-36.

[20] 刘峰, 许菲. 风险导向型审计·法律风险·审计行为 [J]. 会计研究, 2002 (2): 30-36.

[21] 刘峰, 张立民, 雷科罗. 我国审计市场制度安排与审计行为需求——中天勤客户流向的案例分析 [J]. 会计研究, 2002 (12): 29-32.

[22] 刘伟. 我国上市公司信息披露体制分析 [J]. 证券时报, 2007 (2).

[23] 陆秀芬, 蓝文永. 公司信息披露机制与投资者保护关系分析 [J]. 财会通讯, 2010 (7): 138-140.

[24] 吕鹏, 陈小悦. 有限责任制、无限责任制与审计行为: 一个博弈的视角 [J]. 审计研究, 2005 (2): 21-27.

[25] 吕媛媛. 探析CPA法律责任风险对审计行为的影响 [D]. 江西财经大

学硕士学位论文，2006（6）：18-23.

[26] 罗正英．上市公司信息披露诚信机制的建立与完善［J］．会计研究，2002（8）：29-32.

[27] 毛洪涛，吉利．我国上市公司信息披露理论研究评估——兼论构建上市公司信息披露理论框架［J］．会计研究，2005（9）：29-32.

[28] 明洪盛．会计信息质量研究与分析［J］．财会通讯，2010（8）：52-53.

[29] 莫茨，夏拉夫．文硕，等，译．审计理论结构［M］．中国商业出版社，1990：43-49.

[30] 聂慧敏．制度环境、外部审计、投资者保护与企业价值实证研究述评［J］．会计之友（中旬刊），2009（9）：12-15.

[31] 漆江娜，陈慧霖，张阳．事务所规模、品牌、价格与审计行为——国际“四大”中国审计市场收费与质量研究［J］．审计研究，2004（3）：59-64.

[32] 齐斌．证券市场信息披露法律监管［M］．北京：法律出版社，2003.

[33] 上海证券交易所．上市公司治理报告（2007）：利益相关者与公司社会责任［R］．2007.

[34] 沈艺峰，许年行，杨熠．我国中小投资者法律保护历史实践的实证检验［J］．经济研究，2004，9：90-100.

[35] 孙飞．企业的单项选择：中国股票市场信息披露亟待构建信托责任［J］．中外管理，2009（7）：45-48.

[36] 孙燕东．基于投资者保护的会计信息披露问题研究［M］．上海：立信会计出版社，2009：2-3.

[37] 孙杨俊．关于上市公司违反信息披露义务法律责任的几点思考［J］．经济研究导刊，2007（12）：20-22.

[38] 田昆儒，许绍双．公司特征与信息披露质量研究：国外文献述评［J］．审计与经济研究，2010（5）：70-75.

[39] 田昆儒，齐萱，张帆．上市公司会计信息质量提升问题研究［J］，当代

财经，2006（1）：25-29.

[40] 涂永梅．上市公司信息披露制度缺陷成因的理论分析［J］．财会通讯，2010（8）：30-31.

[41] 汪丽娜，郑艳．公司信息透明度治理作用的相关研究综述［J］．财会通讯，2010（7）：141-143.

[42] 汪炜，蒋高峰．信息披露、透明度与资本成本［J］．经济研究，2004（7）：38-42.

[43] 王力军．上市公司代理问题、投资者保护与公司价值［M］．北京：经济科学出版社，2007：3-5.

[44] 王艳艳，陈汉文．审计行为与会计信息透明度——来自中国上市公司的经验数据［J］．会计研究，2006（4）：9-15.

[45] 王咏梅．会计信息披露的规范问题研究［J］．会计研究，2001（4）：20-24.

[46] 王元明．略论上市公司信息公开法律制度［J］．政法论坛，1998（3）：22-23.

[47] 吴联生，顾智勇．审计行为与 CPA 责任［J］，中国 CPA，2002（5）：18-23.

[48] 吴水澎，李奇凤．国际四大、国内十大与国内非十大的审计行为——来自 2003 年中国上市公司的经验证据［J］．当代财经，2006（2）：114-118.

[49] 吴溪．我国证券审计市场的集中度与 CPA 独立性［J］．中国 CPA，2001（9）：14-16.

[50] 夏冬林，林震昃．我国审计市场的竞争状况分析［J］．会计研究，2003（3）：40-46.

[51] 夏立军，陈信元，方铁强．事务所任期与审计行为：来自中国证券市场的经验证据［J］．中国会计与财务研究，2005（7）：32-38.

[52] 夏立军，方铁强．治理环境与公司价值——来自中国证券市场的经验证

据［J］.《经济研究》，2005，5：13-15.
［53］肖作平．公司治理影响审计行为吗？——来自中国资本市场的经验证据［J］．管理世界．2006（7）：19-25.
［54］薛祖云，黄彤．董事会、监事会制度特征与会计信息透明度［J］．财经理论与实践，2004（4）：84-89.
［55］闫森，杜纲．企业管理中的委托代理问题研究［J］．工业工程，2007（10）.
［56］杨淑，杨淑娥．信息披露质量界定与测度研究综述［J］．财经论坛，2007（6）：15-17.
［57］杨之曙，彭倩．中国上市公司收益透明度实证研究［J］．会计研究，2004（11）：62-70.
［58］叶少琴．中国上市公司 CPA 审计行为研究［M］．厦门大学会计论丛．2002（7）：14-18.
［59］银莉．资本市场信息披露的行为解释［J］．财经理论与实践，2004（7）：12-13.
［60］游家兴．市场信息效率的提高会改善资源配置效率吗？——基于 R2 的研究视角［J］．2008（2）：24-29.
［61］余玉苗，李琳．CPA 任期与审计行为之间关系的理论分析［J］．经济评论，2003（11）：12-16.
［62］俞春江．公司透明度度量评述［J］．财会通讯，2008（5）：105-106.
［63］俞春江．公司透明度对盈余管理的影响［J］．财会月刊，2009（9）：90-91.
［64］俞鸿林．治理环境和治理机制的有效性——基于中国 A 股市场的经验证据［J］．生产力研究，2007（6）：42-47.
［65］郁刚．CPA 行业专长对审计行为的影响研究［J］．统计与决策，2008（19）.
［66］原红旗，李海建．会计师事务所组织形式、规模与审计行为［J］．审计

研究，2003（1）：32-37.

[67] 张碧虹．上市公司信息披露的重要性与投资者权益保护［J］．佛山科学技术学院学报，2009（3）：31-33.

[68] 张葵．独立审计行为影响因素研究：一个文献综述［J］．财会通讯，2010（7）：100-103.

[69] 赵德武，马永强．管理层舞弊、审计失败与审计模式重构——论治理系统基础审计［J］．会计研究，2006（4）：24-28.

[70] 中国证券监督管理委员会．中国证券监督管理委员会年报［R］．北京：中国财政经济出版社，2010.

[71] 朱从玖．投资者保护——国际经验与中国实践［M］．上海：复旦大学出版社，2002.

[72] Andrei Shleifer. Daniel Wolfenzon. Investor protection and equity markets [J]. Journal of Financial Economics, 2002: 3-27.

[73] Balsam S. J. Krishnan and J. S. Yang. Auditor Industry Specialization and Earnings Quality, Auditing [J]. A Journal of Practice and Theory, 2003, 6: 32-35.

[74] Bhattacharya U, Daouk D, Welker M. The world pricing of earnings opacity [J]. The Accounting Review, 2003, 3: 641-678.

[75] Bushman, R. M., Pioytodki, J. and Smith, A. What Determines Corporate Transparency [J]. Journal of Accounting Research, 2004, 5: 12-22.

[76] Bushman, R. M. and Smith, A. Financial Accounting Information and Corporate Governance [J]. Journal of Accounting and Economics, 2001, 5: 35-37.

[77] Bushman, R. M. and Smith, A. Transparency, Financial Accounting Information and Corporate Governance [J]. Journal of Accounting and Economics, 2001, 6: 49-51.

[78] Bushman R M, Piotroski J D, Smith A J. What determines corporate

transparency [J]. Journal of Accounting Research, 2004, 2: 207-252.

[79] Bushman R M, Smith A J. Transparency, financial accounting information, and corporate governance [J]. FRBNY Economic Policy Review, 2003, 4: 64-87.

[80] Cadbury, A. Committee on the Financial Aspects of Corporate Governance [J]. GEE, London, 1992, 9: 72-75.

[81] DeAngelo, L. E. Auditor Independence: ' Low balling ', and Disclosure Regulation [J]. Journal of Accounting and Economics, 1981: 12: 45-46.

[82] DeAngelo, L. E. Auditor Size and Audit Quality [J]. Journal of Accounting and Economics, 1981, 11: 78-81.

[83] DeAngelo, Linda Elizabeth. Auditor size and audit quality [J]. Journal of Accounting and Economics, 1981, 3: 183-199.

[84] DeAngelo L E. Auditor size and audit quality [J]. Journal of Accounting &Economics, 1981, 12: 183-199.

[85] DeFond, MarkL. & Jimabalvo, J. Incidence and Circumstances of Accounting Errors [J]. The Accounting Review, 1991, 3: 121-125.

[86] DeFond, Mark L., T J Wong, Shuhua Li The impact of proved auditor independence on audit market concentration China [J]. Journal of Accounting and Economics, 2000, 28: 269-305.

[87] Deis, D. J. & Giorux, GA. Determinants of Audit Quality in the Public Sector [J]. The Accounting Review, 1992, 10: 51-58.

[88] Donald M, Richard H. The effect of big eight mergers on audit concentration [J]. Accounting Horizons, 1991, 12: 79-90.

[89] Francis J, Khurana I, Pereira R. The role of accounting and auditing in corporate governance and the development of financial markets around the world [J]. Asian-Pacific Journal of Accounting and Economics, 2003, 10: 1-30.

[90] Geiger M. A. MdRaghun and an K. Auditor Tenure and Audit Reporting Failures, Auditing [J]. A Journal of Practice and Theory, 2002: 74-75.

[91] Hampel, R. , Committee on Corporate Governance [J]. CEE, London, 1998, 9: 89-94.

[92] Jensen and Meckling. Theory of the Firm: Managerial Behavior, Agency Costs and Ownership Structure [J]. Journal of Financial Economies, 1976, 6: 66-68.

[93] Krishna, C. V. Does Big6 Auditor Industry Expertise Constrain Earnings Management [J]. Accounting Horizons, 2003, 5: 23-25.

[94] Krishnan G. Audit quality and the pricing of discretionary accruals [J]. A Journal of Practice and Theory, 2003, 3: 109-126.

[95] Krishnan G. Does big 6 auditor industry expertise constrain earnings management [J]. Accounting Horizons, 2003, (Supplement): 11-16.

[96] La Porta, Rafae, l Florencio Lopez-de-Silanes, Andrei Shleife Robert Visny. Investor protection: origins, consequences, form [R]. National Bureau of Economic Research (NBER), Working Paper7428, 1999, 10: 101-109.

[97] LaPorta R, Lopez-de-Silanes F, Shleifer A, Vishny R. Investor protection and corporate governance [J]. Journal of Financial Economics, 2000, 58: 3-27.

[98] LaPorta R, Lopez-de-Silanes F, Shleifer A, Vishny R. Law and finance [J]. Journal of Political Economy, 1998, 106: 1113-1155.

[99] Newman, D Pau, l Evelyn R Patterson, J Reed Smith. The role auditing in investor protection [J]. The Accounting Review, 2005, 80 (1): 289-313.

[100] Teoh S, Wong TJ. Perceived auditor quality and the earnings response coefficient [J]. The Accounting Review, 1993, 4: 346-366.

[101] Watts, R, L, Zimmemlan, J. L. The Market for Independence and Independent Auditors [J]. Working Paper, University of Rochester, 1980,

10：62-67.

[102] Watts RL，Zimmerman J. L. 实证会计理论［M］. 大连：东北财经大学出版社，1999：270-279.

[103] Wines P M. Accounting Earnings and Cash Flows Measures of Firm Performance：The Role of Accounting Accruals［J］. Journal of Accounting and Economics，1984，7：55-59.

[104] Zoe-Vonna. P. Mmrose. An Analysis of Auditing Litigation and Auditor Service Quality［J］. The Accounting Review，1988，11：45-47.

后　记

作为检验自己学术能力的必修功课和智慧修炼的结晶，本书稿是在本人博士论文的基础上完成的，从书稿的选题、查阅文献、收集资料、整理数据、撰写初稿、修改润色、最终定稿，令我品尝到了求学的不易、治学的艰辛、成学的欣慰……

“时光似剑，日月如梭”，本人在中央财经大学三年攻读博士研究生的学习生涯转眼就将成为过往的云烟，此时此刻，抚今追昔，感慨万千……

为了心中的理想与梦想，吾曾经挑灯夜战、不休不眠、酸甜苦辣、孜孜以求……，如今追忆过去，许多的人事已成过往云烟，却依然历历在目，始终别有一番滋味萦绕在跳动的心间、在疲惫的身上、在无边的思绪里……

在中央财经大学求学的岁月里，我觉得自己无论在学识上，还是在个人修养上都得到了真正地锤炼与提高，觉得“禅道无边”、“学无止境”，觉得“眷顾颇多”、“宠爱有加”，感恩的意念如汩汩泉水，涓涓细流，涌上心头……

衷心感谢我敬爱的导师北京工商大学谢志华教授，其“博学，专而不傲；行，知行合一；思辨，善启心灵；致远，如日方升”的人生理念，让我备受启迪、回味无穷！其“率性至真”、“惠泽众生”的人格魅力，令我感动至深、教益深远！由衷地感谢导师在对我博士论文的写作及修改上付出的大量的精力与心血！

非常感谢我尊敬的导师中央财经大学王瑞华教授，对我的论文选题与撰写上提供许多有益的意见与建议！其严谨求实的作风、对学术的追求与独到见解，使我深受启发！

感谢尊敬的中央财经大学会计学院院长孟焰教授，是他引领我有走入中央财经大学，使我有宝贵的缘分在这里接受众多知名财经专家的点播与教诲，令我有机会领悟会计学术殿堂的精妙与深邃！

感谢尊敬的中央财经大学老师王君彩教授、祁怀锦教授、鲁桂华教授、刘红霞教授、李爽教授和北京工商大学杨有红教授等，他（她）们在我攻读博士期间都给予了我许多的关心与帮助，他（她）们的高尚师德与严谨治学态度，令我备受感动！

非常感谢杨克智博士、李睿博士、杜勇博士、吴良海博士、何云博士、邢铭强博士、粟立钟博士、杜海霞博士等同学对于我的无私关心与帮助，尤其是杨克智同学给予了我以极大的支持，感激在心！还要感谢我华北电力大学经济与管理学院的领导和各位同事，谢谢他们的鼓励！

最后，我要特别感谢我的亲人：我的父母、大哥叶陈刚、二哥叶陈毅等对我的无尽的关心与祝福，给了我许多有益的建议都令收益良多，感激备至！其中特别我亲爱的妻子吕鑫、可爱的女儿叶涵金、慈祥的岳母关秀云等是他们的无微不至的理解、关心与爱护，才是我战胜诸多困难、完成人生使命的最强大动力。

“路漫漫兮，其修远兮，吾将上下而求索”，博士阶段只是我人生之路的一个小的段落，未来的日子里，无论前方是荆棘密布、还是平直坦途，我会一如既往“尽人事，知天命”、无怨无悔、踏实前行！

叶陈云

二○一四年五月十八日于北京